Manfred Kirchgeorg
Willi Schalk
Peter Strahlendorf

UND SO GEHT ES WEITER

Herkunft und Zukunft der Werbebranche

1. Auflage

ISBN : 978-3-7526-9947-0

Herausgeber: Manfred Kirchgeorg, Willi Schalk, Peter Strahlendorf

Idee + Initiator: Willi Schalk

Co-Autor: Damian Hesse

Redaktion: Peter Heinlein, Björn Friedrich, Damian Hesse

Redaktionsschluss: Juni 2020

Grafik-Design: Tilman Gossner, Marc Hofmann (antoni Werbeagentur Berlin)

Layout: Anne Allert, Matias Becker, Björn Friedrich

Planung/Koordination: Anja Kruse-Anyaegbu / Nicole Möller, Damian Hesse

Herstellung und Verlag: Books on Demand GmbH, Norderstedt

Printed in Germany

FSC
www.fsc.org
MIX
Papier aus verantwortungsvollen Quellen
Paper from responsible sources
FSC® C105338

VORWORT

PETER STRAHLENDORF

Die Idee zu diesem Buch stammt von Willi Schalk. Dem langjährigen BBDO-Manager war in Australien das Buch „Behind Glass Doors“ in die Hände geraten. Zwei Professoren hatten eine Reihe von australischen Agentur-Managern interviewt und auf dieser Basis die Entwicklung der Agenturszene auf dem fünften Kontinent nicht wissenschaftlich, sondern ausgesprochen lebendig niedergeschrieben. Nach der Lektüre fand er Gefallen an dem Gedanken, ein ähnliches Werk für Deutschland auf die Rampe zu schieben. Als Initiator hat Willi Schalk seine Idee nicht nur vorangetrieben, sondern auch noch wesentlich über das „Vorbild“ hinaus erweitert.

Auf dem Effizienztag im Frühjahr 2017 sprach er mich als potentiellen Autor für diese Idee an. Im Frühsommer holten wir den erfahrenen Werbe- und Medien-Journalisten Peter Heinlein hinzu. Bei der gemeinsamen Analyse und Diskussion stellten wir schnell fest, dass eine historische Darstellung der Agentur-Geschichte in Deutschland sicherlich eine verdienstvolle Aufgabe ist, aber für die heutigen Werbe- und Marketing Community nur von begrenztem Interesse sein würde. Als „Lösung“ bzw. „Ausweg“ aus diesem Dilemma präsentierte Willi Schalk einen weiteren potentiellen Partner: Prof. Dr. Manfred Kirchgeorg, Inhaber des Deutsche Post Lehrstuhls für Marketing, insbesondere E-Commerce und Crossmediales Management an der HHL Leipzig Graduate School of Management, der ältesten Business School in Deutschland, die auch als Wiege der Betriebswirtschaftslehre betitelt wird.

Mit Prof. Dr. Kirchgeorg kam ein neuer Aspekt hinzu, der das bis dato vorliegende Buchkonzept um den entscheidenden Punkt „Zukunft“ bereicherte. Darüber hinaus brachte er auch mit dem Doktoranden Damian Hesse den Kollegen mit, der das Buchprojekt koordinierte. Im Einklang mit den drei Herausgebern organisierte er nicht nur die vielfältigen Arbeitsschritte, sondern mischte auch kräftig mit bei den Interviews mit den Werbe-Größen, bei der Expertenumfrage zu den Anforderungen an die Werbe-Zukunft und beim Verfassen der Studien-Ergebnisse.

Das Buch gliedert sich in drei Abschnitte:

- die historische Entwicklung der Agenturszene von 1850 bis 2020 in Deutschland
- der Blick in die Zukunft auf Basis der Expertenumfrage
- und die Thesen von Willi Schalk zur Zukunft der Werbeagenturen.

Dieses Werk erscheint zum 80. Geburtstag von Willi Schalk, der ganz bewusst auf eine (Auto-)Biografie verzichtet. Mit diesem Buch “schenkt“ er allen, die an dem Thema Kommunikation interessiert sind, eine Werbe-Biografie mit Perspektive.

Eine aufschlussreiche Lektüre im Namen des gesamten Macher-Teams wünscht

Peter Strahlendorf

INHALT

Kapitel I

DIE WERBE-AGENTUR-BRANCHE IN DEUTSCHLAND

Die Werbeagentur-Branche in Deutschland

Peter Strahlendorf

1.

START UND HISTORIE DER WERBEAGENTUREN IN DEUTSCHLAND 1850 – 1945

1. Start und Historie der Werbeagenturen in Deutschland 1850 – 1945

Um die Entwicklungen der Werbeagentur-Szene in Deutschland sowie die künftigen Perspektiven zu verstehen, ist ein Blick in die Entstehungsgeschichte notwendig. Viele der ursprünglichen Wurzeln sind heute immer noch vorhanden – manchmal unter anderem Namen oder anderen Vorzeichen. Einige der Wurzeln aus der Start-Phase erwachen inzwischen sogar wieder zu neuem Leben.

Der Startschuss für die Entstehung von Werbeagenturen in Deutschland fällt im Jahr 1850 einerseits durch die Aufnahme von bezahlter Werbung in Form von Anzeigen in Zeitungen und Zeitschriften und anderseits durch die Massenproduktion. Mit Hilfe von Werbemitteln wollen die Hersteller den Verkauf ihrer Produkte vorantreiben.

Für die Verlage waren die Anzeigen-Einnahmen eine ebenso wichtige wie stark wachsende Erlösquelle. Sie konnten bzw. wollten sich nicht direkt mit den potentiellen Auftraggebern in Verbindung setzen und nahmen daher gerne die Dienste von Mittlern, den sogenannten Annoncen-Expeditionen in Anspruch.

Die Produzenten von Produkten, die Händler, Handwerker oder andere Dienstleister hatten keine oder nur wenig Erfahrung darin, die Werbemittel richtig zu gestalten. Damit beauftragten sie Werbeberater und später auch Werbeagenturen.

Bei der Entstehung der Werbeagenturen in Deutschland werden drei Entwicklungen sichtbar. Als erste Keimzelle sind die Medien, primär die Tageszeitungen zu nennen, für die Annoncen-Expeditionen als Werbemittler aktiv werden. Als weitere Werbe-Keimzelle sind die Marken-Hersteller und Kaufhaus-Konzerne anzusehen, die eigene Werbe-Abteilungen gründen, um ihre Produkt-Angebote bekannt zu machen. Ab 1900 entstehen dann in Deutschland erste Werbe-Ateliers, die sich auf den Bereich Gestaltung konzentrieren und nicht um die Media-Aufgaben kümmern.

Die Annoncen-Expeditionen

Die erste nachweisbare „Werbeagentur" in Deutschland wird 1855 von dem Buchhändler Carl Ferdinand Eduard Haasenstein unter dem Namen Annoncen-Expedition Ferdinand Haasenstein in Altona gegründet (damals noch kein Hamburger Stadtteil, sondern eine eigene Stadt des Deutschen Bundes unter dänischer Verwaltung). Ende 1846 hat das Königreich Preußen den Insertionszwang aufgehoben und fortan dürfen Anzeigen auch in Tageszeitungen und Zeitschriften veröffentlicht werden. Haasenstein erkennt die sich daraus ergebenden Chancen und sammelt Inserate bei Herstellern, Händlern, Handwerkern sowie anderen Dienstleistern ein. Diese Inserate „verkauft" er an die Zeitungen und bekommt dafür eine Provision. 1858 steigt der ehemalige Landwirt Adolf Vogler als Partner ein und die Agentur wird unter dem Namen Haasenstein & Vogler oHG weitergeführt. Der Hauptsitz wird von Altona nach Leipzig, dem weltweit führenden Messeplatz, verlegt. Um ihre Kunden über das wachsende Anzeigen-Angebot der Zeitungen zu informieren, gibt die Haasenstein & Vogler oHG 1866 den ersten Anzeigen-Katalog in Deutschland heraus. 1899 wird die oHG in die Haasenstein & Vogler AG (HUVAG) umgewandelt, die 1913 immerhin 55 Filialen mit 359 Anzeigen-Annahmestellen in Deutschland und den angrenzenden europäischen Staaten betreibt. Nach dem Ersten Weltkrieg übernimmt der Industrielle Alfred Hugenberg die Aktienmehrheit und die HUVAG geht in der Ala (Allgemeine Anzeigen GmbH) auf.

Auch in anderen deutschen Städten werden Annoncen-Expeditionen als Vermittler von Anzeigen-Raum gegründet: 1864 die Agentur G.L. Daube in Frankfurt, 1867 die Rudolf Mosse Zeitungs-Annoncen-Expedition in Berlin, 1868 die Annoncen-Expedition D. Frenz Werbung in Mainz (die sich nach dem 2. Weltkrieg zur Full Service Agentur mit spezieller Ausrichtung auf die Getränke-Industrie weiterentwickelte) und 1876 das Central-Annoncen-Bureau William Wilkens in Hamburg. Am 12. Januar 1912 gründen die Annoncen-Expeditionen in Berlin den Verband Deutscher Annoncen-Expeditionen e. V., der 1934 in „Reichsverband der deutschen Werbungsmittler e.V." umbenannt wird.

Ebenso erfolgreich wie Haasenstein & Vogler ist der Medien-Manager Rudolf Mosse, der vor der Gründung seiner Agentur bei der legendären Zeitschrift „Die Gartenlaube – Illustriertes Familienblatt“ einen mehrseitigen Anzeigenteil aufgebaut hat. Die Gartenlaube, die ab 1853 im Leipziger Verlag Ernst Keil erschien, gilt als Vorläuferin der modernen Illustrierten in Deutschland (1861 liegt die Auflage bereits bei 100.000 Exemplaren; 1875 sind es schon 382.000 Exemplare). Rudolf Mosse, der als erster die bis heute gebräuchliche Abkürzung AE (Anzeigen-Expedition) verwendet, wirbt in den Zeitungen selber mit Anzeigen für seine Dienstleistung. Er kommt auf die Idee, komplette Anzeigen-Seiten mehrerer Zeitungen zu pachten und diesen Anzeigen-Raum an Werbekunden weiter zu verkaufen. Bereits fünf Jahre nach der Agentur-Gründung ist Mosse mit über 250 Niederlassungen in Deutschland und weiteren Ländern präsent. Ebenso wie Haasenstein bringt auch Mosse einen Anzeigen-Katalog heraus und weitet zudem den Service für die Anzeigen-Kunden deutlich aus, dazu gehört auch die kostenlose grafische Gestaltung der Annoncen. In dieser Hinsicht ist die Anzeigen-Expedition Rudolf Mosse fast wie eine Full-Service-Agentur der 50er und 60er Jahre aufgestellt. Während der Hyper-Inflation 1922/23 gerät die Mosse Gruppe in finanzielle Turbulenzen, aus denen sie sich nicht mehr befreien kann und 1932 endgültig Konkurs anmelden muss. Sie geht danach in der Ala (Allgemeine Anzeigen GmbH) auf, die zum „Hugenberg-Imperium“ gehört.

Ähnlich wie Mosse verfolgt auch William Alexander Wilkens mit seinem Central-Annoncen-Bureau “William Wilkens“ einen Full-Service-Ansatz. Der Sohn eines Hamburger Weinhändlers arbeitet nach Abschluss einer Kaufmannslehre zunächst redaktionell für die erste regelmäßig erscheinende Tageszeitung in Hamburg, den „Hamburgischen Correspondent“, bei dem er auch den Anzeigenteil verantwortet. Am 23. September 1876 gründet der 25-jährige William Alexander Wilkens das „Central-Annoncen-Bureau William Wilkens“ zur Anzeigenschaltung und Gestaltung. Mit dem Angebot von Anzeigen-Buchung inklusive Gestaltung und Text gewinnt Wilkens schnell viele renommierte Auftraggeber. Ab 1907 gehört auch die Beiersdorf AG mit der Marke Nivea Creme dazu.

Die Werbe-Abteilungen der Marken-Hersteller und Kaufhäuser

Die in Deutschland tätigen Marken-Produzenten und Kaufhäuser entdecken mit der Industrialisierung und der damit verbundenen Massenproduktion, wie hilfreich die Reklame beim Verkauf ihrer Produkte ist. Neben den Anzeigen in Zeitungen und Zeitschriften kommen auch Plakate zum Einsatz, die meist „wild" angebracht werden und so für manchen Ärger sorgen. Der Berliner Buchdrucker und Verleger Ernst Litfaß schlägt den Behörden als Lösung das Aufstellen von Säulen vor und erhält am 5. Dezember 1854 die erste Genehmigung für eine „Annoncier-Säule" sowie ein auf zehn Jahre angelegtes Monopol. 1855 werden die ersten 100 Litfaß-Säulen in Berlin aufgestellt. Die Unternehmen können nun sicher sein, dass ihre Plakate während des gemieteten Zeitraums nicht überklebt werden.

Für ihre Marken brauchen die Hersteller nicht nur klangvolle Namen, sondern auch Packungen, auf denen der Marken-Name gut erkennbar ist. Dafür bauen sie eigene Abteilungen auf. Zu den Pionieren gehört der Berliner Unternehmer Johann Hoff, der 1870 ein Inseratebureau einrichtet, um den Vertrieb eines der ersten deutschen Markenartikel, den Hoffschen Malzextrakt, eigenständig zu organisieren. Auch andere Marken-Unternehmen gehen nach gleichem Muster vor: u. a. Stollwerk (1899/1900), Bahlsen (1905), Kaffee Hag (1906), Dr. Oetker (1908) und Zeiss Jena (1906). Auch die damals neuen Konsum-Tempel, die Kaufhäuser, bedienen sich der Reklame-Kunst. So richtet die Kaufhaus-Gruppe Wertheim 1890 eine Abteilung mit Namen Dekoration ein. Die wird 1906 personell deutlich aufgestockt und in eine Werbe-Abteilung umgewandelt.

Die Marken-Hersteller erkennen ihre gleichartigen Interessen und gründen 1903 den Verband der Fabrikanten von Markenartikeln (Markenschutzverband) mit Sitz in Berlin. Neben etwa 80 führenden Unternehmen der chemisch-pharmazeutischen, kosmetischen und Nahrungsmittel-Branche zählen im Geschäftsjahr 1907/08 auch eine Vielzahl kleiner Marken-Firmen zu den Mitgliedern des Verbandes. Diese Interessenvertretung kümmert sich um rund 1.000 Markenartikel. Ab 1920 gliedert sich der stark gewachsene Verband tiefer nach Fachgruppen, um die Übersichtlichkeit zu verbessern.

Die Werbe-Ateliers und gestalterischen Werbeagenturen

Der Bedarf an Reklame bzw. gestalterischen Dienstleistungen wächst mit dem Aufkommen der Medien und der Marken-Hersteller ausgesprochen rasch. Im Gegensatz zu den großen Firmen, die sich eigene Werbe-Abteilungen (Hausagenturen) aufbauen und leisten können, sind kleinere Anbieter auf den Service von Reklame-Fachleuten angewiesen. Als einer der ersten „Sachverständigen für Reklame" in Deutschland gilt Robert Exner, der 1881 die Fachzeitschrift „Die Reklame" gründet, die später in "Zeitschrift für kaufmännische Propaganda" umbenannt wird. Zu den Kunden von Robert Exner, der auch die kleine Werbeagentur Kontor für selbständige Werbeberatung in Berlin betreibt, zählt unter anderem die Likör-Fabrik Carl Mampe (bei der Exner später auch Teilhaber wird). Weitere bekannte Reklame-Experten in Berlin sind Ernst Growald und Richard Kropeit, die beide auch Werbeagenturen gründen.

Werbeberater sind häufig als Einzelkämpfer unterwegs und suchen den Kontakt miteinander, um sich auszutauschen. So entsteht 1903 der Verein Berliner Reklame-Fachleute, aus dem 1908 der Verband deutscher Reklamefachleute hervorgeht. Die Aufgabe der Werbeberater besteht in erster Linie darin, die Reklame künstlerisch und wirksam zu gestalten und den Auftraggeber vor unnützen Ausgaben zu bewahren.

Neben Berlin entwickelt sich Leipzig zum zweiten Zentrum der deutschen Reklame-Experten. Als größter Messeplatz der Welt ist Leipzig ein geradezu idealer Standort für Werbeagenturen mit Gestaltungsansprüchen. Hier werden nicht nur attraktive Messestände nachgefragt, hier werden auch neue Produkte erstmals vorgestellt. Auch die dort 1898 gegründete Handelsschule – heute HHL Leipzig Graduate School of Management (HHL) – trägt maßgeblich zur starken Position von Leipzig als Agentur-Standort bei, denn die HHL-Absolventen bringen das Know-how mit, das die Reklame-Branche braucht.

Einer der bedeutendsten Agentur-Gründer ist Johannes Weidenmüller, der 1908 in Leipzig (Brandvorwerkstraße 65) eine der ersten Werbeagenturen in Deutschland eröffnet, die sich an amerikanischen Vorbildern orientiert und ihr Leistungs-

Schon vor dem 1. Weltkrieg sind in Deutschland die ersten wegweisenden Fachbücher zum Thema Reklame auf den Markt gekommen – häufig von Experten aus der Messe-Hochburg Leipzig verfasst.

spektrum ausschließlich auf die Gestaltung von Werbemitteln wie Anzeigen, Plakate, Messe-Unterlagen, Prospekte oder Logos ausrichtet. Der erste Name von Weidenmüllers Agentur lautet „Werkstatt für neue deutsche Wortkunst". Ab 1913 heißt die Agentur „Werbewerkstatt zum Federmann". Zeitweilig beschäftigt Weidmüller bis zu 30 Texter und Grafiker. Zu den Kunden zählen Brauereien (Riebeck und Sternburg in Leipzig), Kohle-Großhandlungen, Mode- und Versand-Häuser, Automobilzulieferer, etc. Die Agentur von Johann Weidenmüller gilt damals als führende Werbeagentur in Deutschland.

Ein anderer bedeutender Reklame-Experte in Leipzig ist der Verlagsbuchhändler und Schriftsteller Bruno Volger, der nicht nur einige Reklame-Fachbücher geschrieben hat, sondern auch als Werbeberater aktiv ist.

Ab 1919 ist auch Hans Domizlaff, der in Leipzig studiert hat, mit einem kleinen Werbe-Atelier in DER Messe-Metropole aktiv. Ein Auftrag der Schuhfabrik Lingel aus Erfurt sorgt für seinen Durchbruch. 1921 trifft Domizlaff auf der Leipziger Frühjahrsmesse den Zigaretten-Fabrikanten Philipp F. Reemtsma, der ihn erst als Werbeberater engagiert und später auch als Teilhaber aufnimmt. Für Reemtsma hebt Domizlaff die Marken R6, Senoussi und Ernte 23 aus der Taufe und prägt zudem das gesamte Erscheinungsbild des Unternehmens. Neben Reemtsma berät Domizlaff auch andere Unternehmen wie etwa Franck-Kathreiner, die Häuser Siemens und Söhnlein-Sekt, den Norddeutschen Lloyd und den Ullstein-Verlag. Auch der Boxer Max Schmeling gehört zu seinen Kunden.

Erwähnt werden muss noch eine weitere Werbeagentur: die „werbebau" in Bochum, die am 1. November 1924 das Licht der Welt erblickt. Diese Agentur gilt bereits als Typ der modernen Werbeagentur. Die beiden Gründer Max Buchartz und Johannes Canis stehen dem Bauhaus nahe. Max Buchartz erhält am 1. April 1927 eine Professur für Typografie an der Folkwangschule Essen und zählt zu den Pionieren des Kommunikationsdesigns in Deutschland.

Der Start ausländischer Werbeagenturen in Deutschland

Die Wirtschaft kommt nach dem Ende des Ersten Weltkriegs ab 1925/26 wieder in Schwung. Die sogenannten „Goldenen Zwanziger Jahre" beginnen. Im Anschluss an die kriegsbedingte Mangel-Wirtschaft und die damit verbundenen Unruhen kommt es nicht nur zu einem ökonomischen Aufschwung, sondern es entsteht auch ein neues Lebensgefühl mit dem dazugehörigen neuen Konsum-Klima. Berlin gehört mit einem Mal zu den attraktivsten Metropolen der Welt und verfügt über eine beachtliche Medien-Szene. In Berlin gibt es über 100 Tageszeitungen, diverse Zeitschriften sowie über 400 Fachzeitschriften und viele Buch-Verlage. 1928 liegen die Werbe-Ausgaben in Deutschland bei dem beachtlichen Volumen von einer Milliarde Mark.

Ab 1925 Jahren kommt es in Deutschland zur ersten Gründungswelle von Werbeagenturen aus den USA und Großbritannien. Diese Agenturen folgen ihren Kunden wie Unilever, General Motors (durch den Kauf der Adam Opel AG) oder Standard Oil und gründen Büros in Berlin. Als eine der ersten US-Agenturen gründet J. Walter Thompson 1927 eine Niederlassung in Berlin. Ein Jahr später kommen die US-Networks McCann und Dorland (damals eine Tochter des Verlages Condè Nast) hinzu. 1929 folgte Lord & Thomas, die später in Foote Cone & Belding (FCB) umbenannt wurde. Im gleichen Jahr startet auch die Unilever-Tochter Lintas (Levers Internationale Advertising Service) ihr Büro in Berlin. Vom 11. bis 15. August 1929 geht in Berlin der Welt-Reklame-Kongress über die Bühne, an dem rund 2.000 Werbeexperten aus den USA teilnehmen.

1

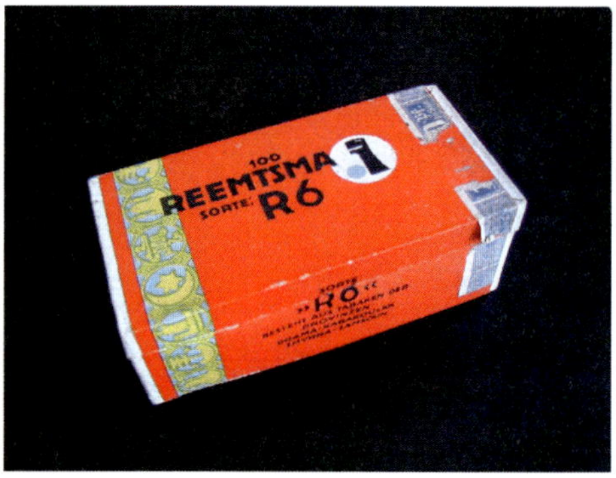

2

1 Das Multi-Talent Hans Wilhelm Karl Gustav Domizlaff startet von Leipzig aus seine Werbe- und Marketing-Karriere. Als Erfinder der Markentechnik prägt er die Entwicklung so renommierter Unternehmen wie Reemtsma, Siemens, Deutsche Grammophon oder Franck-Kathreiner. Seine Bücher gelten noch heute als Standardwerke.

2 Der Zigaretten-Hersteller Reemtsma profitierte ganz besonders vom Marken-Verständnis, mit dem Hans Domizlaff bei der Entwicklung von Packungen und Anzeigen vorging: hohe Wiedererkennbarkeit bei den Marken-Zeichen, gut verständliche Botschaften.

Exkurs:
Der Start von Werbeagenturen in Großbritannien und in den USA

Das immer wichtiger werdende Anzeigen-Geschäft bei den Zeitungen sorgte für die Gründung von „Werbeagenturen". Die nachweislich älteste Werbeagentur geht 1768 in London an den Start: William Taylor gründet die gleichnamige Annoncen-Agentur und arbeitet für britische Zeitungen. 1800 gründet James White seine Werbeagentur in Warwick Square. 1808 zieht White mit seiner Agentur in die Fleet Street um und entwickelt die Annoncen-Agentur zur „richtigen" Werbeagentur weiter.

Auch in den USA kommt es in Verbindung mit dem Anzeigen-Geschäft zum Aufbau von Werbeagenturen. Die erste amerikanische Agentur wird 1841 vom Agenten Volney Palmer in Philadelphia gegründet – er gibt bei der Anmeldung seiner Firma den Begriff Advertising Agency an und betreut nach kurzer Zeit als Annoncen-Agentur bereits 1.300 der rund 2.000 Zeitungen in den USA.

Ebenfalls in Philadelphia gründet der 21-jährige Francis Wayland Ayer, der zuvor bei Volney Palmer tätig war, 1869 die Agentur N.W. Ayer & Son (N.W. steht für seinen Vater Nathan Wheeler Ayer). Zunächst ist er im Annoncen-Business für religiöse Wochen-Zeitungen aktiv. 1877 übernimmt die florierende Agentur den Mitbewerber Coe, Wetherhill & Co., der zuvor Volney B. Palmers Company gekauft hatte. N.W. Ayer vollzieht als erste Agentur in den USA den Wandel von der Annoncen-Agentur zur sogenannten modernen Full-Service-Agentur und bietet ihren Kunden ab 1884 an, gegen Bezahlung Werbemittel zu produzieren. 1900 ist N. W. Ayer die größte Werbeagentur in den USA und betreut Kunden wie Ford und Nabisco. Ab 1923 beginnt N.W. Ayer mit der Gründung von Agentur-Töchtern in Lateinamerika und Europa. 1927 wird der Agentur-Name in N. W. Ayer ABH international geändert.

Die Werbeagenturen während der Nazi-Diktatur

Nach der Machtübernahme durch die Nationalsozialisten 1933 werden nicht nur die Medien, sondern auch die Reklame durch das Gesetz über Wirtschaftswerbung vom 12. September 1933 „gleichgeschaltet“. Es gibt eine strikte Trennung zwischen der Werbeberatung und der Werbemittlung. Damit ist das Modell Full-Service-Werbeagentur quasi „untersagt“. Um die Geschäfte fortzuführen, brauchen die bestehenden Agenturen eine Werbe-Lizenz des damaligen Werberates. Zudem müssen sie Mitglied in der Standesvertretung „Nationalsozialistische Reichsfachschaft deutscher Werbefachleute“ sein.

Die ausländischen Agenturen schließen bzw. verkaufen ihre Niederlassungen oder versuchen mit besonderen Konstruktionen dem Regulierungsanspruch der Nationalsozialisten zu begegnen. Die Niederlassung von J. Walter Thompson nennt sich in „Gesellschaft für Wirtschaftswerbung“ um, McCann firmiert unter „Gesellschaft für markt- und sachgerechte Werbeberatung“. Die Berliner Dorland-Niederlassung wird zwar intensiv von der Gestapo beobachtet, erhält aber dennoch diverse Aufträge vom Staat.

1

2

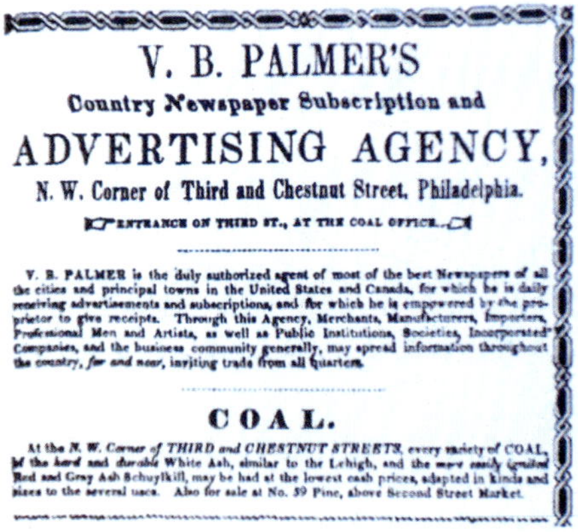

1 Über 2.000 Werbe-Fachleute aus aller Welt waren beim Welt-Reklame-Kongress 1929 in Berlin dabei, der mit diesem Plakat beworben wurde.

2 Die US-Agentur V.B. PALMERS nutzt das Instrument Anzeige, um die eigene Leistung anzupreisen.

Die meisten Werbeberater können zunächst weiterarbeiten, sofern sie die staatlichen Vorgaben beachten. Es kommen sogar einige neue Werbeberater hinzu – unter anderem auch Elly Heuss-Knapp. Die Frau des späteren Bundespräsidenten Theodor Heuss beginnt 1933 im Auftrag ihres Cousins Hermann Geiger (Inhaber der Firma Wybert) in der Werbung aktiv zu werden, um die Familie nach dem Berufsverbot ihres Mannes zu ernähren. Besondere Erfolge gelingen ihr in der Radio-Werbung, die bis dato nur aus vorgelesenen Zeitungsanzeigen besteht. Elly Heuss-Knapp „erfindet" den Jingle und „revolutioniert" damit die Radio-Werbung. Die Idee lässt sie sich patentieren und kann so auch für die Marken Nivea, Erdal, Kaffee Hag, Blaupunkt und Persil arbeiten.

Im Laufe des Zweiten Weltkriegs kommt die Wirtschaftswerbung nach und nach vollständig zum Erliegen. Im September 1944 wird sie per Erlass komplett eingestellt.

2.

DIE DEUTSCHE WERBE-AGENTUR-SZENE 1945 – 2020

2. Die deutsche Werbeagentur-Szene 1945 – 2020

Nach dem Ende des Zweiten Weltkriegs ist die Werbeagentur-Landschaft in Deutschland durch mehrere Faktoren bzw. Wellen geprägt worden, die zeitlich zum Teil parallel liefen und manchmal auch verknüpft stattfanden. Um die teilweise komplexe Entwicklung der Agentur-Landschaft aufzuzeigen, folgt zunächst ein grober Überblick über die einzelnen Trends im chronologischen Zeitablauf. Im Anschluss werden die jeweiligen Entwicklungen noch einmal gesondert betrachtet und anhand der prägenden Persönlichkeiten sowie Werbeagenturen im Detail beleuchtet.

Der Neustart der Werbeagenturen im Nachkriegsdeutschland

In den ersten Jahren nach 1945 steht der Wiederaufbau von Werbeagenturen im Vordergrund, die schon vor dem Zweiten Weltkrieg eine wesentliche Rolle gespielt hatten. Parallel dazu entstehen auch neue Agenturen. Eine Reihe von Werbeberater, die bereits in den 20er und 30er Jahren aktiv waren, nutzen nun ihre Verbindungen zu den Auftraggebern, um eigene Agenturen zu gründen.

Aufbruchstimmung im Agentur-Markt

Ab Mitte der 50er Jahre „entdecken" dann amerikanische und englische Agenturen den deutschen Markt, der durch das sogenannte „Wirtschaftswunder" immer attraktiver wird. Sie gründen entweder eigene Niederlassungen oder kaufen sich bei bestehenden Agenturen ein. Vor allem die Amerikaner bringen neue strategische Vorgehensweisen mit, die den deutschen Kommunikationssektor spürbar verändern.

Parallel dazu entscheiden sich auch eine Reihe von Führungskräften aus den Werbeagenturen der ersten Stunde für die Selbständigkeit bzw. zur Gründung ihrer eigenen Agentur, denn durch den Wirtschaftsboom in der Bundesrepublik Deutschland steigt die Nachfrage nach Werbung rasant an.

Abgesehen von der Spezial-Disziplin Public Relations (PR), die damals noch Presse-Arbeit heißt, bieten die Werbeagenturen in aller Regel den sogenannten Full-Service an – also Kreation von Werbemitteln wie Anzeigen, Plakate, Spots für die Mediagattungen Kino, Radio und Fernsehen sowie die dazugehörigen Media-Services. Die Aufgabe der Werbekampagnen besteht primär darin, die Marken bekannt zu machen und darüber hinaus den Produktnutzen oder -vorteil hervorzuheben.

Die Kreativen übernehmen das Zepter

Anfang der 60er Jahre ist die harte Nachkriegszeit endgültig überwunden; der Wiederaufbau weitgehend vollzogen und die Gesellschaft in Deutschland ist wieder an mehr interessiert als Essen und Trinken. In den USA entsteht die neue Disziplin Marketing und rückt bei den werbungtreibenden Unternehmen zum wichtigsten Management-Faktor auf. An der Westfälischen Wilhelms-Universität Münster gründet Prof. Dr. Heribert Meffert 1969 den ersten Marketing-Lehrstuhl in Deutschland. Die Werbung wird zunehmend emotionaler und damit auch in der Bundesrepublik deutlich kreativer. Folglich steigen die Kreativen in den Full-Service-Agenturen zur einflussreichsten Gruppe auf und bestimmen das Werbegeschehen.

Prof. Dr. Heribert Meffert gründet 1969 das erste Institut für Marketing an der Universität Münster und „holt" die Disziplin Marketing aus den USA nach Deutschland. Die Universität Münster entwickelt sich daraufhin zur deutschen Kaderschmiede für Marketing-Führungskräfte.

Der Gegentrend: Der Aufstieg der Spezial-Agenturen

Als Gegentrend zur Macht-Bastion Kreation im Full-Service-Bereich entwickeln die Spezial-Disziplinen wie Media, Design, PR oder Verkaufsförderung ein beachtliches Eigenleben. Rund um die einstigen Full-Service-Agenturen entsteht ein Kranz von Spezial-

Töchtern – nicht nur in Deutschland, sondern gleich weltweit. Einerseits weiten so die Networks ihr Leistungsspektrum aus, andererseits etabliert sich aber auch eine breitgefächerte Szene an inhabergeführten Spezial-Agenturen, denen es immer gelingt, neue Markt-Nischen zu entdecken. Diese Spezialisten bewegen sich zum einen in besonderen Disziplinen wie Public Relations, Direct Marketing, Media, Design, Sales Promotions oder Corporate Publishing und zum anderen in besonderen Märkten wie Healthcare, Financial Services, Investitionsgüter-Marketing oder Personal-Werbung.

Die Agentur-Networks „erobern" den Werbemarkt

Im Gefolge der internationalen Konzerne haben bereits in den 20er Jahren eine Reihe amerikanischer Agentur-Networks erste Büros in Deutschland mit Schwerpunkt in Berlin aufgebaut. In den 50er Jahren kommt es zur nächsten Gründungswelle. Ende der 60er Jahre sind immerhin schon zwölf der 50 größten Werbeagenturen in Deutschland Töchter internationaler Networks. Diese Entwicklung beschleunigt sich, denn 1975 gehören bereits 20 der Top-Fifty-Agenturen zu den internationalen Networks. 1980 stellen die internationalen Networks neun der Top-10-Agenturen in Deutschland bzw. 16 der Top-20.

Media-Agenturen werden zum Machtfaktor

Die Anouncen-Expedition als reiner Werbemittler und quasi Keimzelle des Agentur-Geschäfts erlebt ab Mitte der 80er Jahre eine neue Blütezeit. Den Startschuss gibt die Spezialagentur Hiemstra Media Service (HMS) schon 1972, doch erst gut zehn Jahre später gliedern die großen internationalen Full-Service-Agenturen ihr Media-Business in eigene Gesellschaften aus. Ein Grund ist das inzwischen gewaltige Media-Volumen, das bei den jeweiligen Agenturen manchmal mehrere 100 Millionen DM beträgt und für erkleckliche Renditen sorgt. Als weiterer Faktor kommen die privaten TV- und Radio-Sender hinzu, die ab 1985 den Medien-Markt in Deutschland langsam, aber sicher umkrempeln. Wesentlich zu dieser Entwicklung tragen zudem die Medien mit ihrer Bereitschaft bei, Media-Agenturen mit hohem

Schaltvolumen eigene Rabatt-Zugeständnisse zu machen. Dadurch entwickeln sich die Media-Agenturen zu den großen Cash-Cows im Agentur-Sektor.

Das Zeitalter der Agentur-Holdings

Die aggressive Übernahmepolitik der britischen Werbeagentur Saatchi & Saatchi löst Mitte der 80er Jahre eine neue Entwicklung im internationalen Agentur-Sektor aus: die Etablierung von Agentur-Holdings, die gleich mit mehreren Networks rund um den Globus aktiv sind. Das führt in der Agentur-Welt zu einer hohen Konzentration, die sich auch im deutschen Agentur-Markt widerspiegelt. Der frühere Saatchi & Saatchi-Finanz-Chef Martin Sorrell baut aus dem kleinen Einkaufswagen-Hersteller WPP die größte Agentur-Holding der Welt auf, indem er sich über die Börse immer neues Kapital besorgt. Den Höhepunkt dieser Konzentration stellt 2013/14 die geplante Fusion der amerikanischen Agentur-Holding Omnicom (die weltweite Nummer zwei) und der französischen Agentur-Holding Publicis Groupe (die weltweite Nummer drei) dar, die jedoch aufgrund unterschiedlicher Management-Kulturen scheiterte.

Sir Martin Sorrell ist der aggressivste Agentur-Käufer der Welt und baut durch spektakuläre Network-Übernahmen die weltgrößte Agentur-Holding WPP auf.

Die Agentur-Holdings sind nach wie vor stark auf das traditionelle Agentur-Business ausgerichtet, mit hohen Erlösen aus dem Media-Geschäft und mit einem vielfältigen Service-Angebot, das noch nicht konsequent genug auf die Anforderungen der digitalen Kommunikation ausgerichtet ist. Seit 2016/17 räumen die Holdings daher in ihrem Portfolio intensiv auf.

Neugründungen beleben den deutschen Agentur-Markt

Durch die Übernahmepolitik der Agentur-Networks und später der Agentur-Holdings kommt es auch in Deutschland zu immer größeren Agentur-Gebilden, aus denen sich mehr oder weniger regelmäßig Führungskräfte verabschieden, um im Anschluss wieder eine neue inhabergeführte Agentur auf die Startrampe zu schieben. Dieser Trend verstärkt sich zudem noch durch sogenannte Break-Aways bei inhabergeführten Agentur-Gruppen wie etwa GGK, Springer & Jacoby, Scholz & Friends oder Jung von Matt.

Die meisten dieser Newcomer-Agenturen landen später wieder bei den Networks oder Holdings. Sie haben häufig eine respektable Umsatzgröße erreicht und verfügen über einen attraktiven Kunden- und Mitarbeiter-Stamm. Die Gründer wollen bzw. müssen Kasse machen, weil keine passenden und potenten Nachfolger parat stehen. Ausnahmen wie etwa die Serviceplan Gruppe oder die defcato-Gruppe bestätigen diese Regel.

Der Aufstieg der Digital-Agenturen

Parallel zum Internet entstehen ab Mitte der 90er Jahre die ersten Spezial-Agenturen, die die digitale Kommunikation auf ihre Fahnen schreiben. Das Platzen der Dotcom-Blase 2000/01 überleben nur wenige Internet-Agenturen aus der New-Economy-Phase. Bis zur nächsten weltweiten Krise, der Immobilienkredit-Blase, die 2008 von den strauchelnden Banken ausgelöst wird, hat sich in der Bundesrepublik bereits wieder eine prosperierende Digital-Agentur-Szene etabliert. Diese ist stark genug, um die globale Finanzkrise zu überstehen und verdrängt ab 2010 die klassische Agentur mehr und mehr aus der angestammten Lead-Rolle bei den Auftraggebern. Aufgrund der Digitalisierung suchen die Auftraggeber nach kommunikativen Dienstleistern mit hoher Kompetenz im Bereich Social Media.

Artfremde Akteure entdecken (wieder) das Agentur-Geschäft

Ab 1840 entstehen zunächst in den USA und ab 1855 auch in Deutschland Werbeagenturen, weil sowohl Medien als auch Unternehmen die Aufgabe der werblichen Kommunikation lieber Spezialisten übertragen, die sich den besonderen Herausforderungen dieser Aufgabenstellung widmen. Diese Tätigkeit erfordert damals schon ein besonderes Know-how in Sachen Kreation oder Mediaplanung, das nicht zur jeweiligen Kernaufgabe eines Medien-Hauses oder Unternehmens passt. Jetzt dreht sich dieses Tätigkeitsmodell und immer mehr artfremde Akteure werden wieder im Agentur-Geschäft aktiv.

Medien-Unternehmen bieten zunehmend Agentur-Leistungen an, weil ihnen die Erlöse durch den Verkauf von traditionellem Werberaum wegbrechen. Unternehmen bauen wieder stärker eigene Werbe-Abteilungen auf, weil das datengetriebene Marketing – also die direkte Beziehung zum Kunden – mehr und mehr zum wesentlichen Asset neben dem Produkt bzw. der Marke wird. Und last but not least interessieren sich immer mehr Management-Beratungen bzw. internationale Consulting-Konzerne für den Agentur-Sektor, weil sie ihren Auftraggebern über die reine Beratung hinaus auch Lösungswege im Bereich Marketing und Kommunikation anbieten müssen. Zudem können sie so die Phase der Zusammenarbeit mit ihren Auftraggebern deutlich verlängern und stärker absichern.

2.1 Der Neustart/Wiederaufbau der Agentur-Szene nach dem 2. Weltkrieg (1946 – 1952/53)

Nach dem Ende des Zweiten Weltkrieges entwickelt sich in Deutschland rasch wieder eine unabhängige, nicht staatlich gelenkte Medien-Landschaft – eine wesentliche Voraussetzung für die Existenz von Werbeagenturen. Die drei westlichen Besatzungsmächte vergeben offensiv Lizenzen für die Herausgabe von Zeitungen und Zeitschriften, nur beim Radio und Fernsehen kommen zunächst private Anbieter nicht zum Zuge. Auch die beiden Media-Gattungen Kino und Plakat erholen sich schnell.

Relativ schnell etablieren sich zudem in der noch jungen Bundesrepublik neue Verbandsstrukturen, in denen sich die Firmen der Werbe- und Medien-Branche organisieren. Am 19. Januar 1949 wird der Zentralausschuss der Werbewirtschaft (ZAW) gegründet und vertritt vom Büro in Bonn Bad Godesberg die Positionen und Interessen der Medien- und Werbe-Wirtschaft gegenüber der Politik. Drei Jahre später, 1952, geht in Frankfurt die Gesellschaft Werbeagenturen (GWA) an den Start, deren historische Wurzeln bis in die 20er Jahre zurückreichen. Die GWA-Mitglieder verpflichten sich, klar definierte Standards und auch Leistungen einzuhalten.

Parallel zu den neuen Zeitungen und Zeitschriften entstehen quer durch die Republik wieder Werbeagenturen – teils werden sie wiederbelebt, teils werden sie neu gegründet. Erste Auftraggeber sind Hersteller und Marken, die ihre „Rückkehr“ in die Regale ankündigen. Da das bisherige politisch-wirtschaftliche Zentrum Berlin aufgrund seiner geographischen Lage mitten in der sogenannten sowjetischen Zone bzw. der späteren DDR wenig Chancen für gute Geschäfte bietet, entwickelt sich die neue bundesdeutsche Agentur-Szene dezentral. Die drei Städte Düsseldorf, Frankfurt und Hamburg schälen sich rasch als bevorzugte Standorte he-

ZAW
Die Werbewirtschaft

Deutschlands führende Agenturen
gwa

1949 und 1950 entstehen Branchenverbände, um die übergeordneten Interessen ihrer Mitglieder zu bündeln und diese gegenüber anderen Branchen sowie staatlichen Institutionen zu vertreten.

raus. Auch in München und Stuttgart etabliert sich auf Basis vorhandener Strukturen eine Szene mit inhabergeführten Agenturen.

Während in Düsseldorf und Hamburg vor allem inhabergeführte Werbeagenturen wiederbelebt bzw. neu gegründet werden, profitiert Frankfurt zusätzlich stark von den Gründungen der amerikanischen Agentur-Ketten. Aber auch in der sogenannten Werbe-Provinz melden sich Agenturen zurück oder gehen neu an den Start. Einige dieser „Provinz-Agenturen" haben vor allem im Zeitraum 1945 bis 1960/65 beachtliche Spuren in der deutschen Werbe-Landschaft hinterlassen. Dazu gehören Namen wie Die Werbe in Essen, Clar in Heidelberg, Krais in Karlsruhe, Hettenbach in Heilbronn, Wächter sowie Contact in Oldenburg/Bremen, die schon 1868 gegründete Agentur Frenz aus Mainz, die 1933 gegründete Westag in Köln, Carl Gabler oder Busskamp & Koch in München sowie die Stuttgarter Agenturen Geiling, Bläse, Bruder und Wündrich-Meissen.

Agentur-Szene in Hamburg 1945 – 1953

Die Hansestadt Hamburg entwickelt sich in den ersten Nachkriegsjahren schnell zur Medien-Metropole. Neben den eher politisch ausgerichteten Blatt-Machern wie Rudolf Augstein und Henri Nannen sorgen Verleger wie Gerd Bucerius, Axel Cäsar Springer, John Jahr und Kurt Ganske für immer neue Magazine im Bereich der Programm- und Frauen-Zeitschriften. Von diesem Klima profitiert auch der Werbe-Sektor in der Hansestadt. Die traditionsreiche 1876 gegründete Agentur Wilkens nimmt bereits 1945 ihren Betrieb wieder auf. Auch die 1932 gegründete Agentur Kramer kehrt auf den Markt zurück. Der Werbeberater Rolf Rühle baut ab 1946 die gleichnamige Agentur auf und gewinnt schnell hochkarätige Kunden.

Eine Ausnahme unter den Hamburger Agenturen ist die Unilever Haus-Agentur Lintas (Levers International Advertising Services), die bereits 1929 in Berlin gegründet wurde. Das Lintas-Team schlägt seine Zelte in Hamburg, dem neuen Deutschland-Sitz des niederländisch-britischen Konsumgüter-Konzerns, auf. Geprägt vom Management-Stil aus dem Unilever Konzern „erwirbt" sich Lintas schnell den Spitznamen „Werbe-Universität". Es gibt zudem einen steten Mitarbeiter-Wechsel zwischen Unilever und Lintas, dadurch entsteht in der Agentur eine Arbeitsatmosphäre, die intensiv mit den Abläufen im Unilever-Konzern vernetzt ist.

Agentur-Szene in Frankfurt 1945 – 1953

Dank der zentralen Lage in Westdeutschland und der guten Verkehrs-Verbindungen (u. a. durch den Flughafen) entwickelt sich Frankfurt schnell zum attraktiven Standort für die Finanz-Branche, die Chemie-Industrie, die Elektronik-Unternehmen sowie viele Dienstleistungsbranchen. Gute Startbedingungen für das Werbegeschäft. Das nutzen nicht nur die beiden internationalen Agentur-Ketten McCann und JWT, sondern auch eine Reihe von etablierten Werbeberatern der Vorkriegszeit, um gleich nach Kriegsende florierende Agenturen aufzubauen.

Die US-Agentur H. K. McCann, 1928 in Berlin gegründet und noch vor dem Krieg nach Frankfurt verlagert sowie während des Krieges geschlossen, wird 1948 von Max Pauly und Achim Aschke in Frankfurt wiederaufgebaut. Die beiden Konzerne Esso und General Motors, die mit der Adam Opel AG in Deutschland aktiv sind, zeichnen für die Gründung der Deutschland-Tochter „verantwortlich" und kehren auch nach Kriegsende gleich wieder auf die Kundenliste zurück. Schnell holen sich auch viele nationale Unternehmen die McCann-Werber an ihre Seite. Um die Kunden Esso in Hamburg sowie Coca-Cola in Essen auch vor Ort gut betreuen zu können, etabliert McCann Niederlassungen an diesen Standorten.

Für die damals weltweit führende Agentur-Kette J. Walter Thompson, die schon 1927 ihr erstes Deutschland-Office in Berlin eröffnete, startet Tom Sutton 1952 die neue Niederlassung in Frankfurt in einem umgebauten Badezimmer im Stadtteil Westend – auf Wunsch der beiden JWT-Kunden Ford und PanAm.

Neben den beiden US-Agentur-Töchtern prägt eine Reihe von renommierten Werbeberatern mit ihren neugegründeten Agenturen die Werbe-Szene Frankfurt.

Hanns W. Brose, der bereits vor dem Zweiten Weltkrieg als Werbeberater aktiv war, startet 1947 mit drei Angestellten die Hanns W. Brose Werbeagentur. Sein erster großer Erfolg ist die Kampagne für die Zigaretten-Marke Astor.

Der gebürtige Dresdener William Heumann, der bereits 1926 mit seinem Bruder Edgar eine Werbeagentur nach US-Vorbild gründete, baut ab 1950 zusammen mit Horst Slesina die Heumann Werbegesellschaft in Frankfurt auf.

Neben den Newcomern melden sich auch einige Agenturen zurück, die bereits von dem Zweiten Weltkrieg existierten – häufig als Annoncen-Expeditionen. Dazu gehören die WEFRA, die SAW Süddeutsche Agentur für Wirtschaftswerbung oder die neufa.

Agentur-Szene in Düsseldorf 1945 – 1953

In Düsseldorf, dem „Schreibtisch des Ruhrgebiets", nehmen die bestehenden Annoncen-Expeditionen ab 1945 ihre Geschäfte wieder auf. Später ziehen noch weitere inhabergeführte Agenturen nach Düsseldorf, die die Werbeszene spürbar beleben.

Zu diesen alteingesessenen Agenturen zählt die Werbeagentur Dr. Hegemann, die 1925 als Annoncen-Expedition gegründet wurde. Der Inhaber Dr. Emil Hegemann baut das traditionelle Werbemittler-Geschäft gleich nach dem Krieg wieder auf. Den Schritt vom Mittler zur Full-Service-Agentur vollzieht Dr. Hegemann erst ab Mitte der 50er Jahre. Auf der Kundenliste von Dr. Hegemann finden sich keine großen Marken-Etats, sondern viele kleinere und mittlere Werbe-Budgets. Der Hobby-Landwirt, der in der Nähe von Altenahr einen Musterhof bewirtschaften lässt, liefert mit der Kampagne für Braunkohle-Briketts (Slogan: „Der nächste Winter kommt bestimmt") und der Werbung für die Marke Sanso („Sanso wäscht Wolle ohne Risiko") Kampagnen ab, die einen Platz in der Werbe-Geschichte Deutschlands einnehmen.

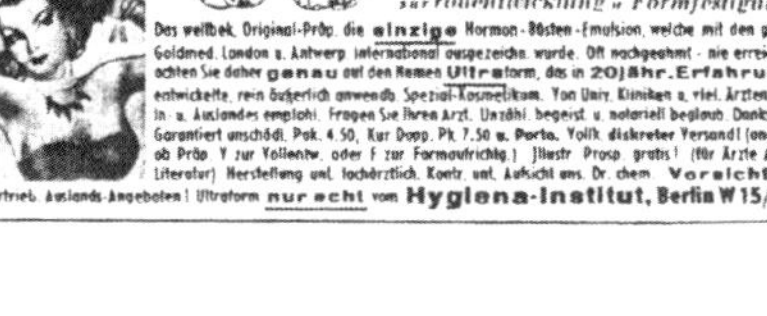

Die traditionsreichen deutschen Marken Triumph, Maggi, Nivea und Maizena gehen gleich nach der Währungsreform werblich in die Offensive.

Zu den neuen Gründern in Düsseldorf zählt unter anderem der Journalist Richard W. Geutebrück, der vor dem Zweiten Weltkrieg lange Jahre als Korrespondent in den USA arbeitete und dort auch die Werbung kennlernte. Er startet 1950 die Geutebrück Werbeagentur, die sich auf den Sektor Mode und Textilien (u. a. Diolen) spezialisiert und schnell zu den Big Playern vor Ort avanciert. Später nennt sich die Agentur in GFP um. Richard W. Geutebrück engagiert sich auch ehrenamtlich im Werbe- und Absatz-Bereich. Unter anderem organisiert er 1964 den Kongress für Werbung und Marketing in Düsseldorf und verhilft dieser Veranstaltung durch sein persönliches Engagement zu überregionaler Bedeutung.

Ein weiterer „Entrepreneur" ist der Werbeberater Ludwig Freiherr von Holzschuher, der vor dem Zweiten Weltkrieg bei der Heumann Werbeagentur tätig. Er stammt aus einer ehrwürdigen Adelsfamilie, welche im Handel ähnlich erfolgreich war wie die Familie Fugger aus Augsburg. Er startet die Werbeagentur von Holzschuher, Bauer & Ulbricht (HBU) an den Standorten Düsseldorf und München. Erster Kunde ist die Hahn KG aus Düsseldorf, ab 1954 kommt auch die Martin Brinkmann KG aus Hamburg dazu.

Zu den Düsseldorfer Werbe-Urgesteinen gehört auch Karl-Heinz Gramm. Er ist allerdings ein „Zugezogener", denn seine erste Werbe-Firma gründet Karl-Heinz Gramm 1946 in Lübeck und baut sie schrittweise zu einer Agentur aus. 1951 erfolgt dann der Umzug nach Düsseldorf, wo Werbe-Gramm rasch in die erste Garde der deutschen Agenturen aufsteigt. 1953 gewinnen die Gramm-Werber mit dem Zigaretten-Hersteller British American Tobacco aus Hamburg ihren ersten Top-Kunden. Werbe-Gramm betreut die Marke HB und erfindet das HB-Männchen Bruno, das als Marken-Figur noch heute bekannt ist. Für den zweiten Top-Kunden BMW kreiert das Team um Karl-Heinz Gramm den Slogan „Freude am Fahren".

Ein weiterer prägender Werbe-Impressario der Düsseldorfer, aber auch deutschen Agentur-Szene, ist der Grafiker Hubert Troost. Zusammen mit seiner Frau Grete gründet er 1950 in Wuppertal die Troost Werbeagentur, die später nach Düsseldorf umzieht und für den Henkel Konzern zunächst die Seife Fa betreut und danach die Marke Persil (Persil 59) wiederbelebt. Die Troost Werbeagentur steigt in Düsseldorf schnell zum Platzhirsch auf.

1

2

1 – Der Coca-Cola-Slogan „Mach mal Pause, trink Coca-Cola" aus dem Jahre 1954 erreicht Kult-Status und gehört noch heute zum Sprachgebrauch in Deutschland.

2 – Das HB-Männchen aus dem Hause Werbe-Gramm begleitet den Aufstieg von HB zur größten Zigaretten-Marke in Deutschland.

Agentur-Szene in der „Werbe-Provinz" 1945 – 1953

Neben den drei Werbe-Metropolen etablierten sich auch in der sogenannten „Werbe-Provinz" Agenturen, die die Entwicklung der Agentur-Landschaft in Deutschland maßgeblich mit geprägt haben. An erster Stelle ist hier Hubert Strauf zu nennen. Der Werbeberater und Texter Hubert Strauf gründet 1946 in Essen zusammen mit fünf Partnern die legendäre Werbeagentur „Die Werbe GmbH & Co.", die als eine der wichtigsten Keimzellen der Nachkriegswerbung in Deutschland gilt. Aus der „Werbe" gingen viele weitere Agenturen hervor oder wurden maßgeblich beeinflusst – unter anderem fließt auch in der ebenfalls legendären TEAM Werbeagentur, die 1956 in Mülheim an der Ruhr das Licht der Welt erblickte, etwas Blut der „Werbe". Hubert Strauf entwickelt bereits 1956 die Idee einer internationalen Agentur-Gruppe und gründet dafür Töchter in Hamburg, Düsseldorf, Köln, Wien, Paris sowie Zürich. Daraus geht 1974 die Holding Werbe-Euro-Advertising mit Sitz in Amsterdam und später Paris hervor. Kult-Status erreicht der 1954 von Hubert Strauf kreierte Slogan „Mach' mal Pause, trink Coca-Cola". 1957 prägt der Texter Strauf den Wahlkampf der CDU mit dem Slogan „Keine Experimente!" für Konrad Adenauer.

In Stuttgart baut Günter Bläse ab 1949 die gleichnamige Agentur-Gruppe auf. Bereits drei Jahre davor startet der gelernte Ingenieur und frühere Bosch-Werber Hermann Bruder als Einmann-Agentur. 1947 reaktiviert Hans Wündrich-Meißen seine 1929 gegründete Werbeberatung und baut sie zu einer der führenden Agenturen in der Schwaben-Metropole aus.

In den Städten Heilbronn (Hettenbach, 1945 gegründet), Heidelberg (Clar, 1941 gegründet) und Karlsruhe (Krais, 1949 gegründet) gibt es ebenfalls Agenturen, die bis in die 60er und 70er Jahre hinein einen Platz unter den Top-100-Agenturen in Deutschland einnehmen.

Zu den Platzhirschen in München zählt die Carl Gabler Werbegesellschaft. 1933 übernimmt Carl Gabler, der damalige Geschäftsführer Annoncen-Expedition Rudolf Mosse, die Niederlassung in München und nennt sie 1936 in Carl Gabler Werbegesellschaft um. Die 1951 gegründete Agentur Busskamp & Koch ist nach Gabler der zweite große Agentur-Player in der Isar-Metropole. Der schon im Zusammenhang mit dem Standort Düsseldorf erwähnte Ludwig Freiherr von Holzschuher engagiert sich ebenfalls mit einer Agentur in München.

Der Raum Bremen bietet durch seine Kaffee-, Zigaretten- sowie Werft- und Automobilindustrie ein attraktives Umfeld für Agenturen. In Oldenburg geht 1948 die Wächter Werbeagentur an den Start, die kurze Zeit später nach Bremen umzieht.

In der einstigen Agentur-Hochburg Berlin reaktiviert Walter Kurt Matthes die Agentur Dorland. Als Tochter, der 1883 in Atlantic City gegründeten US-Agentur Dorland, war sie bereits vor dem Ersten Weltkrieg mit einem Büro in Berlin präsent und ging 1928 erneut an den Start. Am 13. Januar 1930 kauft Matthes dem amerikanischen Condè Nast Verlag die Agentur ab, nachdem der Verlag durch die Folgen des „Schwarzen Freitags“ in wirtschaftliche Schwierigkeiten geraten war.

2.2 Aufbruchstimmung im deutschen Agentur-Markt

Der Start der US-Agenturen / Zeitraum (1954 – 1966/67)

In der noch jungen Bundesrepublik Deutschland beginnt 1953/54 die Zeit des Wirtschaftswunders. Der Korea-Krieg ist zu Ende, Deutschland wird in Bern Fußball-Weltmeister. Der Konsum brummt und damit auch die Nachfrage nach Werbung. Die Brutto-Werbeumsätze in den klassischen Medien-Kanälen Zeitungen, Zeitschriften, Radio sowie Plakat wachsen im Schnitt um 15 bis 20 Prozent pro Jahr. Dieser Boom lockt internationale Agenturen vornehmlich aus den USA an und animiert auch zu Gründungen weiterer nationaler Agenturen. Erste Anlauf-Adresse der US-Agenturen ist Frankfurt, die Main-Metropole wird in Fachkreisen daher auch als deutsche Madison Avenue bezeichnet. Die US-Agenturen prägen die Werbe-Szene in Frankfurt und sorgen mit einigen Aktionen auch bundesweit für viel Aufmerksamkeit. Im Gegensatz zum Beruf des Werbeleiters im Unternehmen, der durchweg sehr hohes Ansehen genießt, sieht es für die Agenturen als Arbeitgeber

Das Wirtschaftswunder sorgt für rasant wachsende Werbe-Investitionen
Brutto-Werbeumsätze 1952 bis 1961 (in Mio. DM)

Jahr	Zeitungen	Zeitschriften	Radio	TV	Plakat	Gesamt
1952	**333,3**	**173,4**	**20,9**		**37,2**	**564,8**
1953	432,9	212,9	23,1		43,4	712,3
1954	**500,1**	**262,0**	**28,2**		**50,7**	**841,0**
1955	566,2	311,9	32,1		59,4	969,6
1956	**688,5**	**390,1**	**32,1**	**0,2**	**61,7**	**1.172,6**
1957	898,4	487,7	39,1	3,7	68,7	1.497,6
1958	**991,4**	**556,4**	**42,4**	**12,0**	**67,9**	**1.670,1**
1959	1.074,0	644,7	52,3	56,8	74,6	1.902,4
1960	**1.187,6**	**744,3**	**48,8**	**132,1**	**82,4**	**2.195,2**
1961	1.359,2	936,7	52,6	226,2	96,2	2.667,9

Alle Media-Gattungen florieren in Deutschland.
Das beschert den Werbeagenturen ständig neue Aufträge

Quelle: Kapferer & Schmidt, Hamburg

wenig erfreulich aus. Sie können den hohen Bedarf an Fachkräften kaum decken. Als eine der Top-Adressen schaltet J. Walter Thompson daher in der renommierten Frankfurter Allgemeine Zeitung vom 20. Juni 1959 eine ganzseitige Stellenanzeige (Es soll die erste ganzseitige Stellenanzeige der FAZ gewesen sein.).

1955 legt das US-Network Young & Rubicam auf Wunsch des Kunden General Foods in Deutschland los – als dritte US-Agentur nach McCann und J. Walter Thompson. In der Großen Gallusstraße in Frankfurt wird für acht Mark pro Quadratmeter ein Büro gemietet, dessen Räume nach amerikanischem Muster nur durch halbhohe Wände voneinander getrennt sind. Auch das Corporate Design mit den Hausfarben grün und braun wird konsequent umgesetzt – bis hin zum Empfang, wo Damen in grüner Bluse und braunem Rock die Besucher begrüßen.

Im Frühjahr 1959 kommt die US-Agentur Foote, Cone & Belding nach Frankfurt. Im Haus zum Phoenix am Roßmarkt baut Don R. Cummingham als Geschäftsführer die deutsche Niederlassung auf. Unter dem Vorläufer-Namen Lord & Thomas war die Agentur schon in den 20er Jahren in Berlin präsent.

Ted Bates & Company richtet im Herbst 1962 ebenfalls in Frankfurt einen Brückenkopf in der Schubertstrasse im Frankfurter Stadtteil Westend ein. Ebenfalls 1962 wagt die New Yorker Agentur BBDO den Sprung über den großen Teich und lässt sich in Frankfurt nieder.

1964 übernimmt die US-Agentur Ogilvy & Mather einen Minderheitsanteil an der inhabergeführten Agentur Heumann vom Gründer William Heumann. Fortan nennt sich die Agentur lange Jahre Heumann, Ogilvy & Mather. Nach dem Tode von William Heumann 1966 werden die Amerikaner Mehrheitsgesellschafter.

Ab Anfang der 60 Jahre entdecken die Amerikaner auch den Werbe-Standort Düsseldorf. Hier läuft es jedoch anders, denn die US-Agenturen suchen den Kontakt zu den inhabergeführten Agenturen, die „verkaufswillig“ sind. In aller Regel tasten sich beide Seiten ab – entweder durch gemeinsame Töchter oder den Verkauf eines Minderheitanteils. Bis auf den Deal zwischen Werbe-Gramm und Grey, der weitgehend rund läuft, gibt es ansonsten vielfach Probleme.

1961 nimmt die US-Agentur Dane Doyle Bernbach Kurs auf den deutschen Markt. Der Großkunde Volkswagen sorgt für die Geburtshilfe. Nach dem Start sucht DDB die Schützenhilfe einer bestehenden Agentur und gründet ein 50/50-Joint Venture mit der Düsseldorfer Agentur von Holzschuher, Bauer & Ulbricht (HBU), das jedoch wegen gegenseitiger Unverträglichkeit schon ein Jahr später wieder aufgelöst wird. DDB macht allein weiter, da sie mit den Kunden VW sowie Tchibo gut im Geschäft ist.

1962 hält auch die Düsseldorfer Agentur Troost KG Ausschau nach einem US-Partner und startet ein Joint Venture mit der 1906 in St. Louis gegründeten US-Agentur D'Arcy, das unter der Firmierung Troost-D'Arcy Advertising Company Werbeagentur International läuft. Das Bündnis hält aber nur rund drei Jahre und wird Ende 1965 wieder aufgelöst, da es für Troost nur Ärger und keinerlei Gewinn gegeben hatte, wie Hubert Troost gegenüber der Fachpresse klagt. D'Arcy wendet sich im Anschluss der Düsseldorfer Agentur Dr. Hegemann zu, doch auch diese Verbindung ist nicht von langer Dauer.

Leo Burnett kauft sich 1963 bei der Düsseldorf Agentur LPE Internationale Werbe und Marketing GmbH ein, bei der Otto Pahnke als Geschäftsführer aktiv ist und als „persönlichen" Kunden den Süßwaren-Hersteller Storck aus Halle/Westfalen betreut. Auch diese Verbindung geht wieder in die Brüche. 1969 startet Leo Burnett ein eigenes Büro in Frankfurt. Pahnke geht später nach Hamburg und gründete die Markenmacherei.

Mitte der 60er Jahre sucht auch die Procter & Gamble-Agentur Grey aus New York eine Verbindung nach Deutschland. Die Münchner Agentur Carl Gabler lehnt einen Einstieg ab, die Düsseldorfer Agentur Gramm akzeptiert. Als Folge wechselt der Gabler-Berater Bernd M. Michael zu Gramm & Grey nach Düsseldorf und steigt dort später zum Chef auf. Der Deal zwischen Gramm und Grey funktioniert, weil der Hauptgesellschafter Karl-Heinz Gramm ohne weitere Mitspracherechte einzufordern schlicht Kasse macht. Er stirbt 1965 und seine Partner Theo Breidenbach und Hans Christoph Kleinau übernehmen die Leitung der Agentur in Düsseldorf.

1964 lässt sich die Schweizer Agentur Dr. Rudolf Farner AG mit Hauptsitz in Zürich (Großkunde ist Nestlé) in Düsseldorf nieder. Der Inhaber Dr. Rudolf Farner lernte 1948 und 1949 in den USA die amerikanischen Werbe- und Marketing-Methoden kennen und nutzt sie 1950 bei der Gründung seiner Agentur, die später mit Niederlassungen in Deutschland, Österreich, Belgien, Italien und den Niederlanden aktiv ist. 1970 steigt Dr. Farner bei der SAW Süddeutschen Agentur für Wirtschaftswerbung ein und zieht nach Frankfurt um. „Brautführer bei dieser Agentur-Hochzeit" ist der Schweizer Nestlé-Konzern, der bei beiden Agenturen Großkunde ist. 1973 fusionieren die Intermarco- und die Farner Gruppe. Auch hier spielt Nestlé eine Rolle.

In Hamburg, der dritten Werbe-Metropole in Deutschland, gibt es weniger internationale Impulse. Neben der Unilever-Tochter Lintas ist lediglich die britische Agentur Masius & Fergusson seit Oktober 1958 mit einem Büro in der Hansestadt präsent. Die US-Agentur McCann legt sich für die Betreuung des internationalen Großkunden Esso ein Büro in Hamburg zu.

Gute Chancen für Agentur-Gründer

Die stark wachsende Wirtschaft und die erwachende Konsumfreude sind ein geradezu ideales Umfeld für die Werbung. Diese Startbedingungen nutzen eine Reihe von Agentur-Managern, um dem Angestellten-Dasein ade zu sagen und ihre eigene Agentur zu gründen. Vor allem die großen Agentur-Standorte Frankfurt, Düsseldorf und Hamburg profitieren von diesen Neugründungen.

1954 erfolgt bei der Lintas in Hamburg ein Break-Away: Die Ex-Lintas-Mitarbeiter Horst Fanger und Dr. Wolfram Diebitsch gründen die Agentur Markenwerbung KG, die später in Markenwerbung International MWI umfirmiert und schnell zu den großen Agenturen in der Hansestadt heranwächst.

1956 erblickt in Mülheim an der Ruhr die Agentur TEAM das Licht der Welt. Die beiden Gründer Vilim Vasata und Jürgen Scholz holen von der Essener Agentur "Die Werbe" den Berater Günther Gahren an Bord und ziehen später nach Düsseldorf um. Der Agentur-Name steht für ein Prinzip bzw. ein Konzept. Hier bestimmt nicht eine Top-Figur, wo es mit der Agentur lang geht. Das machen die Partner gemeinsam. Das Partnerprinzip bringt viele Stärken und Vorteile, um Top-Leute wie Gunter Ott, Dr. Gisela Küll oder Willi Schalk zu gewinnen und zu binden.

Der ehemalige Stern-Reporter Wolf Uecker gründet Mitte der 50er Jahre in Hamburg die Werbeagentur UPS, die später zu CoPartner umfirmiert und sich in den 80er Jahren mit der traditionsreichen Agentur Wilkens wpt zusammenschließt.

Rolf W. Eggert, der Werbeleiter des Flensburger Rum-Herstellers Pott, ruft in Düsseldorf seine eigene Agentur RW Eggert ins Leben – mit dem Pott-Etat als Mitgift.

Der Münchner Verleger Friedrich W. Heye startet 1962 parallel zum Heye Verlag auch die Heye Werbeagentur. Zwei Jahre später holt er Jürgen Knauss als Layouter und Art Director in die Agentur – ein besonderer Glücksgriff, denn Jürgen Knauss bleibt der Agentur sein gesamtes weiteres Berufsleben treu.

Horst Slesina, Mitgesellschafter der Frankfurter Heumann Werbegesellschaft, geht 1962 eigene Wege und startet die Horst-Slesina Werbegesellschaft in Frankfurt, an der sich im Herbst 1973 die US-Agentur Ted Bates mehrheitlich beteiligt. Die deutsche Ted-Bates-Niederlassung kam 1962 nach Frankfurt.

1964 „schleust" der Zigaretten-Konzern Reemtsma seinen 52-jährigen freiberuflichen Werbeberater Friedrich Böltz in die Hamburger Agentur H. Verclas KG ein, um ihn als kreativen Ideengeber zu binden. Die Agentur benennt sich in Verclas & Böltz um und betreut ab sofort den achtstelligen Etat der Marke Ernte 23.

Der 30-jährige JWT-Berater Peter Behnsen wagt mit zwei Partnern im Herbst 1966 den Sprung in die Selbständigkeit – abgefedert mit der Zusage des Miederwaren-Herstellers Triumph aus München – die Gründung der Adverta Werbeagentur zu begleiten. 1971 muss Behnsen aufgrund von Schulden von über drei Millionen Mark den Gang zum Konkursrichter antreten.

In Hamburg sticht die Agentur Economia mit Manfred Baumann als Kapitän in See. Die Agentur konzentriert sich auf die florierende Mode- und Textil-Wirtschaft.

2.3 Die Kreativen übernehmen das Zepter

Mitte der 60er Jahre beginnt in Deutschland die Zeit gesellschaftlicher Veränderungen. Die wöchentliche Arbeitszeit wird reduziert. Die Nachkriegs-Generation fordert mehr Freiheiten. Das macht sich auch in der Werbung bemerkbar. In der damaligen deutschen „Kreativ-Hauptstadt“ Düsseldorf gründen 27 Kreative am 3. April 1964 den Art Directors Club e.V. – erster Präsident wird Vilim Vasata, kreativer Kopf der Düsseldorfer TEAM Werbeagentur und maßgeblicher Initiator der ADC-Gründung in Deutschland. Die Disziplin Kreation gewinnt spürbar an Bedeutung. Mit dem ZDF geht im Herbst 1961 ein zweiter nationaler TV-Anbieter auf Sendung. Damit verdoppelt sich schlagartig die auf den Vorabend begrenzte Werbezeit im deutschen Fernsehen.

Neben der TEAM Werbeagentur, die seit ihrem Start 1956 mit ihrer Kreativität bundesweit für Aufsehen sorgt, wird auch dem Deutschland-Büro von Young & Rubicam in Frankfurt ein besonderes Faible für Kreativität attestiert. Auf Humor und Emotion in der Werbung setzt auch die US-Agentur Dane Doyle Bernbach, die ab 1961 mit einer Niederlassung in Düsseldorf präsent ist. Y&R, DDB und TEAM gelten als kreative Kaderschmieden, die nicht nur durch ihre Kampagnen das Bild der Werbung in Deutschland prägen, sondern auch die Agentur-Landschaft mit kreativen Köpfen „versorgen“. Viele Kreative, die bei diesen drei Kaderschmieden ihr Handwerk gelernt oder verfeinert haben, gründen ab Ende der 60er Jahre eigene Kreativ-Shops.

Der Y&R-Einfluss auf die deutsche Agentur-Szene

Bei Young & Rubicam in Frankfurt haben viele Werber – Kreative und Berater – ihre berufliche Karriere begonnen und sich entscheidendes Rüstzeug geholt. Bei Y&R wird Frank Eiler zum Werbekaufmann ausgebildet und findet im Texter Fred Riemel den Partner, mit dem er 1973 die Kreativ-Agentur Eiler & Riemel in München gründet. Harald Adam ist im Traffic von Y&R aktiv und trifft dort auf den Art Director Michael Boebel. Das Duo mischt später mit zwei Neugründungen nicht

1

2

1 – Am 3. April 1964 wird der ADC in Düsseldorf von 27 Kreativen ins Leben gerufen.

2 – Der legendäre TEAM-Gründer Vilim Vasata wird zum ersten Präsidenten des ADC gewählt.

3 – Georg Baums sorgt 1971 mit der Agentur BMZ für den ersten Break-Away bei der TEAM Werbeagentur.

4 – Michael Conrad lernt bei Y&R in Frankfurt das Werbe-Handwerk.

3

4

nur die Frankfurter Agentur-Szene auf, sondern verkauft auch zweimal erfolgreich an internationale Networks – zuerst an Benton & Bowles und später an BBDO.

Der aus Österreich stammende Texter Walter Lürzer lernt hier Michael Conrad kennen, der als Traffic-Assistent bei Y&R startete. Beide gründen 1975 die Kreativ-Agentur "Lürzer, Conrad" in Frankfurt. Michael Conrad bringt es später zum weltweiten Kreativ-Chef und Chairman bei Leo Burnett. Walter Lürzer startet die Opel-Agentur "Lowe, Lürzer" und wird später Professor für Design in Wien. Parallel launcht er das Spezial-Magazin Lürzer's Archiv.

Auch das Duo Reiner Erfert (als Account Manager) und Johannes Kastner (erst als Traffic-Sachbearbeiter und später als Art Director) steht bei Y&R auf der Payroll. Die beiden bauen als Geschäftsführer (GF)-Duo ab 1980 die Frankfurter Lintas-Niederlassung auf. Reiner Erfert geht 1982 als CEO zu Leo Burnett. Johannes Kastner gründet mit Burnettes Unterstützung die Agentur Kastner & Partner, die später den weltweiten Etat von Red Bull betreute.

Der gebürtige Schweizer und spätere PR-Guru Jürg Leipziger fängt ebenfalls als Traffic-Assistent bei Y&R an und baute 1970 die Agentur-Gruppe Leipziger & Partner auf, die zu den führenden PR-Agenturen in Deutschland zählt.

Weitere Top-Werber mit Y&R-Historie sind Thomas Wulfes (Creativ Director + Gesellschafter bei BMZ in Düsseldorf), Helmut Sendlmeier (CEO bei Euro Advertising, TBWA und zuletzt McCann-Erickson), Dr. Rolf Harm (CEO bei DMB&B und zuletzt bei Publicis Frankfurt), Michael Mädel (CEO bei Ted Bates und zuletzt JWT), Margot Müller (GF Kreation bei McCann-Erickson), Hartmut Grün (GF bei GGK Frankfurt), Othmar Severin (Creative Consultant + langjähriger ADC-Präsident) und Ben Oyne (Fotograf + Regisseur).

Die „Präsenz" der TEAM/BBDO-Gruppe

Keine Agentur in Deutschland hat die Agentur-Landschaft als Impulsgeber so lange und so intensiv geprägt wie die TEAM/BBDO-Gruppe – als kreative Kaderschmiede, durch Break-Aways, durch Kauf-Strategien sowie als „Blaupause“. Das von vornherein auf mehrere Partner ausgerichtete TEAM-Modell ist schon bei der Gründung etwas Besonderes im Vergleich zu den anderen Neugründungen, die in der Regel als One-Man-Show oder maximal als Duo starten.

Für die erste große Abspaltung bei der damaligen TEAM Werbeagentur sorgt das Trio Georg Baums, Thomas Mang und Peter Zimmermann, das 1971 die Agentur BMZ aus der Taufe hebt. Später verlassen auch der Kreative Ludwig Steinmetz sowie der Berater Georg V. Ernst das Haus TEAM und gründen ihre gleichnamigen Agenturen in Düsseldorf.

Den zweiten großen Break-Away vollzieht 1981 der Mitgründer Jürgen Scholz, der zuvor von Düsseldorf in die Hamburger TEAM/BBDO-Dependance gewechselt ist. Der Hamburger Milliardär Günter Herz (Tchibo und Reemtsma) sorgt für die „Starthilfe“. Scholz nimmt die millionenschweren Etats für Tchibo sowie diverse Reemtsma-Marken ebenso mit in die Selbständigkeit, wie eine Reihe von Führungskräften (Michael Menzel und Uwe Lang) und Mitarbeiter.

Die Agentur Scholz & Friends wird nach dem TEAM-Vorbild als Partner-Modell aufgebaut. Aus dem S&F-Partner-Kreis startet 1985 die Agentur Baader, Lang, Behnken in die Selbständigkeit.

Die DDB-Kultur in der deutschen Agentur-Szene

Der Einfluss von DDB auf die Agentur-Szene in Deutschland kommt mehr durch den Werbe-Stil zustande als durch Break-Aways wie bei Y&R oder TEAM. Nachdem sich DDB in den 60er Jahren als Kreativ-Agentur etabliert hat, kommt es 1972 zum ersten Break-Away. Das Trio Anton Hildmann, Gerd Simon und Thomas Rempen hat die Tochter Promotion Plus geführt und will lieber auf eigene Rechnung arbeiten. Der Erfolg von HSR & S kommt dann mit dem Einstieg des VW-Werbeleiters Helmut Schmitz.

Der Konflikt bei einem Reifen-Etat sorgt 1984 für den nächsten Break-Away. DDB hat international den Zuschlag für Michelin bekommen und DDB Düsseldorf ist für den Michelin-Mitbewerber Continental tätig. Das führt zum Bruch mit dem Führungs-Duo Jochen Rang und Werner Butter. Die beiden heben mit der französischen Agentur-Gruppe RSCG in Düsseldorf die neue Agentur RSCG Butter Rang aus der Taufe.

Der kreative Impuls-Geber GGK

Ende der 60er Jahre kam mit der GGK aus der Schweiz noch eine weitere „Kreativ-Schule" hinzu, die für gut zwei Jahrzehnte Werbe-Geschichte in Deutschland schreibt. GGK wird 1959 von dem Historiker und Ciba-Geigy-Werbeleiter Dr. Markus Kutter und dem Werbegrafiker Karl Gerstner als Werbeatelier Gerstner + Kutter in Basel gegründet. 1962 kommt der Schweizer Architekt Paul Gredinger als dritter Gesellschafter hinzu. Er forciert die Entwicklung der Baseler Agentur zu einer legendären Agentur-Gruppe, die zu ihrer besten Zeit mit 20 Büros weltweit präsent ist und Werbe-Geschichte schreibt. Das Werbeatelier firmiert fortan unter dem Namen GGK Werbeagentur und kreiert Kampagnen mit strategisch-werblicher Richtung sowie einem besonderen kreativen Anspruch. Der ungewöhnliche Stil der Anzeigen verhilft GGK binnen kurzer Zeit zum Ruf, die kreativste Agentur im deutschsprachigen Raum zu sein. 1968 erfolgt für den Kunden Ford die Eröffnung eines Büros in Köln, das ein Jahr später nach dem Etat-Verlust nach Düsseldorf verlagert wird.

GGK Düsseldorf entwickelt sich unter der Führung des Kreativen Wolf D. Rogosky rasch zur kreativen Kaderschmiede im deutschsprachigen Raum. Durch die GGK-Schule gehen unter anderem Top-Kreative wie Michael Schirner, Helmut Sendlmeier, Reinhold Scheer, Feico Derschow, Reinhard Springer, Gerald Heinemann, Peter Goldammer, Joachim Beutler, Bernd Arnold, Reinhold Weber, Diethard Nagel, Fred Baader, Uwe Ortstein, Gernot Wüschner, Rulf Neigenfind oder Holger Nicolai.

GGK wird in den siebziger und achtziger Jahren bei nahezu allen relevanten Kreativ-Wettbewerben vielfach ausgezeichnet und gehört während dieser Zeitspanne zu den meistdekorierten Werbeagenturen in Deutschland. Zeitweilig gibt es neben dem deutschen Headquarter Düsseldorf auch noch Büros in Frankfurt, Hamburg, München und Stuttgart.

Werbegeschichte schreibt GGK unter anderem mit der Unikat-Kampagne "Ich trinke Jägermeister, weil ..." (Es erschienen über 5.000 Motive – auch die Macher sind zu sehen; auf dem Start-Sujet tritt Paul Gredinger auf.). Auch die textlastige IBM-Kampagne sorgt immer wieder für Aufmerksamkeit – unter anderem mit dem Wort schreIBMaschine, aber auch mit einer 76-seitigen Anzeigen-Strecke (!) im ‚Stern'. Unter der Führung des Ex-Y&R-Texters Michael Schirner kommen neben den opulenten Doppelseiten auch starke Plakat-Auftritte hinzu.

Zu den Agenturen, die von GGK-Leuten gegründet werden, zählen Michael Schirner in Düsseldorf (1984), Wüschner und Rohwer in München (1982), Hoffmann, Reiser, Schalt in Frankfurt, sowie HP Albrecht, München.

Das kreative Mutterschiff Springer & Jacoby

Der Start von Springer & Jacoby verläuft im Vergleich zu vielen anderen Kreativ-Hotshops eher unspektakulär. Der Werbekaufmann und frühere Slesina-Bates- bzw. GGK-Berater Reinhard Springer gründet zusammen mit dem ehemaligen GGK-Art Director Holger Nicolai sowie dem Münchner Werber-Duo Frank Eiler und Manfred Riemel am 3. Oktober 1979 die Agentur Eiler & Riemel-Hamburg. Nach dem Verkauf von Eiler & Riemel München an die BBDO-Gruppe firmiert die Agentur in Springer, Nicolai um. 1983 steigt der GGK-Texter Konstantin Jacoby als dritter Gesellschafter ein und fortan heißt die Agentur Springer, Nicolai, Jacoby. 1985 steigt Holger Nicolai im Unfrieden aus und die Agentur nennt sich in Springer & Jacoby um. S&J macht weiterhin als Kreativ-Schmiede Furore und räumt regelmäßig diverse Preise bei den wichtigsten nationalen sowie internationalen Kreativ-Wettbewerben ab. Auch wirtschaftlich geht es aufwärts. 1990 liegt der Honorarumsatz von S&J bei ca. 34,5 Millionen DM, damit zählt die Agentur bereits zu den Top-20 in Deutschland. Mit dem Gewinn des Mercedes-Etats 1989 folgt dem kreativen Höhenflug auch ein rasanter ökonomischer Aufstieg.

1

2

schreIBMaschinen

3

1 – Der deutsche GGK-Chef Paul Gredinger ist das Start-Testimonial der legendären Jägermeister-Kampagne.

2 – Reinhard Springer ist der charismatische Gründer und Beratungschef der Hamburger Kreativ-Schmiede Springer & Jacoby, aus der eine neue Generation von Agentur-Managern erwächst, die das Werbe-Geschehen in Deutschland prägen.

3 – Manchmal reichen drei Buchstaben für eine aussagekräftige Botschaft.

Das Duo Jean-Remy von Matt (links) und Holger Jung greift den S&J-Spirit am konsequentesten und auch am erfolgreichsten auf. Die Agentur-Gruppe Jung von Matt schafft den Übergang von den Gründern zur weiterhin angesagten Kreativ-Schmiede.

Ende 1990 kündigt sich der erste große Break-Away an: die S&J-Manager Holger Jung und Jean-Remy von Matt kündigen ihr Ausscheiden per Ende 1991 an. Sie nehmen den Automobilvermieter Sixt als Startkunden mit und gründen in Hamburg ihre eigene Agentur Jung von Matt. Ein Jahr darauf geht das Duo Heinz Huth und Wilfried Wenzel und gründet in Frankfurt eine eigene Agentur. 1994 ziehen sich Reinhard Springer und Konstantin Jacoby aus dem operativen Geschäft zurück. Die Agentur bekommt eine Holding-Struktur und baut ein Agentur-Netz mit Niederlassungen in Europa auf.

2000 übernimmt die US-Agentur-Holding True North 35,5 Prozent der Anteile an der Springer & Jacoby-Holding mit der Option, diese Beteiligung 2003 auf 51 Prozent erhöhen zu dürfen. Mit gut 520 Beschäftigten erwirtschaftet die S&J Gruppe 2000 einen Umsatz von 826 Millionen DM (ca. 440 Millionen Euro). 2001 wird True North von der US-Holding Interpublic geschluckt. Die Top-Leute André Kemper (Kreation) und Hubertus von Lobenstein (Beratung) wechseln 2003 zur BBDO-Gruppe, gleichzeitig verlässt auch der Top-Kreative Amir Kassaei das Haus in Richtung DDB. Im gleichen Jahr wird Interpublic Mehrheitseignerin von S&J, trennt sich aber 2005 wieder von ihren Anteilen. Ende 2006 verliert S&J den lebenswichtigen Mercedes-Etat an Jung von Matt. Der Agentur-Inhaber Lutz Schaffhausen aus Elmshorn bei Hamburg kauft 2006 die gesamten S&J-Anteile über seine Holding Avantaxx AG. 2009 feiern die verbliebenen 50 Beschäftigten noch das 30-jährige Bestehen der Agentur. Am 6. April 2010 meldet Lutz Schaffhausen beim Amtsgericht Hamburg Insolvenz an und der Kreativ-Stern S&J ist endgültig verglüht.

2.4 Aufstieg der Spezial-Agenturen

Die Etablierung der Spezial-Agenturen

Der Aufstieg des Marketings zur dominierenden Disziplin in der Unternehmensführung geht mit einer entsprechenden Erhöhung der Marketing- und Werbe-Budgets einher. Damit steht auch für die unterschiedlichen Marketing-Instrumente – von der Verkaufsförderung oder Sales Promotion über das Design und die Direktwerbung bis hin zur PR oder zum Sponsoring – mehr Geld zur Verfügung. Bedingt durch die höhere Nachfrage nach diesen besonderen Marketing-Leistungen entstehen in diesen Nischen schnell Spezial-Agenturen, die mit ihrem Know-how glänzen und gute Geschäfte machen. Parallel zu den auf eine bestimmte Disziplin ausgerichteten Agenturen entwickeln sich auch Spezialisten für bestimmte Branchen wie den Healthcare-Sektor, den B-to-B-Bereich, den Touristik-Markt oder den Personal-Sektor. Einige Agenturen bieten sogar Services im Bereich Marktforschung an.

Bei der Etablierung der Spezial-Agenturen sind auch die klassischen Networks aktiv beteiligt. Denn über die eigenständigen Spezial-Agentur-Töchter können die Networks manchmal auch Teil-Etats von Kunden betreuen, die eigentlich unter die Konkurrenz-Ausschluss-Klausel fallen. Ein weiterer Grund für die Abrundung des Leistungsspektrums ist die Forderung der Kunden nach einer besonderen Betreuung in Spezial-Disziplinen.

Die traditionellen US-Networks legen sich durch Zukäufe oder Gründungen eigener Töchter früh einen Kranz von Spezialisten zu. Aber auch die inhabergeführten Werbeagenturen sind bereits in den 50er Jahren mit einer Reihe von Spezial-Töchtern aktiv, um der Konkurrenz der internationalen Networks Paroli zu bieten oder den besonderen Bedürfnissen ihrer besonders wichtigen Auftraggeber zu entsprechen.

Nach dem Aufkommen der Agentur-Holdings werden für die jeweiligen Spezial-Disziplinen eigene Units bzw. Divisionen eingerichtet. Vor allem die vier großen Holdings (WPP, Omnicom, Publicis und Interpublic) bauen ihre Spezial-Segmente durch Zukaufstrategien stetig weiter aus.

Die PR-Agentur-Szene

Zu den ersten kommunikativen Spezial-Disziplinen, die sich zusätzlich zur klassischen Werbung entwickeln, gehört der Bereich Public Relations bzw. die Pressearbeit. Nicht nur aufgrund des Credos Trennung von Redaktion und Werbung in den Medien-Häusern ist es folgerichtig, wenn für die Pressearbeit andere Dienstleister aktiv werden, als für die Betreuung von Werbe-Kampagnen. Die PR-Aktivitäten unterscheiden sich auch bei der Arbeits- und Vorgehensweise deutlich von der Werbung. 1974 wird der Agentur-Verband GPRA in Hamburg gegründet, in dem die damals aktiven PR-Agenturen ihre Interessen bündeln. Mitte 2019 gehören dem Verband mit Sitz in Berlin 36 PR-Agenturen mit 90 Büros sowie knapp 3.000 Beschäftigten an.

Das 1953 von Harold Burson und Bill Marsteller gegründete PR-Agentur-Network startet 1961 die erste internationale Niederlassung in Genf und kurz darauf auch ein Büro in Frankfurt. 1979 kauft Young & Rubicam das Burson-Marsteller-Network und rundet so das eigene Leistungsspektrum weiter ab. Im Zuge des Aufräum-Prozesses hat die Agentur-Holding WPP 2018 die beiden PR-Networks Burson-Marsteller und Cohn & Wolfes zum neuen Network BCW verschmolzen. Mit rund 4.000 Beschäftigten in 42 Ländern und einem Honorarerlös in Höhe von 723 Millionen Dollar ist BCW 2018 das drittgrößte PR-Agentur-Network der Welt. In Deutschland gibt es Niederlassungen in Berlin, Frankfurt, Hamburg und München.

Noch traditionsreicher ist die PR-Agentur Hill & Knowlton, die John W. Hill 1927 in Cleveland (Ohio/USA) gründet. Kurz darauf steigt Donald Knowlton in die Agentur ein und 1934 wird der Hauptsitz nach New York verlegt. Seit 1963 gibt es eine Dependance in Frankfurt. 1980 übernimmt J. Walter Thompson das PR-Agentur-Network Hill + Knowlton und erweitert so das Service-Spektrum schlagartig um eine weithin bekannte Agentur-Marke. Heute wird Hill & Knowlton innerhalb der Agentur-Holding WPP nach wie vor als eigenständige Agentur-Marke geführt.

1972 eröffnet das US-PR-Agentur-Network Edelman in Frankfurt ihr erstes Büro in Deutschland. Die nach wie vor im Familien-Besitz befindliche Agentur (1952 in Chicago gegründet) gilt mit einem globalen Honorarvolumen von 888 Millionen Dollar als die Nummer eins weltweit. In Deutschland ist Edelman nach der Übernahme der PR-Agentur Ergo Kommunikation 2015 zunächst stark gewachsen, aber 2018 etwas ins Trudeln geraten. Mit einem Honorar-Income von rund 30 Millionen Euro zählt Edelman Germany zu den Top 5 der PR-Agenturen in Deutschland.

Seit 1977 ist das PR-Network Ketchum (ursprünglich 1923 als Werbeagentur in Pittsburgh gegründet) in Deutschland präsent. 1996 kauft die US-Holding Omnicom die Ketchum-Gruppe und fusioniert sie 2010 mit ihrer ebenfalls im PR-Bereich aktiven Tochter Pleon. Die Pleon-Gruppe ist 2005 aus der Omnicom-Tochter durch die Fusion der beiden zuvor übernommenen PR-Agenturen Kohtes & Klewes sowie Brodeur entstanden.

1958 startet der einstige Werbe-Berater (McCann und William Wilkens) Dr. Reiner Schulze van Loon die gleichnamige Agentur für Wirtschaftswerbung sowie die Agentur IP Informationen/Public Relations in Hamburg. Anfang der 60er Jahren wird er von der Bundesregierung als Berater engagiert und baut im Anschluss eine der führenden nationalen PR-Agenturen auf, die später von der französischen Eurocom-Gruppe übernommen wird. Im Zuge weiterer Umbauaktivitäten sowie Fusionen in der französischen Agentur-Szene entsteht aus Eurocom die Havas-Holding. Die Schulze van Loon PR-Agentur existiert inzwischen unter dem Namen Havas PR Germany. Die Familie Schulze van Loon hat mit der Orca van Loon-Gruppe in Hamburg erneut eine PR-Agentur aufgebaut. Dort steht mit Hendrik Schultze van Loon neben seinem Vater Dietrich inzwischen die dritte Generation an der Spitze der Agentur-Gruppe.

Ein weiterer großer PR-Player ist die Eggert-Tochter ABC Presseinformation in Düsseldorf, die sich ab 1968 unter der Führung von Günter F. Thiele zu einer der führenden PR-Agentur-Gruppen mit 175 Beschäftigten sowie Niederlassungen in

Berlin, Frankfurt und München entwickelt. Zusammen mit der Eggert-Gruppe wird auch ABC an das französische Eurocom-Network verkauft. ABC gilt als „PR-Kaderschmiede“ – dort lernen unter anderem Ralf Hering, Bernd Schuppener und Egbert Deekeling ihr Handwerk. Die drei PR-Profis bauen eigene PR-Agenturen auf und verkaufen diese wieder an die Networks.

Ralf Hering und Bernd Schuppener starten 1994 in Düsseldorf ihre gleichnamige PR-Agentur, die sich als Spezialist für Krisenberatung sowie Merger & Acquisitions-Berater einen Namen macht. Durch die gesellschaftliche Verbindung zum US-Network Grey wird Hering Schuppener nach dem Kauf von Grey durch WPP ebenfalls ein Teil der WPP-Holding.

Egbert Deekeling gründet 1995 seine PR-Beratung ebenfalls in Düsseldorf und baut sie mit seinem späteren Partner Olaf Arndt zu einer Agentur-Gruppe mit rund 70 Beschäftigten an drei Standorten aus. 2016 übernimmt die französische Havas-Holding die Mehrheit.

Zu erwähnen ist noch das PR-Network Weber Shandwick, das zur Agentur-Holding Interpublic gehört. Im Jahr 2000 schließen sich die bis dato eigenständig operierenden Networks Shandwick und Weber zusammen und fusionieren im Januar 2001 auch ihre operativen Einheiten in Deutschland. Im gleichen Jahr wird die Agentur PR Bonn hinzugekauft.

Die Direktwerbe- bzw. Dialog-Marketing-Agenturen

In der Bundesrepublik Deutschland entwickelt sich der Bereich Direktwerbung, auch Dialog-Marketing genannt, aus dem Medien-Segment der Adressbuch-Verleger. Der heutige DDV Deutscher Dialogmarketing Verband e.V. führt seine Existenz daher auch auf die 1948 gegründete Arbeitsgemeinschaft der Adressenverleger (ADV) zurück. Deren Mitglieder agieren als Verleger von Adressbüchern und auch als Dienstleister für Unternehmen beim Versand von Werbebriefen sowie Werbe-Materialien direkt an den Endverbraucher. 1969 werden in Deutschland 2,5 Milliarden Mark (1,3 Mrd. Euro) für Direktwerbe-Maßnahmen investiert – bei einem gesamten Werbe-Volumen von 16 Milliarden Mark. Der Aufstieg dieser Disziplin wird stark durch die rasante technologische Entwicklung beeinflusst. Rasch kommt neben dem Verbreitungskanal Brief das Telefon als Kontaktinstrument hinzu. Quer durch die Republik entstehen renditestarke Call-Center-Unternehmen. 1996 liegt das Invest-Volumen für Direct Marketing in Deutschland bereits bei mehr als 30 Milliarden Mark. Ab Mitte der 90er Jahre beginnen mit den „Werbe-Mails“ erste digitale Aktivitäten. So gesehen kann das Direct Marketing als Keimzelle der neuen Big-Player-Disziplin Digital-Marketing betrachtet werden.

Zu den Pionieren der Direktwerbung in Deutschland gehört Alfred Gerardi, der 1957 seine Beraterpraxis für Direktmarketing eröffnet und später auch die Fachzeitschrift „Direktmarketing“ sowie den Info-Dienst „Der Versandhausberater“ gründet. In Deutschland stehen vor allem der Versandhandel, die Buch-Klubs sowie Unternehmen aus der Finanz- und Reise-Branche als Auftraggeber für die Direktwerbeagenturen im Vordergrund. Die Impulse für die Entwicklung der Direktwerbung zum Direkt-Marketing kommen in den 60er Jahren aus den USA.

Zu den Gründervätern der Disziplin Direktmarketing zählt der Amerikaner Lester Wunderman, der 1958 die Agentur Wunderman, Ricotta & Kline startet und eine Reihe von neuen Werbeformen der Direktwerbung „erfindet“, wie etwa den Columbia Record-Club, die gebührenfreie Telefonnummer (für Toyota), die Zeitschriften-Abo-Karte oder das Kunden-Vorteilsprogramm für American Express. 1971 geht Wunderman in Frankfurt an den Start; 1973 kauft Young & Rubicam die Wunderman-Gruppe.

Ein weiteres Direktmarketing-Urgestein ist Stanley Rapp, der zusammen mit Tom Collins 1965 die Agentur Rapp & Collins 1965 als Unit des FCB-Networks gründet und sich 1969 „freikauft“. 1977 übernimmt DDB den Direct-Marketing-Spezialisten und baut ihn anschließend zur neuen globalen Agentur-Marke für den Bereich Direktmarketing auf.

In Deutschland sorgt der Bertelsmann-Manager Dr. Heinz Dallmer, der von 1968 bis 2004 für den Medien-Konzern tätig ist, für die Professionalisierung der Disziplin Direktwerbung bzw. für die Etablierung des Instrumentes Direktmarketing in

Deutschland. Dr. Dallmer ist nicht nur Herausgeber des 1975 erstmals publizierten Standardwerks Handbuch Direct-Marketing; er engagiert sich auch vielfach als Publizist sowie Referent. Einer seiner „Schüler“ ist die spätere Agentur-Größe Reimer Thedens. Ab 1977 baut Thedens für Ogilvy & Mather zunächst eine sehr erfolgreiche Direct-Marketing-Tochter auf. Ab 1989 macht er bei Ogilvy auch international Karriere; 1995 ist er Global Chairman und CEO von Ogilvy Direct.

Dank der Möglichkeit, Adressen maschinell zu speichern und zu nutzen, beginnt ab 1970 auch in Deutschland ein beachtlicher Aufschwung der Direktwerbung. Viele klassische Werbeagenturen etablieren eigene Töchter für diesen besonderen Kommunikationsweg – meist fügen sie ihren Agentur-Namen einfach den Zusatz Direkt bzw. Direct hinzu (TEAM Direct, Wilkens Direkt, FCB Direct, Lintas:Direct, Ogilvy & Mather Direkt) oder sie kaufen sich bei bereits bestehenden Direktwerbeagenturen ein. Zu den aktiven Käufern gehört unter anderem Bernd M. Michael. Der gebürtige Dresdener baut die Düsseldorfer Agentur Gramm & Grey durch diverse Zukäufe zielgerichtet zu einer Agentur-Gruppe auf, die in fast allen Bereichen mit eigenständigen Töchtern aktiv ist. Ganz besonders haben es ihm die Bereiche Media und Direkt-Marketing angetan.

Parallel dazu entwickeln sich aus den Adress-Anbietern breit aufgestellte Direktwerbeagenturen. Ein Parade-Beispiel dafür ist die 1947 in Ditzingen bei Stuttgart gegründete Schober-Gruppe, deren Leistungsspektrum von der Kampagnen-Kreation bis hin zum Fulfillment inklusive Erfolgskontrolle reicht.

In Erlangen geht 1989 die defacto-Gruppe an den Start. Der Gründer Erich Schuster baut mit Partnern die größte inhabergeführte CRM-Agentur (Customer Relation Management) Deutschlands mit Büros in Düsseldorf, Köln, Hamburg und München auf. 2008 spaltet sich die Agentur-Gruppe. Erich Schuster zieht sich nach der Übergabe der Agentur an seinen Sohn Claus Schuster zurück.

Die Spezial-Agenturen für Sales Promotion und Verkaufsförderung

Mit dem verstärkten Aufkommen der Großflächen im Handel gewinnt das Instrument der Verkaufsförderung erheblich an Bedeutung. Parallel dazu sorgt auch die 1974 vollzogene Aufhebung der Preisbindung dafür, dass sich der Warenwettbewerb deutlich verschärft. Vor allem Marken-Anbieter nutzen das Instrument der Verkaufsförderung zum Gegensteuern gegen Rabattpolitik und Sonderpreis-Kultur. Auch die stetig stärker werdenden Handelsunternehmen entdecken das Instrumentarium der Verkaufsförderung (VKF), um die Konsumenten in die Läden zu holen.

Das Spektrum der VKF-Aktivitäten ist im Vergleich zur klassischen Werbung ausgesprochen vielfältig und kleinteilig. Es reicht von Preisausschreiben über Gutscheine und Regalaktionen bis hin zum Hostessen-Einsatz am Point-of-Sale oder Verteilaktivitäten an belebten Plätzen. Entsprechend breit entwickelt sich auch die Landschaft der VKF-Spezial-Agenturen. Die Töchter oder Units der klassischen Agenturen widmen sich primär der Entwicklung von VKF-Konzepten und holen bei der Umsetzung weitere Spezialisten hinzu.

Die Unilever-Tochter Lintas gründet die initiativ Verkaufsförderung GmbH; Young & Rubicam kauft den Spezialisten Cato Johnson und baut daraus ein eigenes internationales VKF-Agentur-Network. TEAM/BBDO kauft die Königsteiner Gruppe, die sich mit dem „Goldenen Kaufhof-Angebot" einen Namen gemacht hat und darüber hinaus auch noch die Agentur Selection in Düsseldorf.

Die Szene der Design-Agenturen

Vom Bereich Design sind für diese Betrachtung nur die Segmente Packung sowie Corporate Design/Corporate Identity von Interesse. Mode- oder Möbel-Designer spielen auch des Öfteren in der Kommunikation eine Rolle, meist aber nur kurzfristig. Die Hansestadt Hamburg gilt in Deutschland als Hochburg der Design-Agenturen. Die großen nationalen Player in diesem Bereich kommen fast alle aus der klassischen Werbung.

4

1

1 – Reimar Thedens und Lothar Leonhard sorgen in den 90er Jahren bei Ogilvy & Mather in Frankfurt für Wachstum und eine Erfolgsmeldung nach der anderen.

2 – Peter Schmidt verhilft der Disziplin Design in Deutschland zu Anerkennung weit über die Kommunikationsbranche hinaus.

3 – Dieter Schulze van Loon baut nach dem Verkauf der geerbten PR-Agentur erneut eine erfolgreiche inhabergeführte Agentur-Gruppe auf.

4 – Erik Spiekermann gründet 1979 in Berlin mit Meta Design eine Agentur, die als erste das Potential der „öffentlichen" Auftraggeber entdeckt.

2

3

Peter Schmidt gründet 1972 nach fünfjähriger Tätigkeit als Creative Director bei der Hamburger Agentur Verclas + Böltz in Hamburg die Peter Schmidt Studios. Zunächst konzentriert er sich auf das Design von Verpackungen und macht sich ab 1980 einen Namen im Bereich Kosmetik. Später wendet sich die Agentur mit ebenfalls großem Erfolg dem Bereich Corporate Design zu. 2006 verkauft Peter Schmidt seine Agentur an die Omnicom-Tochter BBDO.

Windi Winderlich gründet 1983 in Hamburg die gleichnamige Verpackungsagentur, nachdem er zusammen mit Klaus Martin Wolff die klassische Werbeagentur Wolff Winderlich aufgebaut hat. Nach dem plötzlichen Tod von Windi Winderlich übernimmt das Network Enterprise IG der britischen Agentur-Holding WPP die Design-Agentur, die sich später in The Brand Union und anschließend in Superunion umbenennt.

Lothar Böhm startet 1972 in Hamburg zunächst die klassische Werbeagentur Ad Age und firmiert sie Mitte der 80er Jahre zu Lothar Böhm Design um. Nach der Ausrichtung auf die Disziplin Design wächst die Agentur kontinuierlich und startet ab der Jahrtausendwende Niederlassungen in Warschau und London. Der Gründer bekommt diverse Übernahmeangebote internationaler Networks, die er jedoch allesamt ablehnt. Nach dem Ausstieg mehrerer Führungskräfte ab 2014 beginnt ein rascher Niedergang, der nach zwei Jahren zur Liquidation führt.

1979 gründet der Designer und Typograf Erik Spiekermann zusammen mit drei Partnern in Berlin die Agentur MetaDesign. Die Agentur macht sich nicht nur mit der Gestaltung von Packungen oder Corporate Identity-Aufgaben einen Namen sondern mit ihren Arbeiten für „öffentliche" Auftraggeber wie etwa das Info- und Leit-System der Berliner Verkehrsbetriebe oder das Corporate Design der Bundesregierung. 2001 verkaufen die MetaDesign-Gründer die Agentur an die Digital-Agentur Lost Boys International (LBi), die seit 2013 zur Agentur-Holding Publicis gehört.

Die deutsche Design-Szene wird auch maßgeblich beeinflusst durch den gebürtigen Zürcher Jörg Zintzmeyer mit seiner 1974 in Zürich gegründeten Design-Agentur-Gruppe Zintzmeyer & Lux. Schon bald nach dem Start ist die Agentur für renommierte deutsche Marken wie BMW, TUI, Deutsche Telekom oder Deutsche Lufthansa tätig und startet in München, Köln und Hamburg Niederlassungen. 1996 fusioniert die Design-Agentur mit dem Omnicom-Design-Network Interbrand.

1997 eröffnet die amerikanische Design-Agentur Landor ihr Deutschland-Büro in Hamburg, um von hier aus unter anderem den Beiersdorf-Konzern zu betreuen. Gründer der Agentur ist der gebürtige Walter Landor (Landauer). Er startet 1941 in San Francisco und verkauft sein Lebenswerk 1989 an das Agentur-Network Young & Rubicam, das heute zur WPP-Holding gehört und seit 2018 mit der Digital-Agentur-Gruppe VML das neue Network VMLY&R bildet.

Die Agenturen im Bereich Healthcare-Marketing

Die Werbung im Bereich Gesundheit ist nicht nur jeweils nationalen gesetzlichen Vorschriften unterworfen, sondern muss einerseits auch wissenschaftlichen Anforderungen bzw. andererseits besonderen ethisch-moralischen Ansprüchen genügen. Die „Zugangsschranken" sorgen dafür, dass die traditionellen Agenturen sich nicht direkt in der Gesundheitswerbung engagieren. Diesem Bereich widmen sich zunächst nur Spezial-Agenturen, aber aufgrund der ebenso hohen wie stabilen Gewinne beginnen sich auch Networks für den Healthcare-Sektor zu interessieren.

Die älteste noch aktive Healthcare Marketing-Agentur ist Sudler & Hennessey, die 1934 von Art Sudler als Design Studio in New York gegründet wurde. 1941 steigt Matt Hennessey ein. Nach und nach spezialisiert sich Sudler & Hennessey auf das stark wachsende Segment Healthcare Marketing und entwickelt sich ab 1960 zur weltweit führenden Pharma-Agentur. 1973 wird S&H vom Network Young & Rubicam übernommen.

Anfang der 70er Jahre geht Medicus Intercon in den USA als Spezialist für Pharma-Werbung an den Start. Die Tochter der Networks Benton & Bowles wächst dank der US-Konzerne und stärkt sich zudem durch Zukäufe. In Deutschland ist die Agentur zunächst mit einem Büro in Wiesbaden aktiv; sie wird 2003 geschlossen und das Deutschland-Business wird zur Unit Publicis Health verlagert.

In Deutschland entwickeln sich ebenfalls Spezialagenturen für den Sektor Gesundheit. Anfang der 70er Jahre startet in München die Media-Agentur MW Office, die sich auf die Betreuung von Arzneimittelherstellern konzentriert. Der JWT-Geschäftsführer Burkhard Schwarz zählt zu den ersten Managern aus der traditionellen Agentur-Szene, die hier aktiv werden. Er gründet 1980 die Pharma-Division Deltakos am Standort Frankfurt.

Einige Agentur-Inhaber wie Klaus Lüders in Köln oder auch Coordt von Mannstein entdecken in den 90er Jahren die Chancen, die dieses Feld bietet. Von Mannstein gründet die Tochter Medical Relations und Klaus Lüders richtet seine Agenturen deshalb neu aus. Auch der Stuttgarter Agentur-Inhaber Bernd Schmittgall wendet sich ab 1988 verstärkt dem Bereich Gesundheit zu und baut eine der umsatzstärksten Spezial-Agenturen auf.

Die hohe Ertragskraft der Pharma-Agenturen in Deutschland lockt die internationalen Networks, die entweder mit eigenen Gründungen oder mit Zukäufen den Markt erobern. Parallel dazu entstehen eine Reihe von inhabergeführten Spezial-Agenturen. Zu den Protagonisten gehört die WEFRA-Gruppe in Neu-Isenburg, die sich von den Annoncen-Expeditionen zu einer der führenden deutschen Healthcare-Marketing-Agenturen entwickelt. Relevante interhabergeführte Healthcare-Spezialisten sind zudem Peix in Berlin, antwerpes in Köln, wdv in Bad Homburg, Pink Carrots in Frankfurt sowie isgro in Mannheim.

Heute sind alle großen Agentur-Holdings mit breit aufgestellten Units global im Bereich Healthcare unterwegs. Ab 2015 ordnen und strukturieren diese Holdings ihr Agentur-Portfolio auch in diesem Bereich. Anfang 2020 sind die Agentur-Holdings mit Healthcare-Networks wie WPP Health, Publicis Health, Omnicom Health, IPG Health und Havas Health weltweit präsent.

Die B-to-B-Spezial-Agenturen

Der Bereich B-to-B-Kommunikation (einst auch Industrie-Werbung genannt) ist ausgesprochen vielfältig und ebenso kleinteilig – das gilt sowohl im Hinblick auf die kommunikativen Aktivitäten als auch für die Marktsegmente. Hier bewegen sich überwiegend kleinere Agenturen mit weniger als zehn Beschäftigten. Als klassische Werbemittel kommen vor allem Anzeigen in Fachtiteln zum Einsatz. Darüber hinaus wird viel Geld in Broschüren und Messeauftritte investiert.

Für die großen Werbeagenturen ist dieser Bereich nur selten attraktiv. Zu den wenigen Akteuren in diesem Sektor gehört die Hamburger William Wilkens Werbeagentur mit ihrer Tochter ICW Wilkens. Zu den bekannteren B-to-B-Spezialisten gehört die 1969 gegründete Agentur RTS Riegerteam, die seit 2007 zum TBWA-Network gehört. Etwas jünger und zudem mit rund 100 Beschäftigten größer ist die 1973 in Viernheim gegründete WOB AG, die zu den größten Playern in dem Bereich B-to-B zählt.

Die B-to-B-Kommunikation befindet sich seit 2010 in einem starken Umbruch. Die traditionellen B-to-B-Agenturen stehen aufgrund der verstärkten digitalen Kommunikation erheblich unter Druck. Sie bekommen zudem Konkurrenz aus dem Bereich der Fachverlage, die ihren bisherigen Anzeigen-Kunden inzwischen ein deutlich breiteres Service-Angebot bis hin zur Website-Gestaltung inklusive dem dazugehörigen Content-Marketing anbieten.

2.5 Network-Strategien – Zukäufe und Diversifikation in Deutschland

Ende der 60er/Anfang der 70er Jahre starten die internationalen Agentur-Networks mit der weiteren „Eroberung" des deutschen Agentur-Marktes. Nachdem viele Networks in den 50er und 60er Jahren erfolgreich in Deutschland Fuß gefasst haben, beginnt ab 1970 der Aufstieg der internationalen Agentur-Player. Dabei spielt ihnen in die Hände, dass die großen inhabergeführten nationalen Akteure erkannt haben, dass sie eine Expansion aus eigener Kraft nicht erfolgreich stemmen können. Zugleich werden viele Marken immer internationaler ausgerichtet. Diese Situation hilft den international aufgestellten Networks ebenfalls; sie nutzen ihre Chancen durch Zukäufe. Im Hintergrund mischen zudem auch einige große Auftraggeberkonzerne mit, indem sie für ihre Marke bestimmte Betreuungskonstellationen vorgeben oder als „vorteilhaft" empfehlen.

Für den ersten großen Coup sorgt Anfang der 70er Jahre der Einstieg der US-Agentur BBDO bei der renommierten TEAM-Werbeagentur in Düsseldorf. BBDO ist zwar seit 1962 mit einem Büro in Frankfurt aktiv, spielt aber keine große Rolle im deutschen Agentur-Markt. Treibende Kraft hinter dem Deal zwischen TEAM und BBDO ist Willi Schalk; seit 1969 bei der TEAM-Tochter Special Team als Partner an Bord. Als Kunde ist der Henkel-Konzern mit im Boot. Nach einer zweijährigen „Probezeit" übernimmt BBDO die Mehrheit an der Düsseldorfer Agentur TEAM.

1972 kauft sich das US-Network Benton & Bowles bei der Frankfurter Agentur Hanns W. Brose ein und übernimmt die Agentur drei Jahre später komplett. Eine maßgebliche Rolle bei diesem Deal spielt der US-Konzern Procter & Gamble, der bei beiden Agenturen auf der Kundenliste steht. Die US-Agentur hat drei Jahre zuvor ihre 1966 erfolgte Beziehung zur Frankfurter Agentur Horst Baumgardt wieder gelöst, weil der Hauptgesellschafter Horst Baumgardt den Amerikanern eine höhere Beteiligung verweigerte.

Der US-Agentur D'Arcy gelingt nach diversen Anläufen mit Düsseldorfer Agenturen dank der Partnerschaft mit der britischen Masius-Gruppe der „richtige" Sprung auf den deutschen Markt, denn in Hamburg gibt es seit 1958 ein Masius-Büro, das in den 70er Jahren ordentlich Fahrt aufnimmt. Dazu trägt auch die Verbindung von D'Arcy mit der US-Agentur MacManus bei, zu deren Kunden auch der Colgate-Konzern zählt.

Networks starten Diversifikation

Die internationalen Agentur-Networks schreiben sich neben der regionalen Expansion auch die Diversifikation auf ihre Fahnen. Bei der regionalen Expansion steht das Hauptziel im Vordergrund, dort mit eigenen Büros präsent zu sein, wo die betreuten internationalen Konzerne wirtschaftlich aktiv sind. Diese Präsenzpflicht steht manchmal in den Verträgen zwischen Kunde und Agentur. Wer den Kunden bei seiner Expansion nicht „begleitet", läuft Gefahr, dass ein konkurrierendes Network eine Beziehung aufbaut und somit den Auftraggeber mittel- bzw. langfristig abwerben kann.

Das Thema Diversifikation weist in eine ähnliche Richtung. Den Agentur-Networks geht es darum, den Auftraggeber möglichst umfassend zu betreuen und auch in den Spezial-Disziplinen, die nicht zum Kernprodukt klassischer Werbung zählen, wie etwa Public Relations, Verkaufsförderung, Media oder auch Marktforschung, entsprechende Service-Angebote darstellen zu können.

Diese Spezial-Services sind zudem ein New-Business-Vehikel, die dann zum Einsatz kommen, wenn ein Network nicht mit seinem Kernprodukt klassische Werbung beim potentiellen Kunden vorstellig werden kann oder darf. Anhand der nachfolgenden Beispiele wird deutlich, dass sich die Vorgehensweisen der Networks weitgehend ähneln.

Die McCann-Erickson-Gruppe

Das US-Network McCann beginnt bereits sehr früh damit, Service-Abteilungen organisatorisch auszugliedern. In Deutschland gibt es bereits in den 60er Jahren die Tochter marplan, die sich um die Marktforschung kümmert, die Tochter Infoplan für den Bereich Public Relations und die Tochter Universal, welche als Media-Agentur fungiert.

Die deutsche McCann-Erickson-Gruppe ist neben dem Hauptsitz Frankfurt schon in den 50er Jahren mit Full-Service-Büros in Hamburg und Köln präsent, um nahe bei den Network-Kunden wie Esso (Hamburg) oder Coca-Cola (Essen) zu sein. Später kommt der Standort Nürnberg hinzu und das Büro Köln wandert nach Düsseldorf.

Der Kranz der Spezial-Agenturen verändert sich. Unter anderem wird marplan verkauft. Durch den Zukauf der Agentur Scope und Krakow Konzept fasst McCann im Bereich B-to-B Fuß und stärkt zugleich den Standort Düsseldorf.

Bis Anfang der 90er Jahre etabliert die McCann-Gruppe noch folgende selbständige Töchter, die allesamt von Frankfurt am Main aus operieren:

- McCann Direkt GmbH
- McCann Promotion GmbH
- McCann Healthcare Pharma Kommunikation GmbH

Die Y&R-Gruppe

Das US-Network Y&R konzentriert sich lange Jahre auf den Standort Frankfurt und baut hier auch einen Kranz von Spezial-Agenturen auf. Bei den Y&R-Spezial-Töchtern handelt es sich um zugekaufte Spezial-Agenturen/-Networks, die weiterhin unter eigenem Namen operieren und auch an den Standorten Hamburg, Köln und München präsent sind. Die Y&R-Gruppe, von 1980 bis 1997 von Ingo Krauss als Deutschland-Chef geführt, stellt sich besonders breit auf.

Im Bereich Verkaufsförderung & Promotions ist das Network Cato Johnson aktiv – hier zählt auch die zugekaufte Spezial-Agentur Hahn & Partner Verkaufsförderung in Köln dazu.

Den Bereich Public Relations deckt das PR-Network Burson Marsteller, das eigene Büros in Frankfurt, Hamburg und München unterhält, ab. Am Standort München kommt noch die zugekaufte Agentur cpr conti public relations hinzu.

Im Segment Direct Marketing agiert von Frankfurt aus die Y&R-Tochter Wunderman Worldwide mit der Schwester DMS Direct-Marketing-Services GmbH.

Um den Sektor Healthcare und Pharma kümmert sich das Spezial-Network Sudler & Hennessy von Frankfurt aus.

Die seit 1989 zu Y&R gehörende Design-Agentur Landor startet erst 1997 mit einem Office in Hamburg. Die frühen Töchter Plan Marktforschung und Plan Personal Werbung werden still und leise geschlossen.

Ende 2018 wird das traditionsreiche Network Y&R im Zuge eines globalen Aufräumprozesses innerhalb der WPP-Holding mit der Digital-Agentur-Gruppe VML verschmolzen und gibt die Führung an VML ab. Das kommt auch im neuen Network-Namen VMLY&R zum Ausdruck. In Deutschland gibt es bereits kein Y&R-Büro mehr. Anfang 2020 dockt die ebenfalls zu WPP gehörende deutsche Agentur-Gruppe Scholz & Friends bei VLY&R an, behält aber ihre Eigenständigkeit. Diesen Deal initiiert der Scholz-CEO Frank-Michael Schmidt ohne Druck aus der Londoner WPP-Zentrale.

Die JWT-Gruppe

Neben dem Stammsitz in Frankfurt gibt es noch zwei auf die klassische Werbung ausgerichtete Niederlassungen: In Hamburg primär für die Unilever-Töchter Elida Gibbs und Lever-Sunlicht in Düsseldorf; beide Töchter startet der langjährige JWT-Deutschland-Chef Burkhard Schwarz im Jahr 1982. Darüber hinaus ist die JWT-Gruppe noch mit folgenden Spezial-Töchtern in Deutschland aktiv: JWT Corporate Communications; JWT Deltakos Europe (Pharma-Werbung); Basisresearch (Marktforschung), JWT Direkt sowie die Tochter ProService Werbemittel.

Ab der Jahrtausendwende verliert die deutsche JWT-Gruppe nach und nach an Umsatz und Kunden. Auch diverse Managementwechsel können den Niedergang des JWT-Networks nicht stoppen. Die WPP-Holding verordnet im Zuge des globalen Aufräumprozesses Ende 2018 die Fusion mit der früheren Y&R-Tochter Wunderman, die sich aufgrund der Verankerung im Direct-Marketing-Bereich ein respektables Digital-Know-how erwirbt. Das neu formierte Network firmiert als Wunderman Thompson. Im Laufe der Jahre 2019 und 2020 werden alle JWT-Töchter in Deutschland „eingemeindet". Parallel dazu wird auch die zu WPP gehörende Digital-Agentur-Gruppe Possible mit Wunderman Thompson zusammengeführt.

Die BBDO-Gruppe

Der deutsche Marktführer (ununterbrochen seit Ende der 80er Jahre) hat seine Position neben dem organischen Wachstum auch durch gezielte Zukäufe oder Neugründungen ausgebaut. Schon in den 60er Jahren gibt es die Tochter Special Team, die auf Modekunden ausgerichtet ist. Anfang der 70er Jahre steigt die US-Agentur BBDO als Minderheitsgesellschafter bei der damaligen TEAM Werbeagentur ein und löst parallel ihre bis dato in Frankfurt bestehende Niederlassung auf. Kurz darauf wird die Agentur Verclas & Böltz in Hamburg übernommen und in TEAM/BBDO Hamburg umgewandelt. Unter der Ägide von Willi Schalk, der auch im internationalen BBDO-Business intensiv mitmischt, wächst die Agentur-Gruppe rasant.

Die TEAM/BBDO bzw. BBDO-Gruppe ist die Agentur-Gruppe in Deutschland mit den wohl meisten Zukäufen. Auch bei der Neugründung von Spezial-Agenturen mischt die BBDO-Gruppe kräftig mit. Treibende Kraft ist von 1970 bis 1987 der geschäftsführende Gesellschafter Willi Schalk, der den Agentur-Sektor nicht nur in Deutschland nach passenden Gelegenheiten durchforstet. Er gründet TEAM DIRECT in Hamburg, TEAM/TELECOM in Düsseldorf sowie Sponsor Partners in Bonn und übernimmt die Königsteiner Gruppe in Kronberg (gemeinsamer Kunde Kaufhof AG) und SELECTION in Düsseldorf (Verkaufsförderung). Die Beteiligungen bei den Full-Service-Agenturen Eiler & Riemel in München sowie Connex in Berlin sorgen für weitere regionale Präsenz.

Einen besonderen Coup landet er mit dem Einstieg bei der auf Mode-Werbung spezialisierten Agentur Economia in Hamburg. Der Economia-Gründer Manfred Baumann ist mit der Interpublic-Tochter Lintas:Deutschland fast schon handelseinig gewesen.

Der Schalk-Nachfolger Anton Hildmann setzt den eingeschlagenen Kurs der Zukäufe intensiv und in großem Stil weiter fort. Zu nennen sind vor allem

- der mehrheitliche Einstieg bei der Call-Center-Agentur Selbytel in Nürnberg, die sich im Laufe der Jahre zu einer Gewinnmaschine entwickelt hat und 2018 für einen dreistelligen Millionenbetrag an die französische Webhelp-Gruppe verkauft wird,
- sowie die 1997 erfolgte Übernahme der Media-Agentur GFMO in Hamburg, durch die die BBDO-Gruppe zum mächtigen Player neben MediaCom und Carat aufsteigt.

Dazu kommen noch weitere Gründungen wie 1990 die Full-Service-Agentur Boebel Adam/BBDO in Frankfurt oder Zukäufe wie 2002 die Münchner Agentur start advertising.

FCB in Deutschland

Die 1873 in Chicago als Lord & Thomas gegründete und seit 1943 unter dem Namen Foote Cone & Belding aktive Agentur baut ihre Position in Deutschland nach dem Start 1959 in Frankfurt rasch aus – zunächst durch organisches Wachstum. 1970 kommt die PR-Agentur Welbeck Public Relations hinzu. Ende der 70er Jahre kauft FCB die 1966 gegründete Uniconsult-Gruppe in Berlin. 1981 entscheidet sich der langjährige deutsche FCB-Chef Norbert Borsch, FCB zu verlassen. Er startet mit vier weiteren Ex-FCB-Managern in Frankfurt die Agentur Borsch, Stengel & Partner. Für FCB Frankfurt beginnt damit eine schwierige Zeit, denn gleich drei namhafte FCB-Kunden (Melitta, Suchard sowie Bristol Myers) wechseln zur Neugründung.

International sucht FCB Ende der 70er Jahre nach Partnern und schließt sich mit der französischen Publicis-Gruppe zusammen.

1

4

2

3

1 – In Deutschland gelingt Publicis dank des bestens vernetzten Agentur-Managers Georg Baums ebenfalls der Aufstieg in die Top 3 der Agentur-Branche.

2 – Bernd M. Michael ist der Architekt der Grey-Gruppe. Er erkennt nicht nur frühzeitig die Bedeutung des gewinnträchtigen Media-Geschäfts, sondern nutzt den Cashflow zum Zukauf vieler Spezial-Agenturen.

3 – Der Kreative Helmut Sendlmeier diente gleich 3 Networks als Deutschland-Chef. Zunächst ist er maßgeblich am Aufbau der heutigen Havas-Gruppe beteiligt, dann reaktiviert er die Omnicom-Tochter TBWA in Deutschland und anschließend holt ihn Interpublic als deutschen McCann-Chef.

4 – Maurice Levy hat aus dem französischen Network Publicis durch Zukäufe die drittgrößte Agentur-Holding der Welt geschmiedet.

Kurze Zeit darauf kauft FCB die amerikanische NCK-Agentur-Gruppe und wird damit auch Mehrheitseigner der Hamburger Agentur MWI. Diese Beteiligung bringt FCB in das Joint-Venture Publicis-FCB ein. Nach dem Ausscheiden von MWI-Gesellschaftern steigt der FCB-Anteil 1984 auf 73 und 1985 auf 82 Prozent. MWI firmiert ungeachtet der neuen Gesellschafterverhältnisse unter dem angestammten Namen.

1990 steigt das US-Network FCB zusammen mit dem Joint-Venture Publicis-FCB bei der 1971 gründeten Düsseldorfer Agentur BMZ (Baums Mang und Zimmermann) ein und übernimmt die Mehrheit.

1995 bricht die Allianz aus FCB-Publicis auseinander und Publicis übernimmt die wesentlichen europäischen Interessen.

Die Lintas-Gruppe

Die einstige Unilever-Tochter Lintas legt sich am Stammsitz Hamburg ebenfalls ein Portfolio von teilweise eigenständigen Töchtern zu:

- Lintas:S (früher Initiativ Verkaufsförderung GmbH)
- Lintas:Direct GmbH
- HMK Hamburg Werbeagentur (Wird vom Geschäftsführer übernommen.)
- Schaufenster am Donnerstag
- Lintas Design
- Lintas PR

Ende der 70er Jahre erfolgt auch die regionale Expansion: Am damals führenden Agentur-Standort Frankfurt gründet Lintas mit den beiden Y&R-Managern Reiner Erfert und Johannes Kastner die Kreativ-Agentur Lintas:Frankfurt. Diese Tochter schließt Ende der 1980er und lebt als „Rest" noch einige Jahre unter dem Namen Lintas:Direct GmbH mit Sitz in Eschborn weiter.

Die Ausgliederung des Bereichs Media, unter dem Namen Initiative Media GmbH, erfolgt Mitte der 80er Jahre nach dem Vorbild von Lintas:Paris, als sich in Deutschland der Siegeszug der Media-Agenturen abzeichnet.

Lintas steigt Ende der 80er Jahre als Gesellschafter bei der Hamburger Kreativ-Agentur Baader Lang Behnken sowie bei der Münchner Kreativ-Agentur Wüschner & Rohwer ein.

Die Grey-Gruppe

Bei der Deutschland-Tochter des Grey-Networks beginnt die regionale Expansion ebenso wie die Diversifikation in die Spezial-Disziplinen mit Bernd M. Michael (BMM), der 1978 zum CEO aufsteigt und 1982 auch Gesellschafter wird. Er kauft in Frankfurt die Consell Werbeagentur und in Hamburg die Klaus Martin Wolff Werbeagentur, die beide als Full-Service-Anbieter agieren. Zudem wird 1982 in Düsseldorf die Tochter GRAMM Werbeagentur gegründet, um Konkurrenz-Konflikte abzupuffern.

1988 sorgt BMM zusammen mit dem CFO Peter Schmidt für die Ausgründung der Media-Abteilung unter dem Agentur-Namen MediaCom. Dank des beachtlichen Media-Budgets des US-Konzerns Procter & Gamble gewinnt die neue Media-Agentur schnell an Einfluss und wächst rapide.

Bernd M. Michael erweitert das Grey-Portfolio, um auch in den Spezial-Disziplinen mitzuspielen. In Sachen Public Relations werden GCI Ringpress sowie Zeitbild & Grey gekauft. Im Sektor Verkaufsförderung holt er das Network Beaumont-Bennett nach Deutschland und stärkt es durch den Zukauf der Agentur Frey. Im Segment Direkt Marketing wird er mit der Gründung Grey Direct International aktiv und in der Marktforschung mischt er mit der Tochter Market Horizons GmbH mit.

Ogilvy & Mather

Das O&M-Network zählt international schnell zu den Top-Ten-Playern. In Deutschland baut der langjährige CEO Hans-Jürgen Lange für O&M ein breitgefächertes Tochter-Portfolio auf. 1981 startet in Düsseldorf die Full-Service-Agentur Ogilvy & Mather Partner und am Stammsitz kommt Ogilvy & Mather Focus hinzu, die stärker auf den Bereich Technik ausgerichtet ist.

Ausgesprochen erfolgreich verläuft der Einstieg in das Direktmarketingsegment. Lange gewinnt den Bertelsmann-Manager Reimar Thedens, der die O&M-Gruppe rasch zum führenden Anbieter im Segment Direkt Marketing und Dataconsult mit Büros in Frankfurt und Hamburg aufbaut.

Die Media-Unit gliedert Lange als Media Consult aus, für den VKF-Sektor startet er die Tochter Promotional Campaigns und im Bereich Gesundheit fasst er mit Ogilvy & Mather Medical samt der Töchter Pharma Markt und Werbung in Frankfurt sowie Ogilvy & Mather Pharma in Düsseldorf Fuß.

Die Havas Gruppe

Das französische Agentur-Konglomerat Havas geht zunächst 1985 mit der Y&R-Tochter Marsteller eine Verbindung ein, der 1987 auch der japanische Agentur-Gigant Dentsu beitritt. Das „Trio" firmiert unter dem Namen HDM Eurocom und übernimmt die Mehrheit an der Düsseldorfer Agentur RW Eggert und an deren PR-Tochter ABC. Der frühere GGK-Manager Helmut Sendlmeier wird von HDM Eurocom an Bord geholt, um die Zusammenführung zu organisieren. Ende 1990 kaufen die Franzosen ihre Partner Dentsu und Marsteller aus der gemeinsamen Agentur HDM Eurocom heraus. Anfang 1991 stärkt die nun als Eurocom Eggert firmierende Gruppe die PR-Präsenz in Deutschland durch die Übernahme der Mehrheit an der traditionsreichen Hamburger Agentur IPR&O Schulze van Loon. Im gleichen Jahr übernimmt Eurocom die französische Agentur-Gruppe RCSG, die auch in Düsseldorf mit einer Niederlassung präsent ist. Die beiden französischen

Agenturen verschmelzen zum Network Euro RSCG Worldwide. 2012 wird das operative Agentur-Network in Havas Worldwide umbenannt.

Die DMB&B-Gruppe

Ein ganz besonderes Agentur-Gebilde stellt die DMB&B-Gruppe dar, die 1985/86 durch den Merger der beiden internationalen Networks Benton & Bowles und D'Arcy-MacManus Masius entsteht. In Deutschland blickt Benton & Bowles auf eine wechselvolle Geschichte zurück. Seit Anfang 1985 heißt die Agentur Boebel Adam Benton & Bowles und die Mehrheit der Anteile liegt bei den bisherigen Boebel, Adam-Inhabern Harald Adam und Michael Boebel. Die DMM-Gruppe kauft parallel auch die Agentur Admenting in Frankfurt vom Gründer Dr. Jürgen Schwarz. Als neuer DMB&B-Deutschland-Chef fungiert der bisherige DMM-CEO Dr. Rolf Harm. Er sorgt für die Zusammenführung der Deutschland-Töchter beider Networks und kauft auf sanften Druck des Top-Kunden Procter & Gamble 1987 auch die bisherige TEAM-Tochter Imparc, weil der Imparc-Großkunde Blendax Werke nunmehr zu Procter & Gamble gehört.

Darüber hinaus ist die DMB&B-Gruppe neben zuvor erwähnten Full-Service-Agenturen in Frankfurt, Hamburg sowie Düsseldorf noch mit Töchtern in den Spezial-Disziplinen unterwegs. Der Direkt-Marketing-Bereich wird mit dem DMB&B Dialog Marketing bedient. Diese Agentur geht aus der zuvor hinzugekauften Spezial-Agentur Dorfer Dialog Marketing hervor. Im Bereich Verkaufsförderung ist die Tochter IMP International Marketing Promotions in Düsseldorf tätig, während das einst zu Benton & Bowles gehörende Agentur-Network MS&L Manning Selvage & Lee den PR-Sektor abdeckt. Für den Bereich Media ist die Tochter à la Media Services in Frankfurt zuständig, die in den 90er Jahren in MediaVest umgewandelt wird. Im Bereich Healthcare spielt DMB&B mit der in Frankfurt ansässigen Tochter Intercon Medicus über viele Jahre eine beachtliche Rolle. Nach der Übernahme durch die Publicis Groupe schließt die frühere Ertragsperle Mitte 2003 ihr nach Wiesbaden verlegtes Büro.

Die Publicis-Gruppe

Das französische Agentur-Network Publicis tut sich lange schwer, im deutschen Agentur-Markt nachhaltig Fuß zu fassen. Die Agentur lebt primär von den Etats der staatsnahen französischen Auftraggeber wie Renault oder Air France. Erst die 1988 gestartete Allianz mit dem US-Network FCB sorgt für eine substantielle Änderung. Ende der 80er Jahre gibt es auch eine Reihe von Aktivitäten in den Spezial-Disziplinen. Im Medienbereich ist die Allianz mit der Optimedia GmbH aus Düsseldorf aktiv. Im Gesundheitssektor macht die Agentur Publicis Viscom in Frankfurt eine gute Figur. Im B-to-B-Segment spielt die Allianz dank der zugekauften Agentur Geo Schirmer BBM in München mit und im Bereich Direkt Marketing gibt es mit der Publicis FCB Direct Agentur für Direktmarketing in Frankfurt sowie FCB Direkt in Hamburg gleich zwei Player. Nach der Auflösung der Allianz mit FCB 1995 bleiben fast alle Assets bei der Publicis-Gruppe und und der Namenszusatz FCB wird gestrichen.

Einen ganz besonderen Sprung in Deutschland macht Publicis durch den 1990 erfolgten Einstieg bei der BMZ-Gruppe in Düsseldorf. Hier ist FCB zunächst mit an Bord, zieht sich aber später zurück. Der globale Publicis-Chef Maurice Levy bestellt den BMZ-Chef Georg Baums zum Deutschland-Statthalter. Ein Glücksfall für die aufstrebende französische Agentur-Holding, deren Deutschland-Ambitionen bis dahin trotz vieler Investitionen nur ein mäßiger Erfolg beschieden war. Mit Georg Baums steht ein Manager an der deutschen Publicis-Spitze, dem sowohl in Agentur-Kreisen wie auf Kundenseite hohe Anerkennung gezollt wird.

Der erste große Erfolg gelingt Baums 1994 mit der Übernahme der Siemens-Tochter MCD. Der Münchner Elektronikkonzern gibt nach Verhandlungen mit mehreren Agentur-Networks dem von Georg Baums präsentierten Modell den Zuschlag. Mit diesem Erfolg wird nicht nur das deutsche Publicis-Geschäft gepusht, auch weltweit profitiert die Publicis-Gruppe von Siemens-Aufträgen. Dank Georg Baums geht die 1995 vollzogene Trennung der beiden Networks Publicis und FCB in Deutschland zumindest für die Publicis-Seite ohne Probleme über die Bühne. Publicis übernimmt die wesentlichen Agentur-Assets in Deutschland und Baums sorgt für die erfolgreiche Integration dieser Agentur-Töchter unter dem Dach Publicis. Eine besondere Rolle spielt dabei das Media-Geschäft, in dem die beiden Einheiten Optimedia (Publicis-Tochter) und More Media (BMZ-Tochter) als selbstständig agierende Media-Agenturen intensiv mitmischen.

Durch gezielte Zukäufe wie etwa die Digital-Agentur b.a.s. in München, Hiel Werbeagentur (B-to-B) in München, Lenze + Partner (Pharma) in Köln sowie Appelt & Partner (Pharma) in Frankfurt stärkt Georg Baums nicht nur die Diversifikation der Publicis-Gruppe in Deutschland, sondern baut sie auch zur drittgrößten Agentur-Gruppe in Deutschland auf.

Parallel zum Ausscheiden von Georg Baums als Deutschland-CEO bei Publicis Deutschland per Ende 2000 sorgt der Holding-CEO Maurice Levy durch den Zukauf der früheren Saatchi & Saatchi-Holding für einen weiteren Wachstumsimpuls. 2002 folgt dann der nächste Big Bang: die Übernahme der Agentur-Holding Bcom3 – damit gehören auch die Deutschland-Töchter von Leo Burnett sowie DMB&B schlagartig zur deutschen Publicis-Gruppe.

Das Network Ted Bates

1962 gründet die US-Agentur Ted Bates – mit dem Süßwarenkonzern Mars im Gepäck – ein Büro in Frankfurt, steigt einige Jahre darauf bei der Slesina Werbeagentur ein und übernimmt sie später komplett. Dank der vom Bates-CEO Rosser Reeves konzipierten „Werbe-Formel“ USP (unique selling proposition) kann sich Ted Bates auch in Deutschland als marketing-orientierte Werbeagentur positionieren.

1986 wird das Bates-Network von der britischen Saatchi & Saatchi-Holding übernommen. 1987 wird Bates mit der US-Agentur Backer & Spielvogel fusioniert, die kurz zuvor die Hamburger Agentur Scholz & Friends gekauft hat. Die Fusion findet ihren Niederschlag im neuen Agenturnamen BSB. In Deutschland agieren die beiden Schwester-Agenturen Bates Frankfurt sowie Scholz & Friends in Hamburg völlig getrennt. Nach der 1997 erfolgten Abspaltung der Cordiant-Holding in die Bates- und die Saatchi-Operation sorgt Bates Frankfurt durch den Gewinn des europäischen Seat-Etats für einen Aufschwung. Aufgrund der hohen Verschuldung aus der Saatchi-Vergangenheit kommt die Cordiant-Holding nicht wieder auf die

Beine und wird Mitte 2003 von der britischen WPP-Holding geschluckt. 2004 wird das Bates-Büro in Frankfurt aufgelöst und die verbliebenen Etats auf die WPP-Agenturen „verteilt".

Die Top-50 Agenturen des Jahres 1970 in Deutschland

Rank	Agentur	1970 Umsatz in Mio DM	Mitarbeiter
1.	McCann (GWA), Frankfurt	219,6	610
2.	Lintas (GWA), Hamburg	177,9	465
3.	Thompson (GWA), Frankfurt	155,0	440
4.	TEAM Gruppe (GWA)	141,0	402
5.	Dr. Hegemann (GWA), Düsseldorf	126,4	285
6.	Young & Rubicam (GWA), Frankfurt	116,0	257
7.	Troost (GWA), Düsseldorf	110,7	242
8.	Wilkens (GWA), Frankfurt	109,6	283
9.	Werbe-Gramm (GWA) Düsseldorf	96,0	230
10.	Heumann, Ogilvy & Mather (GWA), Frankfurt	89,9	214
11.	Brose (GWA), Frankfurt	89,7	212
12.	Dorland Gruppe (GWA)	78,0	255
13.	MWI (GWA), Hamburg	73,5	146
14.	Doyle, Dane,Bernbach (GWA), Düsseldorf	72,0	162
15.	Bläse (GWA), Stuttgart	62,2	176
16.	Gabler (GWA), München	60,8	231
17.	Slesina (GWA), Frankfurt	60,0	180
18.	Eggert (GWA), Düsseldorf	58,0	130
19.	v. Holzschuher, Bauer & Ulbricht (GWA) Düsseldorf	49,0	131
20.	Verclas & Böltz (GWA), Hamburg	46,9	116
21.	Adverta, Frankfurt	46,0	102
22.	Masius (GWA), Hamburg	43,8	122
23.	Westag (GWA), Köln	40,1	124
24.	Ted Bates, Frankfurt	39,8	93
25.	Leo Burnett - LPE, Düsseldorf	39,0	105

Abbildung 1: 1970

Die Top-50 Agenturen des Jahres 1970 in Deutschland

Rank	Agentur	1970 Umsatz in Mio DM	Mitarbeiter
26.	SAW (GWA), Frankfurt	35,0	85
27.	Witzgall, Dätzingen	31,4	79
28.	FCB (GWA), Düsseldorf	31,2	86
29.	Aschke (GWA), Frankfurt	29,1	75
30.	Intermarco, Hamburg	29,0	92
31.	Dr. Farner, Düsseldorf	28,1	68
32.	Die Werbe (GWA), Essen	28,0	101
33.	Fahrenson & Fehse, München	27,5	63
34.	Zernisch, Düsseldorf	27,5	75
35.	Hoffmann, Höfner & Knaupp, Frankfurt	26,0	45
36.	Die Gilde, Hamburg	25,5	70
37.	Busskamp & Koch, München	25,0	75
38.	Economia, Hamburg	24,0	46
39.	Feil, Stuttgart	23,0	48
40.	Erdmann & Kohnen, Düsseldorf	22,7	50
41.	Heye & Partner, München	20,5	53
42.	Kramer (ADW), Hamburg	20,5	55
43.	Compton, Frankfurt	20,5	63
44.	GGK, Düsseldorf	20,4	59
45.	Omnia, Bielefeld	20,3	27
46.	BBD & R, hamburg	20,0	38
47.	UPS, Hamburg	19,3	65
48.	Rühle (GWA), Hamburg	19,0	50
49.	Geiling (ADW), Hamburg	19,0	64
50.	CPV-GFA, Köln	18,5	53
	Gesamtumsätze 1970	**2.811,9**	

Quelle: Der Kontakter © New Business Verlag

Die Top-50 Agenturen des Jahres 1980 in Deutschland

Rank	Agentur	1980 Umsatz in Mio DM	Mitarbeiter
1.	McCann (GWA), Frankfurt	480	571
2.	Lintas (GWA), Hamburg	411,3	500
3.	Team BBDO (GWA), Düsseldorf/Hamburg	346,5	368
4.	J. Walter Thompson (GWA), Frankfurt	303,8	403
5.	Gramm & Grey (GWA), Düsseldorf	240,1	265
6.	Young & Rubicam (GWA), Frankfurt	191,8	257
7.	Troost Campbell-Ewald (GWA), Düsseldorf	190,1	198
8.	Heumann, Ogilvy & Mather (GWA), Frankfurt	180,2	223
9.	FCB (GWA), Frankfurt/Hamburg	173,0	234
10.	wilkens wpt (GWA), Hamburg/Frankfurt	171,4	219
11.	DDB (GWA), Düsseldorf	170,3	208
12.	D'Arcy-MacManus & Masius/Adementing (GWA), Frankfurt/Hamburg	169,1	207
13.	Intermarco-Farner (GWA), Düsseldorf/ Frankfurt/Hamburg	138,5	159
14.	Benton & Bowles (GWA), Frankfurt/Hamburg	137,4	196
15.	GGK, Düsseldorf/Frankfurt/Hamburg/München/Stuttgart	136,0	157
16.	Lürzer, Conrad & Leo Burnett (GWA), Frankfurt	127,7	145
17.	MWI (GWA), Hamburg	115,1	134
18.	Ted Bates (GWA), Hamburg	105,8	156
19.	Eggert (GWA), Düsseldorf	105,2	123
20.	Compton (GWA), Frankfurt	99,1	123
21.	Heye, Needham & Partner, München/ Hamburg/Düsseldorf	85,9	111
22.	Bläse (GWA), Stuttgart/Düsseldord/Darmstadt	80,2	102
23.	Intensiv Werbung, Nürnberg	80,0	74
24.	Acon, Köln	74,4	68
25.	Baums, Mang & Zimmermann, Düsseldorf	71,3	69

Abbildung 2: 1980

Die Top-50 Agenturen des Jahres 1980 in Deutschland

Rank	Agentur	1980 Umsatz in Mio DM	Mitarbeiter
26.	Westag (GWA), Köln	69,6	90
27.	Dr. Hegemann (GWA), Düsseldorf	65,5	55
28.	von Mannstein, Solingen	62,0	50
29.	Spiess & Ermisch, Düsseldorf	61,4	50
30.	Serviceplan, München	56,7	53
31.	MPW Univas, Düsseldorf	55,5	60
32.	CoPartner (GWA), Hamburg/Frankfurt	55,0	70
33.	Herrwerth & Partner, München/Düsseldorf	55,0	70
34.	TBWA, Frankfurt	54,8	58
35.	DFS + R (GWA), München	54,7	80
36.	Omnia, Bielefeld	53,6	40
37.	Intercon (WDW), Frankfurt	53,5	50
38.	ARE, Düsseldorf	50,3	20
39.	Economia, Hamburg	49,4	66
40.	Konsell Partners, Frankfurt	48,4	49
41.	Eiler & Riemel, München/Frankfurt	48,0	43
42.	Schellenberg, München	43,1	32
43.	Hildmann, Simon, Rempen & Schmitz, Düsseldorf	43,0	40
44.	Tostmann, Hannover	41,8	43
45.	Euro-Advertising (GWA), Düsseldorf	40,1	53
46.	Ruhrstudio, Nordbuch & Pötz, Scope (WDW), Essen/Leverkusen	38,3	42
47.	A.B.S., Frankfurt/Düsseldorf	38,0	38
48.	Wolff & Winderlich, Hamburg	36,8	22
49.	Adpoint, Düsseldorf (vormal GFP)	36,7	38
50.	Durana Ketchum (WDW), Frankfurt	36,1	39
	Gesamtumsätze 1980	**5.631,5**	

Quelle: Der Kontakter © New Business Verlag

Die Top-100 Agenturen des Jahres 1990 in Deutschland

Rank	Agentur	1990 Umsatz in Mio DM	Mitarbeiter
1.	Lintas Deutschland (GWA), Hamburg	103,0	527
2.	Team/BBDO (GWA), Düsseldorf	98,4	524
3.	Young & Rubicam Gruppe (GWA), Frankfurt a.M.	89,1	453
4.	McCann-Erckson Gruppe Deutschland (GWA), Frankfurt a.M.	89,0	458
5.	Grey Gruppe Deutschland (GWA), Frankfurt a.M.	79,9	428
6.	Ogilvy & Mather (GWA), Frankfurt a.M.	75,7	410
7.	Eurocom Eggert (GWA), Düsseldorf	64,3	385
8.	DMB&B (GWA), Hamburg/Frankfurt a.M.	59,4	352
9.	M. Conrad & Leo Burnett (GWA), Frankfurt a.M.	54,5	333
10.	J. Walter Thompson (GWA), Frankfurt a.M.	50,6	313
11.	Wensauer-DDB Needham (GWA), Frankfurt a.M.	48,8	311
12.	Saatchi & Saatchi (GWA), Frankfurt a.M.	47,0	244
13.	Scholz & Friends (GWA), Hamburg	43,0	218
14.	Wilkens Ayer (GWA), Hamburg	35,6	202
15.	TBWA, Frankfurt a.M.	34,5	165
16.	Springer & Jacoby (GWA), Hamburg	34,5	140*
17.	Lowe, Lürzer (GWA), Düsseldorf	33,2	175
18.	Baums, Mang u. Zimmermann (GWA), Düsseldorf	26,6	133
19.	Heye & Partner (GWA), Unterhaching	26,6	140
20.	Spiess Ermisch Abels (GWA), Düsseldorf	26,6	120
21.	Publicis-FCB - Gruppe (GWA), Düsseldorf	26,6	133
22.	Hildmann, Simon, Rempen & Schmitz, Düsseldorf	26,3	135
23.	Serviceplan (GWA), München	25,4	120
24.	von Mannstein (GWA), Solingen	22,5	95
25.	RSCG, Butter, Rang (GWA), Düsseldorf	22,0	132

Abbildung 3: 1990

Die Top-100 Agenturen des Jahres 1990 in Deutschland

Rank	Agentur	1990 Umsatz in Mio DM	Mitarbeiter
26.	Economia (GWA), Hamburg	21,0	122
27.	BSB (GWA), Hamburg	21,0	90
28.	B/W (GWA), Düsseldorf	20,0	70
29.	Borsch, Stengel & Partner (GWA), Frankfurt a.M.	19,1	106
30.	M-S-B+K, Hamburg	15,8	107
31.	Westag, Köln	15,4	90
32.	MWI (GWA), Hamburg	15,3	88
33.	Lüders (GWA), Köln	14,2	62
34.	DFS&R (GWA), München	12,9	65
35.	Bläse-Gruppe (GWA), Stuttgart	12,7	84
36.	Frese & Wolff (GWA), Oldenburg	12,4	75
37.	Herrwerth & Partner, München	12,2	67
38.	Wündrich-Meissen (GWA), Stuttgart	11,7	50
39.	Hellner, Licht & Partner, Hamburg	11,7	37
40.	GGK Gruppe, Frankfurt a.M./Düsseldorf	11,4	75
41.	Karius & Partner, Leonberg	11,3	50
42.	Ernst & Partner, Düsseldorf	11,1	72
43.	Glanzer & Partner, Stuttgart	11,1	51
44.	Robert Pütz, Köln	11,1	42
45.	Agenta (GWA), Münster	11,0	66
46.	v. Khuon-Wildegg & Partner, München	10,5	12
47.	H. F. & P., Düsseldorf	10,2	70
48.	ICW Copartner, Hamburg	10,1	50
49.	Damm (GWA), Koblenz	10,0	55
50.	HM1 Heuser, Mayer & Partner, München	9,8	43
	Gesamtumsätze 1990 (Top 50)	**1.575,7**	

Quelle: Horizont / Der Kontakter © New Business Verlag

Die Top-100 Agenturen des Jahres 1990 in Deutschland*

Rank	Agentur	1990 Umsatz in Mio DM	Mitarbeiter
51.	Die Gilde (GWA), Hamburg	9,7	67
52.	Hakuhodo (Deutschland), Düsseldorf	9,7	58
53.	Schwenkert, Kastenhuber (GWA), Grünwald	9,6	53
54.	Schober MCA, Ditzingen	9,5	35
55.	Rahmel & Partner, Köln	9,0	31
56.	Flaskamp, Berlin	8,9	71
57.	GWP, Hamburg	8,6	45
58.	Baader, Lang, Behnken (GWA), Hamburg	8,6	41
59.	Knopf, Nägeli, Schnakenberg - Hamburg	8,4	46
60.	GKM, Berlin	8,3	46
61.	WOB (GWA), Viernheim	8,1	46
62.	Gültig & Hoffmeister Alliance, Frankfurt	8,1	41
63.	Abresch, Montabaur	8,0	42
64.	RTS Rieger Team (GWA), Leinfelden-Echterdingen	8,0	52
65.	Eiler & Riemel, München	7,9	46
66.	Logo-FCA! (GWA), Düsseldorf	7,6	53
67.	Wüschner & Rohwer (GWA), München	7,6	34
68.	Trust, Frankfurt	7,6	47
69.	KDM & P, Köln	7,5	40
70.	Lutz Schaffhausen, Elmshorn	7,5	28
71.	B & B, Hannover	7,3	40
72.	K & S, Dr. Klautzsch & Schüngel, Köln	7,3	27
73.	M.L. & S. (GWA), Düsseldorf	7,2	44
74.	Wächter (GWA), Bremen	7,2	32
75.	Die Werbe (GWA), Düsseldorf	6,8	36

* Für 1990 lagen keine Angaben vor, Angabe aus 1989

Die Top-100 Agenturen des Jahres 1990 in Deutschland

Rank	Agentur	1990 Umsatz in Mio DM	Mitarbeiter
76.	Dynewski (GWA), Königswinter	6,6	44
77.	Hans Brindfors, Düsseldorf	6,4	33
78.	Schuster & Partner (GWA), Neuss	6,4	37
79.	Equipe, Köln	6,3	32
80.	Die Crew (GWA), Stuttgart	6,2	35
81.	Andersson Holz Margieciok, Düsseldorf	6,1	33
82.	Holtk., Müller, Kentenich & May (GWA), Düsseldorf	6,1	30
83.	Gruppe (GWA), Frankfurt	5,9	38
84.	Ruoss & Partner (GWA), Neu-Isenburg	5,9	32
85.	Schmittgall (GWA), Stuttgart	5,8	20
86.	Königsteiner Gruppe (GWA), Kronberg	5,8	35
87.	T/W/Plus/Partner, Koblenz	5,8	32
88.	Network!, München	5,7	10
89.	Heinson & Krenz, Frankfurt	5,6	32
90.	ATS (GWA), Bielefeld	5,5	34
91.	Contur, Friedrichsdorf	5,4	39
92.	Heine, Reitzel & Partner, Ettlingen	5,4	20
93.	RG Wiesmeier (GWA), München	5,4	34
94.	JK, Bad Oeynhausen	5,4	30
95.	Sportive (GWA), Martinsried/München	5,1	27
96.	WWW Woerlen (GWA), Au bei Freiburg	5,1	41
97.	Gabler (GWA), München	5,1	37
98.	Michael Schirner, Düsseldorf	5,0	19
99.	Brasilhaus No. 8 (GWA), Bremen	5,0	20
100.	G.V.K., Lüneburg	4,9	19

Quelle: Horizont / Der Kontakter © New Business Verlag

Die Top-100 Agenturen des Jahres 2000 in Deutschland

Rank	Agentur	2000 Umsatz in Mio Euro	Mitarbeiter
1.	BBDO Group Germany (GWA), Düsseldorf	270,1	2858
2.	Grey Global Group Deutschland (GWA), Düsseldorf	136,5	1210
3.	Publicis Gruppe Deutschland (GWA), Düsseldorf	133,1	1196
4.	McCann-Erckson Gruppe Deutschland (GWA), Frankfurt a.M.	91,2	685
5.	Ogilvy & Mather Gruppe Deutschland (GWA), Frankfurt a.M.	87,0	620
6.	Young & Rubicam Gruppe (GWA), Frankfurt a.M.	78,0	664
7.	Scholz & Friends Group (GWA), Hamburg	71,6	723
8.	Springer & Jacoby Gruppe (GWA), Hamburg	63,3	518
9.	DDB Gruppe Deutschland (GWA), Düsseldorf	61,5	603
10.	J. Walter Thompson Communication Group (GWA), Frankfurt a.M.	58,8	410
11.	Michael Conrad & Leo Burnett (GWA), Frankfurt a.M.	53,7	421
12.	FCB Deutschland (GWA), Hamburg	53,5	433
13.	TBWA Deutschland, Frankfurt a.M.	51,1	316
14.	Lowe Communication Group (GWA), Hamburg	46,1	345
15.	Serviceplan Gruppe (GWA), München	45,0	390
16.	D'Arcy (GWA), Hamburg	44,2	375
17.	Citigate Gruppe Deutschland, Düsseldorf	41,2	247
18.	Heye & Partner (GWA), Unterhaching	35,2	299
19.	Jung von Matt (GWA), Hamburg	34,8	346
20.	Euro RSCG Gruppe (GWA), Düsseldorf	28,4	275
21.	Bates Germany (GWA), Frankfurt a.M.	27,4	225
22.	Saatchi & Saatchi (GWA), Frankfurt a.M.	21,2	185
23.	Select Communications, Koblenz	19,7	154
24.	Rempen & Partner (GWA), Düsseldorf	19,7	155
25.	Draft Worldwide, München	18,0	128

Abbildung 4: 2000

Die Top-100 Agenturen des Jahres 2000 in Deutschland

Rank	Agentur	2000 Umsatz in Mio Euro	Mitarbeiter
26.	Economia (GWA), Hamburg	17,7	151
27.	Heller & Partner (GWA), München	16,5	132
28.	ConTeam Sancha & Partner, Groß-Gerau	13,6	142
29.	WOB (GWA), Viernheim	12,8	117
30.	b+d, Köln	12,3	140
31.	von Mannstein (GWA), Solingen	12,1	94
32.	Barten & Barten, Köln	11,6	138
33.	NHS, Essen	11,6	109
34.	G.V.K., Lüneburg	11,0	99
35.	Simon & Goetz, Frankfurt a.M.	10,7	79
36.	Eggert Group (GWA), Düsseldorf	10,4	80
37.	Cayenne, Düsseldorf	10,3	92
38.	Acom/WGS Communication, Stuttgart	10,2	42
39.	Stoll & Fischbach Gruppe, Herrenberg	9,7	96
40.	Flad & Flad, Eckenthal	9,7	70
41.	Lüders BBDO, Köln	9,5	32
42.	TC-Gruppe, Ludwigsburg	9,3	152
43.	Start, München	9,2	63
44.	Böning & Haube, Hamburg	9,0	54
45.	SAZ Dialog, Garbsen	9,0	68
46.	BMG Advertising, München	8,5	34
47.	Schindler, Parent & Cie (GWA), Meersburg	8,4	87
48.	Meiré & Meiré, Frechen	8,2	57
49.	Wächter & Wächter Worldwide Partners, München	8,2	68
50.	Dorfer Dialog, Frankfurt a.M.	8,1	68
	Gesamtumsätze 2000 (Top 50)	**1.857,9**	

Quelle: Horizont © New Business Verlag

Die Top-100 Agenturen des Jahres 2000 in Deutschland

Rank	Agentur	2000 Umsatz in Mio Euro	Mitarbeiter
51.	B.A.S. Dialog, München	8,0	93
52.	B & B von Blücher & Böttcher, Hannover	8,0	71
53.	Red Cell 4 (GWA), Düsseldorf	8,0	66
54.	White Lion International, Krefeld	8,0	36
55.	Karius & Partner, Leonberg	7,9	60
56.	Kolle Rebbe (GWA), Hamburg	7,9	62
57.	RTS RiegerTeam (GWA), Leinfelden-Echterdingen	7,8	77
58.	Media Consulta Deutschland, Berlin	7,7	45
59.	Gingco, Braunschweig	7,7	71
60.	Haas & Partner Gruppe, Mannheim	7,7	65
61.	Schaffhausen, Elmshorn	7,6	58
62.	H & P Herrwerth & Partner, München	7,5	50
63.	Sportive (GWA), Martinsried	7,3	72
64.	DSB & K, Frankfurt a.M.	7,2	47
65.	Zum goldenen Hirschen, Hamburg	7,0	60
66.	Glanzer & Partner, Stuttgart	6,9	66
67.	Dewe Mugele & Schöfmann (GWA), Stuttgart	6,8	47
68.	Die Crew (GWA), Stuttgart	6,7	46
69.	Schaller & Partner (GWA), Mannheim	6,4	56
70.	Point, Minden	6,4	52
71.	Bartel, Brömmel, Struck, Hamburg	6,2	54
72.	Gerschau & Kroth, Hannover	6,2	68
73.	Stawicki (GWA), München	6,1	49
74.	Diekert, Grab & Mungenast, Stuttgart	5,9	33
75.	Hakuhodo Deutschland, Düsseldorf	5,9	44

Abbildung 4: 2000

Die Top-100 Agenturen des Jahres 2000 in Deutschland

Rank	Agentur	2000 Umsatz in Mio Euro	Mitarbeiter
76.	Partnerpool (GWA), München	5,8	54
77.	Schuster & Partner (GWA), Neuss	5,7	40
78.	Combera (GWA), München	5,4	65
79.	Kochan & Partner, München	5,4	65
80.	Lehr & Brose Erste Dialogagentur, Hamburg	5,3	47
81.	GKM, Berlin	5,2	41
82.	For Sale, München	5,2	60
83.	KMF Werbung, Hamburg	5,1	60
84.	Klink, Liedig, München	5,0	42
85.	Grabarz & Partner, Hamburg	5,0	48
86.	WRW United, Köln	5,0	41
87.	Derichs & Partner, Jülich	5,0	28
88.	Agenta (GWA), Münster	5,0	49
89.	VHMA, Wiesbaden	4,9	43
90.	RG Wiesmeier, München	4,9	41
91.	Abresch (GWA), Montabaur	4,8	49
92.	Graffiti, München	4,8	67
93.	H2E Hoehne Habann Elser, Ludwigsburg	4,8	47
94.	FSW Gruppe, Köln	4,8	48
95.	Detterbeck, Wider (GWA), Hamburg	4,8	61
96.	Gerasch & Company, Darmstadt	4,7	30
97.	HDW, Saarbrücken	4,7	28
98.	Xynias, Wetzel, v. Büren, München	4,6	33
99.	Das Trio, Mannheim	4,6	58
100.	U5, Düsseldorf	4,6	38

Quelle: Horizont © New Business Verlag

2.6 Media-Agenturen werden zum Machtfaktor

Die Media-Agenturen – früher auch Annoncen-Expeditionen genannt – waren einst die Keimzelle der Werbeagenturen. Nur wenige dieser Annoncen-Expeditionen bleiben dem reinen Media-Geschäft treu, die meisten erweitern schnell ihr Leistungsspektrum um kreative Services und entwickeln sich so zu Full-Service-Agenturen. Der Bereich Media steht lange im Schatten der Kreativen, die mit ihren Ideen glänzen und die Auftraggeber an sich binden können. Nur wenige Spezial-Agenturen konzentrieren sich auf das Media-Geschäft – sowohl in Deutschland als auch weltweit.

Das ändert sich durch die nahezu zeitgleiche Entwicklung mehrerer Faktoren. Zum einen werden die Investitionen in die klassischen Medien immer größer – vor diesem Hintergrund können besondere Rabatte für große Schalt-Volumen ausgehandelt werden. Parallel dazu entstehen überall immer mehr Medien-Angebote – vor allem im Bereich Zeitschriften, Radio und TV. Auch dieser Wettbewerb der Medien um die Media-Budgets stärkt die Macht-Position der Mittler auf Agentur-Seite. Und last not but least werden immer öfter Agenturen gegründet, die nur Kreativ-Leistungen anbieten. Denen ist das Media-Geschäft zu aufwändig und sie suchen daher Partner, die den Media-Part übernehmen.

In Deutschland sorgt die Einführung des Privatfernsehens ab Mitte der 80er Jahre dafür, dass die Media-Agenturen immer mächtiger und vor allem immer profitabler werden. Schnell erkennen die großen internationalen Agentur-Networks, dass Media-Agenturen gewaltige Cash-Cow sind, bei denen die Gewinne kräftig und verlässlich sprudeln. Ab Mitte der 80er Jahre spalten sie ihr Medien-Business ab und gründen dafür eigene Gesellschaften.

Parallel dazu entsteht aber auch eine vitale Szene inhabergeführte Media-Agenturen. Die Gründer sind in aller Regel Agentur-Manager, die das Geschäftsmodell verstanden haben und den stark wachsenden Bedarf bei Kreativ-Agenturen bzw. Werbungtreibenden decken. Binnen weniger Jahre führt diese Entwicklung dazu, dass es kaum noch sogenannte Full-Service-Verträge gibt, also eine Agentur sowohl Kreativ- als auch Media-Leistungen für einen Auftraggeber komplett anbietet.

Media-Geschäftsführer gehen in die Selbständigkeit

In Deutschland sehen zunächst die Media-Geschäftsführer bzw. -Manager die Chancen, die sich in diesem Spezial-Segment bieten. Sie kennen die Abläufe und verfügen auch über entsprechende Beziehungen zu den Medien, was den Start deutlich erleichtert.

Die moderne Geschichte der Media-Agenturen in Deutschland beginnt 1972 mit der Gründung der Agentur Hiemstra Media Service (HMS) in Wiesbaden. Kai Hiemstra, der bei der Lintas Werbeagentur in Hamburg seine berufliche Laufbahn beginnt und später Media-Direktor bei McCann in Frankfurt ist, hat erkannt, dass das Media-Geschäft bei den Kreativ-Agenturen nicht genug Aufmerksamkeit bekommt. Es gibt zwar schon eine Reihe von Agenturen wie Dr. Pichutta in Wiesbaden oder Ariston in Köln (beide 1961 gegründet), die ihr Geschäftsmodell auf die Betreuung von Media-Etats ausrichten, aber erst mit HMS kommt im Laufe der 70er Jahre kräftig Bewegung in die deutsche Media-Agentur-Welt. Für den entsprechenden Rückenwind sorgt zunächst die Gründungswelle der Kreativ-Agenturen, die keinen Media-Service anbieten und daher auf entsprechende Partner-Agenturen angewiesen sind.

Zwei Jahre nach der HMS-Gründung gehen Frankfurt der bisherige Compton-Media-Geschäftsführer Manfred Vogdt und der Lingner & Fischer-Marketing-Mann Horst Schmitter mit der Media-Agentur Compas an den Start. Neben einigen Direkt-Kunden kümmert sich Compas auch intensiv um die Kreativ-Agentur-Szene in der Rhein-Main-Region. Nach zehn Jahren bricht die Partnerschaft auseinander. Manfred Vogdt führt vergleichsweise still die Agentur Compas weiter. Der agile Horst Schmitter startet mit seiner SMA Schmitter Media Agentur komplett neu durch und baut sukzessive eine Agentur auf, die schnell zur Spitzengruppe der inhabergeführten Media-Agenturen aufrückt.

In Hamburg gründen der Ex-Bauer-Mann Eberhard Wiele und der Ex-Lintas-Media-Experte Dieter Keppler 1978 die Agentur Concept Media, um die aufkeimende Hamburger Kreativ-Szene zu bedienen, die ab 1980 um den Hotshop Springer & Jacoby entsteht. Keppler verlässt die Agentur nach kurzer Zeit, um für den französischen Out-of-Home-Werbekonzern JCDecaux das Deutschland-Geschäft aufzubauen.

1982 geht das Hamburger HMS-Büro mit einem beachtlichen Volumen an den Start – dank der 1981 gegründeten Kreativ-Agentur Scholz & Friends, die vom Start weg die Kreativ-Etats der Big Player Reemtsma und Tchibo betreut und dafür vor Ort einen Media-Partner braucht. Als Chef und geschäftsführender Gesellschafter für die Hamburger HMS-Niederlassung kommt Peter F. Behrens von der Lintas, wo er zuvor als Media-Direktor aktiv war.

Ein Jahr darauf gliedert die 1970 in München gegründete Agentur Serviceplan ihr Media-Business in die neue Tochter MediaPlus aus, die ab Mitte der 90er Jahre durch strategisch eingefädelte Kooperationen mit anderen Media-Agenturen zum gewichtigen Player im deutschen Media-Markt aufsteigt.

Mit Unterstützung des Economia-Inhabers Manfred Baumann stellt der frühere CoPartner-Media-Chef Dieter Krause 1985 die GFMO Gesellschaft für Media-Optimierung als 50/50-Joint-Venture auf die Beine. Vom Start weg betreut das 15-köpfige Team ein Volumen von 28 Millionen DM. Nur wenige Monate nach dem Start kommt ein großes Beiersdorf-Paket hinzu, nachdem der frühere Krause-Arbeitgeber CoPartner mit WilkensAyer fusioniert.

In Düsseldorf legt Thomas Koch 1987 mit der gleichnamigen Media-Agentur los. Der frühere Chef von GGK Media hatte sich zuvor als Media-Leiter bei Ted Bates in Frankfurt noch in Sachen Networks schlau gemacht. Er profitiert von seiner guten Vernetzung zu den vielen GGK-Kreativen, die sich selbständig machen und einen Media-Partner brauchen.

Ab 1989 baut Jürgen Ströbel ebenfalls in Düsseldorf sein Mediahaus Ströbel auf. Ströbel, der zuvor als Media-Geschäftsführer bei Team/BBDO und davor bei DDB war, zählt zu den profilierten Media-Köpfen mit sehr guten Verbindungen zur Auftraggeber-Seite und zur Medien-Branche.

Full-Service-Agenturen gliedern Media-Business aus

Der Erfolg von HMS in Deutschland sowie die positiven Erfahrungen in Frankreich und den USA führen dazu, das ab 1985 auch die großen Agentur-Gruppen in Deutschland damit beginnen, ihre Media-Abteilungen in eigene Tochter-Firmen auszugliedern. Den Anfang macht 1985 die Interpublic-Tochter Lintas mit der Gründung der Tochter Initiative Media in Hamburg – zuvor hatte Lintas vor allem in Frankreich sehr gute Erfahrungen mit der Ausgründung Initiative Media gemacht. Kurze Zeit später folgen die Düsseldorfer Grey-Gruppe mit der Tochter MediaCom sowie Wilkens Ayer in Hamburg mit der Tochter Media Satel. Nahezu alle größeren Agentur-Gruppen folgen bis Ende der 80er Jahre diesem Modell, um das hochprofitable Media-Geschäft auf diesem Weg zu optimieren. Binnen weniger Jahre ziehen viele internationalen Networks bzw. Agentur-Holdings nach.

Recht schnell erkennen die ausgegründeten Media-Töchter, dass sie mit ihrem eher geringen Media-Volumen nicht die Erträge erwirtschaften können wie die Konkurrenten MediaCom, HMS/Carat oder OMG (Omnicom Media Group). So bilden sich neue Formationen – 1992 gründen Leo Burnett und die DMB&B-Gruppe das Joint-Venture Equmedia.

Die beiden britischen Agentur-Holdings Saatchi & Saatchi sowie WPP mischen in der ersten Runde der Ausgliederung der Media-Aktivitäten nicht so richtig mit, da sie mit ihren jeweiligen Media-Volumen eher zu den kleineren Playern gehören. Beide sind mehr mit Zukäufen im traditionellen Agentur-Business beschäftigt.

Die Medien räumen den Media-Agenturen bereitwillig besondere Rabatte ein, um sich so einen größeren Anteil aus dem Media-Volumen zu sichern. Das beschert den Media-Agenturen nicht nur weiterhin steigende Gewinne, sondern macht ihnen auch klar, dass sie mit noch mehr Volumen noch höhere Überschüsse erzielen können. So werden Kunden mit besonderen Konditionen angelockt und parallel dazu setzt auch eine Konzentrationswelle ein.

Der WPP-Gründer Martin Sorrell startet sein „Media-Spiel" erst 1997, da legt er die Media-Abteilungen der beiden Networks JWT und Ogilvy zu Mindshare zusammen. 2003 werden Mindshare und die Y&R-Tochter Mediaedge sowie die CIA Mediahaus-Gruppe zur GroupM zusammengelegt. Zwei Jahre später kommt durch die Grey-Übernahme auch noch die MediaCom-Gruppe hinzu. Damit entsteht der weltweit größte Media-Einkäufer. Allein in Deutschland liegt der Marktanteil der GroupM bei beachtlichen 40 Prozent und mehr. Die Renditen bewegen sich im stattlichen zweistelligen Bereich.

Aufstieg und Ausstieg der ersten Gründer-Generation

Ebenso wie die inhabergeführten Kreativ-Agenturen stehen auch die inhabergeführten Media-Agenturen vor der Frage, wer der Gründer-Generation nachfolgen soll. Von wenigen Ausnahmen abgesehen werden die Media-Agenturen von den internationalen Agentur-Holdings übernommen, die für die renditestarken Firmen gute Preise zahlen.

Den Anfang macht die französische Carat-Gruppe, die 1988 bei Deutschlands größter Media-Agentur HMS einsteigt und zunächst 49 Prozent der Anteile übernimmt. Auch die Omnicom-Tochter TEAM/BBDO spricht mit der HMS-Gruppe, muss aber den Franzosen aufgrund deren hohen Kaufpreis-Gebots den Vortritt lassen. 1993 gehen dann auch die restlichen 51 Prozent an die Carat-Gruppe, die sich durch weitere Übernahmen und Neugründungen zu einem der führenden globalen Media-Agentur-Networks bzw. zur Agentur-Holding Aegis entwickelt, die 2012 von dem japanischen Dentsu-Konzern übernommen wird. Im Herbst 2019 erfolgt ein weiterer Bruch mit der Vergangenheit: Die deutsche Dentsu Aegis-Zentrale verlässt den Stammsitz in Wiesbaden und zieht nach Frankfurt um.

Für besondere Schlagzeilen sorgt der GFMO-Gründer Dieter Krause, der seinen Mitgründer Manfred Baumann zwischenzeitlich ausgezahlt hat. GFMO ist Anfang der 90er Jahre die umsatzstärkste inhabergeführte Media-Agentur in Deutschland. 1992 landet Krause einen vielbeachteten Coup, als die Daimler Benz-Tochter Debis Marketing Services bei GFMO einsteigt und 40 Prozent der Anteile übernimmt. Der Stuttgarter Auto-Konzern hatte das Konglomerat AEG samt Hausagentur Dr. Kuhl übernommen und anschließend die Marketing-Aktivitäten der Daimler-Gruppe in der neuformierten Debis Marketing Services konsolidiert. Zusammen bringen GFMO und Debis ein Media-Volumen von 500 Millionen DM auf die Waage. 1994 verkauft Dieter Krause weitere 40 Prozent der Anteile an Debis. Parallel dazu soll eine europäische Media-Agentur-Gruppe aufgebaut werden. 1996 – nur zwei Jahre darauf – verabschiedet sich die Daimler Benz AG vom Thema „Hausagentur“ und löst die Tochter Debis komplett auf. Dieter Krause kauft sein „Lebenswerk GFMO “ mit Hilfe von Krediten wieder zurück. Als er im März 1997 nach einer Herz-Operation überraschend stirbt, gewinnt die BBDO-Gruppe den Bieter-Wettbewerb um GFMO und kann sich die Media-Agentur (ca. 160 Beschäftigte und ein Billing-Volumen von 1,35 Milliarden DM) einverleiben.

Neben Dieter Krause avanciert der Ex-TEAM/BBDO-Geschäftsführer Jürgen Ströbel mit seinem 1989 gegründeten Mediahaus Ströbel schnell zum inhabergeführten Big Player. Die Deutsche Telekom AG vertraut dem Mediahaus Ströbel ihr komplettes Media-Budget an. Der weit über die deutschen Grenzen gut vernetzte Ströbel startet rasch mit der Expansion in Europa, um ein „Gegengewicht“ zu den internationalen Media-Agentur-Networks aufzubauen. Parallel zur Gründung von eigenen Töchtern sucht er den Kontakt zu anderen inhabergeführten Media-Agenturen in Europa. Unter anderem spricht er auch mit Dieter Krause, doch der entscheidet sich für das Zusammengehen mit Debis. Ströbel findet in dem Briten Chris Ingram bzw. der CIA-Gruppe den Wunsch-Partner und nimmt die Tempus-CIA-Gruppe als Partner auf. Als Folge entsteht die Best of Media-Gruppe. Im April 2000 verkauft Jürgen Ströbel seine Anteile an die CIA-Gruppe und zieht sich vorerst ins Privatleben zurück. Kurz zuvor hat sich Chris Ingram entschieden, seine Tempus-Gruppe an die WPP-Holding zu verkaufen. Das künftige CIA Mediahaus gehört zu den führenden Media-Agenturen in Deutschland. Für 1999 beläuft sich das Media-Volumen auf 2,4 Milliarden DM, die von insgesamt 335 Beschäftigten betreut werden.

Der Compas-Gründer Manfred Vogdt zieht sich 1999 zurück und verkauft sein Lebenswerk an die Omnicom-Tochter OMD, die sich so ein Standbein am wichtigen Standort Frankfurt zulegen kann. Compas bringt 1999 rund 150 Media-Millionen auf die Waage und zählt zu den eher kleineren Playern im volumen-geprägten Media-Geschäft.

Deutlich mehr Umsatz hat die Thomas Koch Media GmbH, als sich der frühere GGK-Media-GF Thomas Koch 2001 zum Verkauf an die Media-Tochter Starcom der Bcom3-Holding (ist durch die Fusion von DMB&B und Leo Burnett entstanden) entschließt. Das rund 60-köpfige Team ist am Gründungsort Düsseldorf und in Frankfurt präsent und betreut ein Volumen von rund einer Milliarde Mark. Nur wenige Monate nach der Übernahme durch die Bcom3-Tochter wird tkm starcom Teil der Publicis-Holding, denn die verleibt sich die Bcom3-Holding ein. Auslöser für den Bcom3-Verkauf an die Publicis-Holding ist der Anschlag 9/11 in New York, der für einen heftigen Einbruch im Agentur-Geschäft sorgt.

Als Zweitletzter der ersten Gründer-Generation zieht sich Horst Schmitter zwischen 2002 und 2004 zurück. Er verkauft Mitte 2002 seine 1984 von Compas abgespaltene SMA Schmitter Media-Agentur an die französische Havas-Holding. Die Havas-Tochter MPG übernimmt SMA mit Büros in Frankfurt und Hamburg. Das 60-köpfige SMA-Team betreut ein Media-Volumen von gut 300 Millionen Euro. Der passionierte Kunstsammler Horst Schmitter begleitet die Integration seiner Agentur noch bis Mitte 2004.

2003 verlässt mit Eberhard Wiele ein weiterer Gründer die Media-Agentur-Branche. Die von ihm 1997 ins Leben gerufene Agentur Concept Media hat er in mehreren Schritten an die CIA Mediaedge-Gruppe (als Teil der WPP-Holding) verkauft. Wiele und sein langjähriger Partner Dietmar Uster hatten die Präsenz von Concept Media durch Zukäufe (1992 kommt Media Marketing in Hannover hinzu, 1998 folgt die Übernahme der traditionsreichen Media-Agentur Mayer & Stein in Stuttgart) sukzessive zu einem respektablen mittelgroßen Nischen-Player ausgebaut, der sich konsequent auf die Betreuung inländischer Unternehmen spezialisierte. Beim Verkauf liegt das betreute Media-Volumen bei 320 Millionen Euro.

Die zweite Gründer-Generation im Media-Sektor

Parallel zum Ausstieg der ersten Generation gehen ab 1996/97 fünf Media-Agenturen neu an den Start. Den Anfang macht Markus Biermann 1996 mit der Crossmedia-Gruppe in Düsseldorf. Als Partner sind zunächst noch die beiden Agenturen

Wysiwyg sowie Rempen & Partner an Bord. Crossmedia wächst kontinuierlich und kann sich durch die Fokussierung auf digitale Medien als attraktiver Partner profilieren. Neben vier Büros in Deutschland gibt es auch Crossmedia-Niederlassungen in London, New York (2001 aufgebaut), Philadelphia und Los Angeles. Auf der Payroll stehen Anfang 2019 rund 500 Beschäftigte und das betreute Media-Volumen beläuft sich auf knapp 500 Millionen Euro. Mitte 2019 baut Crossmedia den Digital-Bereich aus und übernimmt die Mehrheit an der Digital-Agentur adisfaction mit Sitz in Meerbusch bei Düsseldorf.

In Hamburg gründet Michael Jäschke, zuvor Geschäftsführer bei DDB und Initiative Media, nahezu zeitgleich mit Markus Biermann seine Agentur Jäschke Operational Media (JOM). Innerhalb von vier Jahren entwickelt sich die zum Start aus acht Beschäftigten bestehende Agentur zum 30-köpfigen Team. Jäschke bekommt einige Übernahme-Angebote internationaler Networks, bleibt aber selbständig. Seit 2016 ist JOM auch mit einer Niederlassung in Düsseldorf präsent. Das 65 Köpfe zählende Team betreut ein Media-Volumen von rund 325 Millionen Euro (Stand 2018). Im Herbst 2019 kommt auch noch ein Büro in München hinzu.

Ebenfalls 1997 kauft sich der bisherige GFMO-Geschäftsführer Wolfgang Meier mehrheitlich bei der Hamburger Agentur Mediaplan ein. Die ist 1991 von Gerd Schwarz, dem einstigen Media-Leiter von Springer & Jacoby, gegründet worden. Der gesundheitlich schwer angeschlagene Meier holt 2010 den früheren Bauer- und Springer-Manager Thomas Kietsch an Bord. Unter der Führung von Kietsch entwickelt sich Mediaplan zum Spezialisten für mittelständische Auftraggeber. Das betreute Media-Volumen vervierfacht sich von 30 Millionen Euro in 2010 auf rund 120 Millionen Euro in 2015. Im Frühjahr 2016 steigt der Bauer-Manager Marco Sott als dritter geschäftsführender Gesellschafter neben Thomas Kietsch und Enrico Pescara bei Mediaplan ein und forciert das Wachstum im Bereich Healthcare.

Der erfolgreichste Newcomer im Media-Sektor ist die Pilot Group – 1999 von Jens Uwe Steffens in Hamburg gegründet. Der weithin anerkannte Media-Manager mit Lintas- und HMS-Vergangenheit muss Aleksander Ruzicka den Vortritt beim Rennen um den Chefsessel bei der HMS-/Carat-Gruppe überlassen und entscheidet sich für die Selbständigkeit. Er richtet die Pilot Group vom Start weg konsequent auf die Welt der digitalen Medien aus. Dank seiner vielfältigen Verbindungen sowie des neuen konzeptionellen Ansatzes sichert sich die Pilot Group schnell gewichtige Mandate aus dem Kirch-Imperium, der Mobilcom-Gruppe sowie des Entertainment-Konzerns Stella AG und kann Ende 2001 ein Billing-Volumen von mehr als 500 Millionen Mark melden. 2002 gerät die Pilot Group durch die Insolvenzen der Kirch-Gruppe und der Stella AG schwer unter Druck. Nach einer Phase der Konsolidierung geht die Media-Agentur wieder auf Expansionskurs. 2006 erreicht die Pilot Group mit Billings von 273 Millionen Euro wieder das Volumen vor der Krise. 2011 wird die Marke von 500 Millionen Euro Billings übersprungen. 2016 gehört die Pilot Group zu den Initiatoren der Vereinigung „Local Planet", der 40 inhabergeführte Media-Agenturen aus 40 Ländern weltweit beitreten. Im September 2019 feiert die Pilot Group in der Hamburger Fischaktionshalle mit rund 1.000 geladenen Gästen das 20-jährige Bestehen.

Ein weiterer relevanter Player ist die mocca media AG, die 2001 aus dem Zusammenschluss der Marktwert Media AG mit der Media-Tochter der Agentur-Gruppe Dietz & Partner entsteht. Unter der Führung von Cornelia Lamberty entwickelt sich mocca media zu einer agilen Media-Agentur-Gruppe mit Niederlassungen in Trier, Köln, Frankfurt, Wien und Solothurn. Für 2018 gibt die mocca media AG das betreute Billing-Volumen mit 555 Millionen Euro an. Auf der Payroll der Media-Manufaktur (so bezeichnet sich mocca media) stehen rund 190 Beschäftigte.

1

2

3

1 – Thomas Kietsch hat die 1991 gegründete Agentur mediaplan revitalisiert und zum Partner für mittelständische Unternehmen gemacht.

2 – Claudia Lamberty baut vom ungewöhnlichen Agenturstandort Trier aus eine Media-Agentur-Gruppe mit rund 190 Beschäftigten im deutschsprachigen Raum auf.

3 – Die von Markus Biermann in Düsseldorf gegründete Crossmedia-Gruppe ist in UK und den USA präsent.

2.7 Das Zeitalter der Agentur-Holdings

Start und Entwicklung der Agentur-Holdings

Bis Anfang der 80er Jahre spielt der Einfluss der Agentur-Holdings nur eine sehr geringe Rolle. In der Agentur-Welt gehören zwar Übernahmen zur Tagesordnung, doch in aller Regel beschränken sich die Zukäufe auf den regionalen Ausbau des internationalen Agentur-Networks oder auf die Diversifikation in Spezial-Bereiche. Weltweit ist bis 1982 nur eine Holding im Agentur-Bereich aktiv.

Die US-Holding Interpublic Group of Companies (IPG), die der Agentur-Manager Marion Harper 1961 aus dem damaligen Network McCann-Erickson formt und durch viele Akquisitionen ausbaut, zeigt neue Potenziale auf. Harpers Holding-Idee sorgt aufgrund der Zukäufe für starkes Wachstum, doch birgt die unübersichtliche Holding-Struktur auch Risiken und bringt Interpublic 1967/68 schwer ins Trudeln. Die Folge: Der CEO Marion Harper muss das Haus verlassen. Erst der neue IPG-CEO Phil H. Geier bringt die Holding ab 1975 wieder auf Erfolgs-Kurs.

Seit Mitte der 70er Jahren ist Interpublic mit gleich drei Agenturen in Deutschland aktiv: McCann, TCE Troost Campbell-Ewald und SSC&B Lintas. Die McCann-Gruppe mit Stammsitz in Frankfurt und Büros in Hamburg und Köln ist das Schwergewicht, da hier die internationalen Top-Kunden General Motor, Esso und Coca-Cola betreut werden. Troost Campbell-Ewald in Düsseldorf ist über das Marschalk Campbell Ewald-Network an die Interpublic-Holding gebunden. Der Übergang von Troost an Interpublic erfolgt ab 1974 in mehreren Schritten. Die dritte Agentur Lintas Deutschland mit Hauptsitz in Hamburg, samt Büro in Frankfurt, kommt unter die Fittiche von Interpublic, da der Unilever-Konzern entschieden hat, sich vom Werbegeschäft zu trennen. Der Verkauf geht ab 1970 in zwei Schritten über die Bühne. Zunächst verkauft Unilever 49 Prozent der Lintas-Anteile an die New Yorker Agentur SSC&B, die 1979 von der Agentur-Holding Interpublic übernommen wird. Parallel handelt Interpublic mit den Unilever-Konzern auch den Kauf der restlichen 51 Prozent am Lintas-Network aus, was 1982 Realität wird.

Mitte der 80er Jahre startet in der Agentur-Branche ein besonderes Übernahme-Fieber. Ausgelöst wird es von den Saatchi-Brüdern, die ihm letztlich auch zum Opfer fallen. Gut zwei Jahrzehnte hält dieser Prozess an. Es entstehen immer neue Holding-Konstruktionen, manche halten nur wenige Jahre. Am Ende dieses Prozesses bleiben fünf große und eine kleinere Agentur-Holding übrig: WPP, Omnicom, Publicis, Interpublic, Dentsu Aegis und Havas/Vivendi.

Die Saatchi-Kauf-Rallye führt zur Holding-Bildung

Die 1970 gegründete britische Agentur Saatchi & Saatchi legt zunächst in Großbritannien ein rasantes Wachstum hin – dank einer beachtlichen Kreativität gewinnen die Brüder Charles und Maurice Saatchi viele neue Kunden. Zusammen mit ihrem Finanz-Chef Martin Sorrell kaufen sie zudem weitere Agenturen und bereits zehn Jahre später ist Saatchi & Saatchi die größte Agentur des Landes. Durch Ausgabe neuer Aktien besorgt Martin Sorrell immer wieder neues Kapital und am 15. März 1982 kauft Saatchi & Saatchi das deutlich größere US-Network Compton – für damals beachtliche 56,8 Millionen Dollar (aus heutiger Sicht nahezu ein Schnäppchen).

Durch die Übernahme des 1937 gegründeten US-Networks Compton ist Saatchi & Saatchi schlagartig ein „Global Player“ mit Zugang zu Top-Kunden wie Procter & Gamble. Seit 1970 gibt es auch in Frankfurt eine Compton-Niederlassung, die von Werner Görke geführt wird. Die aggressive Kauf-Politik behalten die Saatchi-Brüder bei und erwerben 1986 sowohl das US-Network Dancer Fitzgerald Sample (DFS) als auch das weit größere Backer & Spielvogel Bates-Network (BSB), die beide weltweit aktiv sind. Nach der BSB-Akquisition ist die Saatchi & Saatchi-Holding gleich mit drei Top-Agenturen in Deutschland präsent: mit den beiden Agenturen Saatchi & Saatchi Compton und Ted Bates in Frankfurt sowie mit der Scholz & Friends-Gruppe in Hamburg und Berlin. Die aggressive Übernahme-Politik der Saatchi-Brüder schreckt die weltweite Agentur-Branche auf und bringt bei den Networks das Top-Management ins Grübeln.

Seit FCB 1963 an die Börse ging, vollzogen auch die meisten anderen amerikanischen Agentur-Networks diesen Gang. Häufig liegt die Mehrheit oder zumindest ein Großteil der Agentur-Aktien in Händen von Investoren. Die haben kein Problem damit, ihr Aktien-Paket mit einem attraktiven Aufschlag zu verkaufen. Das wird den Agentur-Managern aufgrund der Saatchi-Kauf-Rallye klar und sie suchen nach „Auswegen", wie sie ihre Gestaltungshoheit behalten können.

Die Saatchi-Brüder wollen nach den massiven Zukäufen im Werbe-Sektor (allein im Jahr 1986 investierten sie rund eine Milliarde Dollar, um 37 Agenturen zu übernehmen) den Finanz-Sektor kapern und kündigen 1987 an, für 77 (!) Milliarden Dollar die britische Midland Bank kaufen zu wollen. Das führt bei Saatchi & Saatchi in den Folge-Jahren zu Problemen und zu einem starken Kurs-Verfall, was 1994 den Einstieg von Investment-Fonds zur Folge hat. Diese Investoren drängen die Saatchi-Brüder kurz darauf aus der Saatchi-Holding, die sich daraufhin 1995 in Cordiant Communications Group umbenennt und im Jahr 2000 für zwei Milliarden Euro von der französischen Agentur-Holding Publicis Groupe übernommen wird. Damit wird die Saatchi-Holding selbst ein Opfer der von ihr ausgelösten Zukauf-Manie.

Die Saatchi-Brüder kehren nach dem 1994 erzwungenen Ausstieg schon 1995 wieder in die Werbe-Welt zurück und bauen mit M&C Saatchi ein neues Agentur-Network auf, das seit 2005 auch mit einem Office in Berlin präsent ist.

Das Saatchi-Gegenmodell: der Omnicom-Merger in den USA

Ebenfalls 1986 entsteht als „Antwort" auf die aggressive Saatchi-Strategie die Agentur-Holding Omnicom als sogenannter „Three-Way-Merger" der US-Agenturen BBDO, DDB und Harper, Needham & Steers. Die drei Omnicom-Networks werden im Anschluss an den Merger weltweit neu sortiert. In Deutschland sind die drei Networks bereits jeweils mit eigenen Agentur-Gruppen aktiv. Die BBDO-Gruppe ist Marktführer im Agentur-Sektor. Die DDB-Gruppe ist in Deutschland zwar leicht angeschlagen, da einige Top-Manager das Haus verlassen haben, zählt aber dennoch zu den Top-Ten-Agenturen. Ausgesprochen gut aufgestellt ist darüber hinaus die von Jürgen Knauss geführte Heye, Needham-Gruppe mit Hauptsitz in Unterha-

WPP

dentsu AEGIS network

HAVAS MEDIA GROUP

IPG

PUBLICIS GROUPE

OmnicomGroup

Sechs Agentur-Holdings haben sich in den teilweise heftigen Übernahme-Schlachten durchsetzen können und prägen (noch) die klassische Agentur-Branche. Durch die Digitalisierung kommt das Geschäftsmodell der klassischen Werbeagentur und damit auch der Holdings immer stärker unter Druck.

ching bei München. Es gibt nicht nur Niederlassungen in Düsseldorf und Hamburg, sondern auch die PR-Tochter Print sowie die VKF-Tochter v. Khuon-Wildegg & Partner.

Zu den Architekten der Omnicom-Holding gehört auch der Agentur-Manager Willi Schalk (Initiator und Herausgeber dieses Buches), der zuvor BBDO Schritt für Schritt durch Zukäufe starker nationaler Kreativ-Agenturen internationalisiert hatte. Er hatte bereits für das BBDO-Network den internationalen Ausbau durch Zukäufe rund um den Globus vorangetrieben und übernimmt nun die Aufgabe, das neue Omnicom-Gebilde weltweit zu strukturieren. In Deutschland bleiben die drei Omnicom-Operationen (BBDO, DDB Needham sowie Heye) bestehen. Lediglich im Bereich Media sowie bei einigen Spezial-Töchtern gibt es eine Reihe von Zusammenlegungen.

Als das TBWA-Network Anfang der 1990er Jahre etwas ins Trudeln kommt, ist die Agentur-Holding Omnicom der ideale Partner für die Übernahme, die 1993 erfolgt. Beide Partner passen aufgrund ähnlicher Einschätzungen in Sachen Kreation gut zueinander. Unter den Fittichen von Omnicom findet TBWA schnell zu alter Stärke zurück. In Deutschland gibt es seit 1993 insgesamt vier Omnicom-Agentur-Gruppen im klassischen Werbe-Geschäft: BBDO, DDB Needham, TBWA sowie Heye.

Die Omnicom-Gruppe wird ab 1995 nicht nur international, sondern auch in Deutschland immer wieder als Käufer aktiv. 1997 setzt sich die US-Holding beim Rennen um Deutschlands damals größte unabhängige Media-Agentur GFMO durch. 2002 steigt Omnicom bei der Kreativ-Agentur start in München ein und übernimmt sie 2004 komplett. 2014 und 2015 sorgt die Omnicom-Holding mit weiteren Akquisitionen in Deutschland für Aufsehen. Zunächst wird der vor sich hin dümpelnden TBWA-Gruppe in Deutschland mit dem 70-Prozent-Einstieg bei der Agentur-Gruppe Heimat eine Frischzellen-Kur verpasst; im Folgejahr erwirbt Omnicom den Berliner Digital-Geheim-Tipp Torben, Lucie und die Gelbe Gefahr (TLGG) und gliedert dann die Digital-Experten dem internationalen Rapp-Network an.

Mit WPP rollt Martin Sorrell den weltweiten Agentur-Sektor auf

Der Ex-Saatchi-CFO Martin Sorrell kauft 1985 die börsennotierte WPP plc und startet im Anschluss mit dem Aufbau der Agentur-Holding. Nach einigen kleineren Übernahmen gelingt ihm 1987 der Kauf des finanziell angeschlagenen Networks J. Walter Thompson für 566 Millionen Dollar. Er entdeckt bei JWT eine hohe stille Reserve (eine Immobilie in Tokio) und kann so bei WPP schnell die Verschuldung reduzieren. Das verschafft ihm genug Spielraum, um schon 1989 die nächste Agentur-Ikone zu kaufen. Für die renommierte Ogilvy Group blättert Martin Sorrell 864 Millionen Dollar hin.

In den 90er Jahren werden die beiden Networks JWT und Ogilvy inklusive ihrer vielfältigen Spezial-Agenturen neu strukturiert und nach und nach in Money-Making Machines umgewandelt. Dabei spielt vor allem der Bereich Media eine wichtige Rolle. Aus der JWT- und der Ogilvy-Media-Tochter entsteht 1997 das neue Media-Agentur-Network Mindshare. Parallel dazu kauft WPP in den 90er Jahren weltweit inhabergeführte Agenturen hinzu und baut so die beiden Klassik-Networks ebenso aus wie die Spezial-Töchter.

Ab 2000 zündet Sorrell dann die nächste Stufe – zunächst mit der Übernahme der einstigen Ikone Young & Rubicam, die nach einigen Kundenverlusten und Management-Fehlern ins Trudeln geraten ist. 2005 schnappt er sich auch noch die Grey Group. Damit steigt WPP zur klaren Nummer Eins am globalen Werbehimmel auf. Die Übernahmen von Y&R und Grey bescheren WPP gleich zwei hochprofitable Media-Agenturen: die Y&R-Tochter Media:edge und die Grey-Tochter MediaCom.

Aus den Media-Töchtern formt Sorrell nach dem Zukauf von Y&R sowie der britischen Tempus-Gruppe (ist auch Mehrheitseigner beim Mediahaus Ströbel) 2003 die neue Sub-Holding GroupM. Hier können nicht nur Synergien gehoben, sondern auch Einkaufsvolumen gebündelt werden. Nach der Integration der Grey-Tochter MediaCom (2005) ist die GroupM klarer Marktführer beim Media-Einkauf in Deutschland mit einem Marktanteil von etwa 40 Prozent.

Ab 2001 interessiert sich WPP auch für den Sektor Marktforschung und Marken-Beratung. Den großen Mafo-Coup landet Martin Sorrell 2008 mit dem Zukauf des Mafo-Networks TNS. Zuvor gab es intensive Verhandlungen, die beiden Mafo-Konzerne TNS und GfK zu verschmelzen. Die Turbulenzen zwischen den Aktionären bei den Fusions-Überlegungen nutzt Sorrell für den eigenen erfolgreichen Vorstoß.

Mit den Networks JWT, Ogilvy, Y&R sowie Grey, der Media-Agentur-Holding GroupM und der Mafo-Gruppe Kantar/TNS ist WPP die mit Abstand führende Agentur-Holding in Deutschland. Ab 2010 sattelt Sorrell allerdings noch einmal drauf. Mit der Übernahme der Commarco-Holding (hinter der u. a. die Agentur-Manager Thomas Heilmann und Sebastian Turner stehen) im Jahr 2011 verleibt sich WPP auch die Agentur-Gruppe Scholz & Friends ein. Vier Jahre darauf erfolgt der nächste Zukauf: das Network JWT wird Mitte 2015 internationaler Partner der Hamburger Hirschen Group und WPP hält seitdem 49 Prozent der Anteile. Mitte 2017 schlüpft die Agentur-Gruppe Thjnk unter das WPP-Dach. Ein ebenso spektakulärer wie überraschender Schritt der Thjnk-Gründer, die zuvor mit der Expansion in die Schweiz und nach New York von sich reden gemacht haben.

Anfang 2018 gerät der WPP-CEO Martin Sorrell immer stärker unter Druck der Aktionäre und legt im Frühjahr sein Amt nieder. Der bereits begonnene Aufräum- und Strukturierungs-Prozess innerhalb der Agentur-Holding wird intensiviert. Der Sorrell-Nachfolger Mark Read kann den Verkauf der Mehrheit am Mafo-Bereich Kantar Mitte 2019 erfolgreich unter Dach und Fach bringen, immerhin ist Kantar mit vier Milliarden Dollar bewertet worden. Die Private Equity Company Bain Capital übernimmt 60 Prozent der Kantar-Anteile. Bain Capital hat im Herbst 2017 bereits den 24,7-Prozent-Anteil von WPP an dem japanischen Agentur-Network Asatsu gekauft.

Der 2018 begonnene Aufräum-Prozess bei der WPP-Holding führt auch in Deutschland zu erheblichen Veränderungen. So wird das traditionsreiche JWT-Network mit der einstigen Y&R-Tochter Wunderman zu Wunderman Thompson verschmolzen und das schwächelnde Y&R-Network wird mit der amerikanischen Digital-Agentur-Gruppe VML zusammengeführt und operiert fortan unter dem Namen VMLY&R. Die wirtschaftliche starke regionale Agentur-Gruppe Scholz & Friends sucht aus eigenem Antrieb die Verbindung zu VMLY&R. Nach einer weitgehend unbemerkt gebliebenen einjährigen Testphase verkünden VMLY&R und Scholz & Friends im Februar 2020, dass beide künftig zusammen auftreten. Scholz & Friends behält dabei seine Eigenständigkeit.

Die französische Agentur-Holding Publicis Groupe

Publicis, die heute drittgrößte Agentur-Holding, wird 1926 von dem damals 20-jährigen Marcel Bleustein-Blanchet in Paris gegründet. Nach 1945 steigt Publicis dank guter Verbindungen zur französischen Politik zur führenden Agentur in Frankreich auf. Die Publicis-Präsenz auf dem deutschen Markt ist über Jahrzehnte von Management-Wechseln sowie diversen Zukäufen, aber nur begrenztem Erfolg gekennzeichnet. Erst nachdem 1987 der aus Marokko stammende Maurice Levy die Nachfolge des Agentur-Gründers Marcel Bleustein-Blanchet antritt, beginnt der Aufstieg von Publicis zum ernsthaften Global Player. 1990 kauft Maurice Levy zusammen mit dem FCB-Network die Düsseldorfer Agentur Baums Mang Zimmermann. Die Allianz Publicis-FCB bricht 1995 auseinander – nicht zum Schaden von Publicis, die übernimmt die wesentlichen Assets in Deutschland. Der „Publicis-Architekt" Maurice Levy findet in Georg Baums den kongenialen Partner für den Publicis-Aufbau in Deutschland. Der bestens vernetzte Agentur-Manager wird zum Deutschland-CEO der Publicis-Gruppe berufen und behält diese Position bis Ende 2000. Während dieser Zeit sichert sich Publicis dank Georg Baums auch den Zuschlag für die Übernahme der Siemens-Hausagentur MCD.

Der Publicis-CEO Maurice Levy startet den Holding-Prozess als „Nachzügler", um den angloamerikanischen Wettbewerbern nicht das Feld zu überlassen. Der erste große Coup ist 2000 der Zukauf der finanziell angeschlagenen Saatchi-Saatchi-Gruppe, die 1995 in Cordiant Communications Group umbenannt wird. 2002 erfolgt die Akquisition der amerikanischen Agentur-Holding Bcom3. Die war drei Jahre zuvor durch die Fusion der beiden Networks Leo Burnett und D'Arcy Masius Benton & Bowes entstanden.

1

3

MINDSHARE

groupm

2

1 – Mark Read tritt bei WPP das Erbe von Sir Martin Sorrell an und setzt den Aufräum-Prozess konsequent weiter fort.

2 – Vincent Bolloré führt als Havas-CEO eine Agentur-Holding, bei der die Familie Bolloré maßgeblichen Einfluss aufgrund des von ihr gehaltenen Aktien-Pakets hat.

3 – Arthur Sadoun (links) wird bei der Publicis Groupe als Nachfolger von Maurice Levy inthronisiert und startet das Power-of-One-Programm, was zur Eliminierung einer Reihe von bekannten Agentur-Marken führt.

Dank dieser Einkaufstour avanciert die Publicis-Holding auch auf dem deutschen Werbe-Sektor zum einflussreichen Akteur sowohl im Kreativ- als auch im Media-Bereich. 2008 fasst die deutsche Publicis-Gruppe ihre digitalen Aktivitäten unter dem Namen P/MOD zusammen und baut diese durch Zukäufe kontinuierlich aus. 2009 kommt das Razorfish-Network hinzu, 2012 wird die Pixelpark-Gruppe übernommen. 2015, zwei Jahre nach der gescheiterten Fusion von Omnicom und Publicis, erwirbt Maurice Levy mit der SapientNitro-Group eine der weltweit führenden Digital-Agentur-Gruppen. Das beschert der Publicis-Holding auch in diesem zukunftsträchtigen Segment eine führende Rolle auf dem deutschen Markt.

Ab 2017 leitet Maurice Levy den kompletten weltweiten Umbau der Holding mit dem Prozess „The Power of One“ ein. Besonders intensiv sind gleich zu Beginn die Media-Agenturen betroffen. Sein Nachfolger Arthur Sadoun setzt den Umbau-Kurs in Richtung Transformation konsequent weiter um und realisiert Anfang April 2019 den bis dato teuersten Zukauf der Holding: Für knapp vier Milliarden Euro übernimmt die Publicis Groupe den amerikanischen Data-Marketing-Spezialisten Epsilon, der auch mit einer Niederlassung in Düsseldorf aktiv ist.

Der japanische Agentur-Gigant Dentsu wird zum globalen Player

Die 1901 gegründete japanische Agentur Dentsu schafft nach mehreren wenig erfolgreichen Anläufen mit amerikanischen und französischen Agentur-Networks im März 2013 den Durchbruch als relevanter Player im globalen und auch im deutschen Werbemarkt. Entscheidend ist die Übernahme der britischen Agentur-Holding Aegis. Bis dahin war Dentsu nur ein eher unbedeutender Akteur im deutschen Agentur-Sektor. In den Folge-Jahren setzt die britisch-japanische Holding ein ehrgeiziges Zukauf-Programm in den Bereichen Digital- und Internet-Agenturen, Healthcare-Agenturen sowie Kreativ- und Branding-Agenturen um. In Deutschland bzw. im deutschsprachigem Raum kauft Dentsu Aegis ebenfalls kräftig ein: 2016 die Digitalmarketing-Agentur Markenloft in Düsseldorf sowie das amerikanische B-to-B-Network Gyro mit Büro in München, 2018 die Videobeat-Gruppe mit Stammsitz in Hamburg, die Perform Media Group mit Büro in München sowie die Schweizer Namics AG mit Büros in Frankfurt, Hamburg und München.

Die Havas-Gruppe – ein erfolgreicher Nachzügler

Neben den fünf großen Holdings entwickelt sich die 1835 französische Havas-Gruppe nach dem Einstieg der Industriellen-Familie Bolloré 2004 zu einem respektablen Player im Markt der Kommunikation. Vincent Bolloré erkennt die Chancen, die der Agentur-Markt bietet und baut Havas konsequent auf als Alternative zu den fünf größeren Holdings. 2012 sorgt Vincent Bolloré dafür, dass der Holding-Name Havas auch zum bestimmenden Bestandteil der unterschiedlichen Networks und Spezial-Agenturen wird. Der 1991 eingeführte Agentur-Name Euro RSCG verschwindet nach 21 Jahren ebenso von der Bildfläche wie der Name Media Planning Group (MPG) bei der Media-Agentur-Tochter. Anfang 2014 rückt Yannick Bollorè zum CEO der Havas-Holding auf.

In Deutschland blickt Havas auf eine wechselvolle Geschichte mit vielen Zukäufen zurück. Ende der 80er Jahre übernimmt der Havas-Vorläufer Eurocom die Düsseldorfer Agentur-Gruppe RW Eggert samt PR-Tochter ABC. 2005 holt Vincent Bolloré den Agentur-Manager Andreas Geyr als Deutschland-Chef an Bord, der gut zehn Jahre bleibt und die Agentur-Gruppe durch Zukäufe im Bereich Digital-Marketing sowie Healthcare-Marketing sukzessive ausbaut. Seit Anfang 2017 leitet der frühere DDB-Manager Thomas Funk die deutsche Havas-Gruppe.

Verschwundene Networks und Holdings

Der internationale Agentur-Sektor hat sich seit Mitte der 80er Jahre deutlich verändert. Diverse traditionsreiche Networks sind durch Fusionen „verschwunden“. Da einige dieser Networks auch den deutschen Agentur-Markt über viele Jahre mitgeprägt haben, soll ihr Werdegang bzw. ihr „Verschwinden“ kurz beleuchtet werden.

1985 verschmelzen die US-Networks D’Arcy MacManus Masius Worldwide (1906 gegründet) und Benton & Bowles (1929 gegründet) und bilden das neue D’Arcy Masius Benton & Bowles unter dem Dach der MacManus Group. Benton & Bowles bringt seine Spezial-Töchter Manning Selvage & Lee (Public Relations), Medicus Intercon (Pharma) sowie Poppe Tyson (B2B) mit in die Ehe ein. 1996 übernimmt die

MacManus Group auch noch die traditionsreiche US-Agentur N.W. Ayer & Partners. 1999 steigt das Network Leo Burnett Co. in das neue Agentur-Konglomerat ein, was zur Bildung der neuen Holding Bcom3 Group führt. Ein anerkannter Player entstand damit allerdings nicht. 2002 wird die Bcom3-Holding von der französischen Agentur-Holding Publicis Groupe übernommen.

Die einstige Unilever-Hausagentur Lintas, die über Jahrzehnte zu den führenden Agenturen in Deutschland zählte, verliert nach der Übernahme durch die Agentur-Holding Interpublic ihre „Philosophie" und kommt auch nach diversen Fusionen mit anderen Interpublic-Töchtern (SSC&B, Ammirati Puris, Lowe) nicht wieder auf die Erfolgsspur. Aus dem 2000 fusionierten Network Lowe Lintas wird 2015 durch einen weiteren Merger MullenLowe.

Das Agentur-Network Ted Bates, später Bates Worldwide, ist seit den 60er Jahren in Frankfurt präsent und prägt mit dem USP-Ansatz viele Werbe-Kampagnen. In den 90er Jahren übernimmt zunächst die Saatchi-Holding das Bates-Network. Nach der Aufspaltung der Saatchi-Holding geht Bates in den Besitz der Cordiant-Holding über, die 2003 von WPP geschluckt wird. Bates Europe wird aufgelöst und das Geschäft auf die WPP-Tochter-Networks Y&R, JWT sowie Red Cell aufgeteilt.

2.8 Neugründungen beleben den Markt

Die Übernahme-Politik der Agentur-Networks und später der Agentur-Holdings führt zu immer größeren Agentur-Gebilden, aus denen sich mehr oder weniger regelmäßig Führungskräfte verabschieden. Kurze Zeit später tauchen sie dann wieder mit einer neuen inhabergeführten Agentur auf. Auch bei inhabergeführten Agentur-Gruppen mit starkem Wachstum wie etwa GGK, Springer & Jacoby, Scholz & Friends oder Jung von Matt gibt es ähnliche Entwicklungen. In Deutschland treten diese sogenannten Break-Aways seit Beginn der 90er Jahre verstärkt auf und sorgen seitdem für eine kräftige Belebung der Agentur-Marktes.

Die meisten dieser Newcomer-Agenturen landen später wieder bei den Networks oder Holdings. Sie haben häufig eine respektable Umsatz-Größe erreicht und verfügen über einen attraktiven Kunden- und Mitarbeiter-Stamm. Die Gründer wollen oder müssen Kasse machen, weil keine passenden bzw. potenten Nachfolger parat stehen. Ausnahmen wie etwa die Serviceplan-Gruppe oder die defacto-Gruppe bestätigen diese Regel.

Der Break-Away-Prozess wird in zwei Schritten dargelegt. Im ersten Teil wird exemplarisch eine Reihe von „aufsehenerregenden" Abspaltungen vorgestellt, die inzwischen wieder bei den Networks gelandet sind. Im zweiten Teil wird das Neugründungs-Potential der bedeutenden Agentur-Standorte Hamburg, Berlin und München dargestellt.

Erfolgreiche Break-Aways und ihre „Network-Rückkehr"

Borsch, Stengel & Partner

Im Februar 1981 verlässt Norbert Borsch, der langjährige FCB-Deutschland-Chef, zusammen mit drei Top-Managern das US-Network und gründet die Borsch, Stengel & Partner Werbeagentur in Frankfurt. Die Neugründung entwickelt sich schnell zu einer attraktiven Adresse für renommierte mittelständische Unternehmen. 1989 verkaufen die Gründer an die amerikanische Bozell-Gruppe, hinter der die True

North-Holding steht, die aus der FCB-Agentur-Gruppe hervorgegangen ist. BSP wird mit der Bozell-Niederlassung in Frankfurt fusioniert. So gesehen landet Norbert Borsch nach 17 Jahren wieder dort, wo er einst ausgestiegen war.

Scholz & Friends

Im Herbst 1981 eröffnet der TEAM-Mitgründer Jürgen Scholz zusammen mit den EX-Team/BBDO-Managern Michael Menzel und Uwe Lang in Hamburg die Agentur Scholz & Friends. Im Gepäck befinden sich millionenschwere Etats des Kaffee-Rösters Tchibo und des Zigaretten-Konzerns Reemtsma. Der Tchibo-Erbe Günter Herz „erleichtert" dem Top-Kreativen Jürgen Scholz so den Start. Scholz gibt als Grund für den Ausstieg die „Network-Zwänge" an, aber es soll auch atmosphärische Störungen zwischen den TEAM-Gründern gegeben haben. Nur fünf Jahre später geht Jürgen Scholz wieder bei einem US-Network an Bord, als die S&F-Gesellschafter 1986 die Mehrheit ihrer Agentur an das US-Network Bates verkaufen.

Scholz & Friends behält nicht nur seine Eigenständigkeit, sondern kann die eigene Marke Scholz & Friends sogar deutlich stärken, indem die bisherige Holding Comarco in Scholz & Friends umbenannt wird. Die treibende Kraft hinter dieser Strategie ist der CEO Frank-Michael Schmidt, der 2003 von J. Walter Thompson zu S&F kam. Er hat es geschafft, für Scholz & Friends nach der Übernahme durch die WPP-Gruppe den Nimbus einer inhabergeführten Agentur zu erhalten.

Lürzer Conrad

Die beiden Gründer Walter Lürzer und Michael Conrad haben sich bei Ogilvy & Mather in Frankfurt kennengelernt. 1972 starten sie ihre eigene Agentur Lürzer, Conrad, erliegen aber dem Reiz, als 40-Prozent-Gesellschafter bei der Neugründung der TBWA in Frankfurt dabei zu sein. 1975 reaktivieren sie ihre eigene Agentur, die schnell mit Kampagnen für Bosch, Margret Astor sowie Braun Rasierer Furore macht. Die beiden Gründer prüfen den Aufbau eigener Büros im Ausland, schrecken aber vor den Risiken zurück. Alternativ suchen sie den Kontakt zu potentiellen Partnern und vereinbaren 1980 schließlich ein 50/50 Joint Venture mit Leo Burnett. Walter Lürzer verkauft 1982 seine 25 Prozent an das Burnett-Network. Michael

Conrad bleibt und geht später in die Burnett-Zentrale nach Chicago, wo er sich als globaler Kreativ-Chef und später auch als Chairman einen Namen macht.

RSCG Butter Rang

Die beiden DDB-Top-Leute Jochen Rang (CEO) und Werner Butter (Kreativ-Chef) verlassen 1985 nach einem Streit im Zusammenhang um die Betreuung des Reifen-Etats Continental die Agentur DDB in Düsseldorf und gründen mit der französischen Top-Agentur RSCG ihre „eigene" Agentur. 1992 übernehmen Jochen Rang und Werner Butter nach der Fusion der beiden französischen Networks Eurocom und RSCG die Leitung der neuen Agentur Euro RSCG in Düsseldorf.

1995 steigt Werner Butter bei Euro RSCG aus und startet im Alter von 63 Jahren in Düsseldorf ein weiteres Mal in die Selbständigkeit. Diesmal mit einer Agentur, die seinen Namen trägt: Butter. Agentur für Werbung GmbH. Die Agentur, die unter anderem mit Wahlkampf-Kampagnen für die SPD großen Erfolg hat, eröffnet in Berlin einen weiteren Standort und wächst auf über 100 Beschäftigte.

Baader Lang Behnken

1984 verabschiedet sich der Partner und Beratungsgeschäftsführer Uwe Lang zusammen mit den beiden Top-Kreativen Fred Baader und Wolfgang Behnken von der Agentur Scholz & Friends, die drei Jahre zuvor als Break-Away von TEAM/BBDO in Hamburg entstanden ist. Die drei Scholz-Manager gründen mit dem Kunden Otto Versand im Rücken die Kreativ-Agentur Baader Lang Behnken (BLB) und fallen rasch mit starken Text-Kampagnen auf. Ende der 80er Jahre steigt Lintas:Deutschland als Gesellschafter ein.

1995 verkaufen die drei Gründer weitere BLB-Anteile an die Interpublic-Tochter AP Lintas, die danach 83 Prozent hält. 1997 kauft sich BLB wieder frei, weil gleich drei wesentliche Kunden mit ihrer Kündigung drohen. Mitte 1999 erfolgt dann die Komplett-Übernahme von BLB – erneut durch Lintas. Uwe Lang rückt zum Deutschland-Chef auf.

1

2

3

Der deutsche Agentur-Markt profitiert immer wieder von Neugründungen, die von erfolgreichen Network-Managern gestartet werden und schon nach wenigen Jahren mit bestehenden Network-Agenturen auf Augen-Höhe agieren.

1 – Der frühere Brindforsa-Geschäftsführer Andreas Grabarz hat die Hamburger Kreativ-Schmiede Grabarz & Partner aufgebaut.

2 – Der frühere FCB-CEO Martin Blach führt die sehr erfolgreiche Hirschen Group.

3 – Der Kreative Hartwig Keuntje nabelt sich bei Jung von Matt ab und etabliert die rund 200 Köpfe zählende Kreativ-Agentur Philipp und Keuntje in Hamburg.

4 – Der einstige Springer & Jacoby-Geschäftsführer Dr. Michael Trautmann startet 2004 kempertrautmann, die Vorläufer-Agentur der thjnk-Gruppe.

4

Die Hochburgen für neue Agenturen: Hamburg, Berlin und München

Das erfolgreichste Pflaster für die Gründung neuer inhabergeführter Werbeagenturen sind nicht die beiden führenden Agentur-Standorte Frankfurt und Düsseldorf, sondern die Städte Berlin, Hamburg und München. In Hamburg befruchten die Kreativ-Schmieden Springer & Jacoby sowie Scholz & Friends den Agentur-Sektor, in München sorgt vor allem die Medien-Szene für Impulse und in Berlin sorgt die Aufbruchsstimmung nach dem Fall der Mauer für die Wiederbelebung der Kunst- und Kreativ-Szene.

Neugründungen in Hamburg

Dank der beiden Kreativ-Shops Springer & Jacoby bzw. Scholz & Friends entwickelt sich die Hansestadt Hamburg ab 1990 zum führenden Kreativ-Standort für die deutsche Werbe-Welt. Diese beiden Agenturen ziehen nicht nur viele Talente an, sondern befruchten auch das kreative Umfeld wie etwa Film-Produktionen oder Design-Büros.

1990 gehen die beiden Ex-Springer & Jacoby-Geschäftsführer Holger Jung und Jean-Remy von Matt in die Selbständigkeit – mit dem Sixt-Etat im Gepäck. Die Agentur Jung von Matt entwickelt sich binnen weniger Jahre zum respektablen Springer & Jacoby-Konkurrenten im deutschsprachigen Raum und löst S&J seit der Jahrtausend-Wende auch als führende Kreativ-Schmiede in Deutschland ab.

1992 steigt der bisherige BBDO-Kreative Detmar Karpinski als Partner in die Agentur KNS ein, die fortan unter dem Namen KNSK Furore macht. Die Agentur gehört für einige Jahre zur deutschen BBDO-Gruppe, entscheidet sich dann für den Rückkauf der Anteile und bildet ab 2016 mit der neugegründeten Content Marketing Bissinger+ eine neue Agentur-Einheit.

1993, genauer am 1. April, gründet Andreas Grabarz, Kreativ-Geschäftsführer bei Brindfors in Düsseldorf und davor Texter bei Wilkens Ayer in Hamburg, die Kreativ-Agentur Grabarz & Partner in Hamburg. Der Agentur-Gründer nimmt rasch das Führungspersonal als Gesellschafter auf und sichert so die Unabhängigkeit der Agentur für die Zeit nach dem Rückzug des Gründers.

1994 starten der BAT-Manager Stephan Rebbe und Stefan Kolle (bis dato Texter bei Baader Lang Behnken) die Agentur Kolle Rebbe. Die Agentur startet Mitte 2016 das Joint-Venture Honey mit Territory, der Content-Marketing-Agentur des Medien-Hauses Gruner + Jahr. Nach dem überraschenden Tod des Gründers und Hauptgesellschafters Stefan Kolle im Sommer 2017 muss die Agentur ihre Zukunft neu definieren. Im November 2018 übernimmt der Consulting-Konzern Accenture die rund 300 Köpfe zählende Kreativ-Agentur (Honorar-Umsatz 2018: 34, 98 Mio. Euro).

1995 gehen die Springer & Jacoby-Kreativen Marcel Loko und Bernd Heusinger mit ihrer Agentur Zum Goldenen Hirschen in Hamburg an den Start. Zehn Jahre nach der Gründung steigt der ehemalige FCB-CEO Martin Blach als weiterer Gesellschafter in die damals 100 Köpfe starke Agentur-Gruppe ein. Er treibt den Ausbau der Hirschen Group voran. 2016 nimmt die damals fünftgrößte inhabergeführte Agentur-Gruppe in Deutschland die WPP-Holding als Investor an Bord. WPP hält seitdem knapp 50 Prozent der Anteile. Die Hirschen Group setzt ihren Weg als inhabergeführte Agentur-Gruppe fort. 2019 hebt die Hirschen-Tochter ressourcenmangel ein Joint Venture mit der Hamburger Verlagsgruppe Die Zeit aus der Taufe. Diese Spezial-Agentur widmet sich dem wachsenden Sektor Employer-Branding.

1998 verlässt das Trio Bagher Pirouz, Michael Weigert und Ewald Wolf nach zehn Jahren die Agentur Scholz & Friends und gründet die Agentur WeigertPirouzWolf (wpw). Dank des erfolgreichen Starts wird WeigertPirouzWolf auch zur Newcomer-Agentur des Jahres gekürt. Trotz einiger Wechsel bei den Gesellschaftern (nur Michael Weigert ist 2019 noch an Bord), hat die Agentur ihren Namen beibehalten.

1998 gründen Mathias Müller Using und Lars Rühmann die Agentur Nordpol und machen später mit ihren Kampagnen für den französischen Auto-Konzern Renault Furore – der sogenannte „Baguette-Spot“ räumt bei nationalen und internationalen Kreativ-Wettbewerben ab. Das bringt den beiden Agentur-Gründern diverse Übernahme-Angebote internationaler Networks ein, doch die Gespräche verlaufen allesamt im Sand. 2018 gerät die Agentur durch Engagements im Immobilien-Sektor finanziell ins Trudeln und wird nach einer Insolvenz in Eigenregie von der Digital-Agentur-Gruppe PIA übernommen.

1999 verabschieden sich der Kreative Hartwig Keuntje und der Berater Dominik Philipp bei Jung von Matt, um in einem ehemaligen Gemeindehaus die Agentur Philipp und Keuntje (PuK) ins Leben zu rufen. Anfang 2019 verkaufen die Gründer die Agentur an die FischerAppelt-Gruppe und regeln so die Zukunft der Kreativ-Agentur unter dem Dach der breit aufgestellten FischerAppelt AG.

Anfang 2000 geht die Agentur Vasataschröder in Hamburg an den Start. Gründer sind die beiden früheren KNSK/BBDO-Manager Magnus Schröder und Mirko Vasata (Sohn der Agentur-Legende Vilim Vasata). Die 2005 gegründete Dependance in Düsseldorf muss nach dem Verlust der Tengelmann-Tochter Plus wieder geschlossen werden. Ab Herbst 2018 ist VasataSchröder mit einem Büro in Zürich präsent. Anlass ist der Gewinn des Möbelhauses Pfister.

2004 heben die beiden einstigen Springer & Jacoby-Manager Andre Kemper und Dr. Michael Trautmann die Agentur kempertrautmann aus der Taufe. Das Team gewinnt rasch bedeutende Mandate (Audi, Commerzbank, Henkel Schwarzkopf) und startet Niederlassungen in Berlin und Düsseldorf. Mitte 2012 wechseln die beiden Jung-von-Matt-Top-Leute Karen Heumann und Armin Jochum zu kempertrautmann, die daraufhin zur Thjnk AG umfirmiert. Überraschend wird im Juli 2017 die inzwischen auf 400 Köpfe angewachsene thjnk-Gruppe mit Büros in Hamburg, Berlin, Düsseldorf, München und Zürich komplett an die britische WPP-Holding verkauft.

2008 spaltet sich das Trio Bernhard Lukas (Text), Arno Lindemann (Art) und Bent Rosinski (Beratung) bei Jung von Matt ab und hisst die Agentur-Flagge Lukas Lindemann Rosinski (LLR) in Hamburg. Zum Start war der Ex-Arbeitgeber Jung von Matt noch an der Neugründung beteiligt.

2010 gründet der frühere Jung von-Matt-Kreative Oliver Voss seine gleichnamige Agentur in Hamburg und sorgt mit Kampagnen für die Axel-Springer-Titel Welt am Sonntag und Welt für Aufmerksamkeit. Die Agentur kann zudem Aufträge von Sixt und Nike gewinnen.

Neugründungen in Berlin

Nach dem Mauerfall entwickelt sich die alte Media- und Werbe-Metropole langsam aber sicher wieder zum Kreativ-Zentrum. Als erstes kehrt die Mode- und Künstler-Szene zurück. Im Agentur-Bereich geht es eher zögerlich voran. Den Anfang macht Scholz & Friends zu Beginn der 90er Jahre. Ende der 90er Jahre starten einige Newcomer-Agenturen, die frühzeitig den Kult-Charakter erkennen. Ab 2000 gründen die großen Networks eigene Büros in Berlin. Dazu gehören DDB, BBDO, McCann, Ogilvy, Y&R, Grey sowie Publicis. Parallel dazu bauen auch die führenden nationalen Champions wie Jung von Matt, Serviceplan oder thjnk Niederlassungen in der Spree-Metropole auf.

Der Ex-Springer & Jacoby-Manager Andre Aimaq gründet 1998 mit Andreas Rapp und Robert Stolle die Werbeagentur Aimaq Rapp Stolle, die sich unter anderem mit Kampagnen für den Musiksender MTV sowie die Kult-Marke Nike viel Anerkennung verdient. Nachdem sich zuerst Andreas Rapp und später auch Robert Stolle neuen Aufgaben zuwenden, kauft sich 2011 der Ex-Saatchi- und TBWA-Manager Hubertus von Lobenstein als Gesellschafter ein. Nach dem Verlust des Großkunden Ergo schlüpft die Agentur 2018 als AvL/Saint Elmo's unter das Dach der Serviceplan-Gruppe.

Zum wichtigsten Agentur-Player entwickelt sich die 1999 von drei Ex-Springer & Jacoby-Leuten und einem JvM-ler gegründete Heimat Werbeagentur. Dank ihrer Kreativ-Power kann die Agentur rasch gewichtige Mandate erobern und wächst zu einer Agentur-Gruppe mit 300 Beschäftigten an den Standorten Berlin, Hamburg, Zürich und Wien. Heimat-Gründer Guido Heffels ist der kreative Vater der Hornbach-Kampagne, mit der Heimat über Jahre hinweg bei nationalen und internationalen Kreativ-Wettbewerben für Furore sorgt.

2015 verkaufen die Gründer die Mehrheit an die Omnicom-Tochter TBWA und übernehmen im Gegenzug die Führung von TBWA in Deutschland. Heimat-Gründer Matthias von Bechtolsheim wird neuer TBWA-Chef in Deutschland.

2012 verlassen die beiden Berliner TBWA-Kreativ-Chefs Kurt Georg Dieckert und Stefan Schmidt die Omnicom-Tochter und gehen mit der Agentur DieckertSchmidt an den Start. Die beiden haben zuvor über zehn Jahre lang als Team bei Springer & Jacoby sowie bei TBWA zusammengearbeitet und während dieser Zeit immer mal wieder vom Schritt in die Selbständigkeit „geträumt". Schon kurz nach dem Start überzeugt das Kreativ-Duo Auftraggeber wie Adidas, Mercedes-Benz, Grohe und Ravensburger. Später kommt noch der Top-Kunde Facebook hinzu.

Die Werbeagentur-Gruppe "antoni" geht 2015 spektakulär an den Start. Der frühere DDB-CEO Dr. Tonio Kröger hat zusammen mit dem früheren Springer & Jacoby-Top-Kreativen André Kemper zuvor das millionenschwere Budget für die Auto-Marke Mercedes-Benz gewonnen. Zu dem Zeitpunkt existierte die Agentur noch nicht. Das neue Agentur-Konzept ist größtenteils auf die Bedürfnisse des Auftraggebers Mercedes-Benz zugeschnitten. Die antoni-Holding baut anschließend ähnliche customized agencies für Auftraggeber wie den Süßwaren-Anbieter Katjes sowie den Reinigungsspezialisten Kärcher auf.

2020 setzt die antoni-Gruppe ihr Wachstum weiter fort und gründet für den neuen Kunden Vodafone die Tochter antoni_giga. Für den zweiten Neu-Kunden bett1.de. wird die Tochter antoni Heaven gestartet. Darüber hinaus greift antoni-Gründer Dr. Tonio Kröger auch zum Instrument des Zukaufs. Die Gruppe beteiligt sich an dem Berliner Data-Start-up IP League GmbH, das die Performance von Sportlern analysiert.

Die beiden Springer & Jacoby-Kollegen Guido Heffels (links) und Matthias von Bechtolsheim starten mit Heimat 1999 die erfolgreichste Agentur-Neugründung in Berlin. 2015 übernimmt die Omnicom-Tochter TBWA die Mehrheit.

Neugründungen in München

Die bayerische Landeshauptstadt lockt in den 80er Jahren unter anderem durch den Beginn des privaten Rundfunks in Deutschland viele Kreative. Zudem verlagern die Hamburger Großverlage Bauer sowie Gruner + Jahr ihre Entwicklungs-Labors nach München. Das hat auch einen positiven Einfluss auf die Agentur-Landschaft. Neben den Platzhirschen Heye und Serviceplan bereichern einige Agentur-Newcomer die Münchner Werbe-Szene.

1992 gründen Claudia Langer und Gregor Wöltje in der Isar-Metropole die Agentur start advertising AG. Mit frischen Ideen überzeugen sie Auftraggeber wie Burger King, Levi's oder den Musiksender MTV. Später kommen noch renommierte Namen wie die Deutsche Bank, E.ON und Yahoo hinzu. 2002 übernimmt Omnicom den 29-Prozent-Anteil von Gründerin Claudia Langer, Mitte 2004 wird Omnicom Allein-Eigner und fusioniert start advertising später mit der Digital-Tochter InterOne, die zum BBDO-Network gehört.

1997 geht der ehemalige Springer & Jacoby-Kreative Hans Peter Albrecht in München mit der Agentur HP Albrecht an den Start. Der gebürtige Österreicher glänzt schnell mit Kunden wie Tetra Pak, Ferrero, Austria Tabak sowie dem TV-Sender Eurosport. Dieser Erfolg trägt HP Albrecht 1999 auch den Titel Newcomer-Agentur des Jahres ein.

2001 starten Feodor von Wedel und Arwed Berendts in München die Agentur Saint Elmo's. Die beiden kommen von der Agentur Scholz & Friends in Hamburg und haben davor bei Springer & Jacoby gearbeitet. Kunden wie Bulthaup, Condé Nast oder Salamander sorgen für gut gefüllte Kassen und bringen Saint Elmo's 2002 den Titel „Newcomer-Agentur des Jahres“ ein. 2003 übernimmt Saint Elmo's im Zuge einer Fusion die Agentur Waitz Lohr van Horn in Berlin, die sich ein Jahr zuvor von der Interpublic-Tochter Lowe Lintas freigekauft hat. Anfang 2009 wird die Saint Elmo's-Gruppe – inzwischen ein 100-Köpfe-Team – komplett an die Münchener Serviceplan-Gruppe verkauft.

2.9 Starke inhabergeführte Player

Neben den finanzkräftigen Agentur-Holdings entstehen auch einige starke inhabergeführte Gruppen im klassischen Agentur-Sektor in Deutschland, die teilweise auch international bzw. im DACH-Raum wirken. Immer wieder versuchen Agentur-Inhaber aus Deutschland, über die Landesgrenzen hinaus aktiv zu werden und auf internationaler Bühne mitzuspielen. Die meisten dieser Anläufe scheitern – häufig aufgrund mangelnder Kapitalkraft. So etwa die zunächst recht weit expandierte Springer & Jacoby und auch Scholz & Friends-Gruppe, hinter der die Commarco-Holding steht. Doch es gibt auch erfolgreiche Player wie die Serviceplan-Gruppe aus München sowie die beiden Hamburger Agenturen Jung von Matt AG und FischerAppelt AG. Der Weg dieser drei Akteure soll im Folgenden näher vorgestellt werden.

Deutschlands erfolgreichste Inhaber-Agentur: die Serviceplan-Gruppe

Die 1970 von dem gebürtigen Schweizer Dr. Peter Haller und Rolf O. Stempel in München gegründete Agentur Serviceplan startet mit zwei Angestellten und einem Kunden. Die beiden haben sich zuvor bei der Dorland Werbeagentur in München kennen und schätzen gelernt. Die beiden Serviceplan-Gründer setzen vom Start auf einen neuen Typus von Agentur mit einer disziplin-übergreifenden, ganzheitlichen und integrierten Arbeitsweise. Das soll auch der Name Serviceplan zum Ausdruck bringen. Die Agentur wächst kontinuierlich. 1983 wird für das Media-Geschäft die Tochter Mediaplus etabliert, drei Jahre darauf folgt die Facit Marketing-Forschung. 1995 werden die Töchter und Units zur Holding umstrukturiert und ein Jahr darauf steigt Florian Haller nach „Lehrjahren" bei Lintas in New York sowie Procter & Gamble in Brüssel in die Geschäftsführung ein. Im Vergleich zu den anderen klassischen Werbeagenturen erkennt Serviceplan früh die besondere Rolle des Internets als eigene Agentur-Disziplin und gründet bereits 1997 die Tochter Plan-net als reine Digital-Agentur.

2002 übernimmt Florian Haller von seinem Vater das Amt des Hauptgeschäftsführers. Damit beginnt für die Serviceplan-Gruppe eine neue Ära.

Zusammen mit Partnern wie dem Mafo-Konzern GfK, dem TV-Konzern ProSieben-Sat.1, der Handelsblatt-Gruppe sowie dem Markenverband initiiert Serviceplan 2004 die Verleihung der Best Brands Awards. Dieses Event gehört inzwischen zu den wichtigsten Marketing-Treffen in Deutschland mit rund 1.000 geladenen Gästen, die sich alljährlich im Februar / März zur Award-Gala im Bayerischen Hof einfinden.

2006 gelingt Florian Haller ein ganz besonderer Coup: Er holt von der finanziell angeschlagenen Springer & Jacoby-Gruppe das GF-Duo Jörg Schultheis und Alexander Schill zu Serviceplan und gründet mit ihnen eine Niederlassung in Hamburg. Dank des charismatischen Top-Kreativen Alex Schill entwickelt sich die Berater-Agentur binnen weniger Jahre zum kreativen Highflyer. Seit 2010 gehört die Serviceplan-Gruppe zur kreativen Spitze in Deutschland und liefert sich mit Jung von Matt bzw. Heimat/TBWA ein Kopf-an-Kopf-Rennen.

Nach der Gründung des Büros in Hamburg folgen in rascher Folge der Aufbau von Büros innerhalb Deutschlands in Berlin, Frankfurt, Köln und Bremen. Auch in und außerhalb von Europa baute Serviceplan eigene Niederlassungen auf. Treibende Kraft ist Florian Haller, der beim Aufbau neuer eigener Dependancen auf das Erfolgsrezept „Beteiligung“ der Spitzen-Kräfte setzt. Nach gleichem Muster erfolgt auch die Diversifizierung in erfolgversprechende Segmente wie Gesundheit, Public Relations oder Design.

Parallel zum Wachstum aus eigener Kraft wird die Markt-Position in Deutschland auch durch Zukäufe sowie Beteiligungen gestärkt: 2009 übernimmt Serviceplan die knapp 100 Köpfe zählende Agentur-Gruppe Saint Elmo's in München. 2014 legt sich Serviceplan die Bremer E-Commerce HMMH (340 Beschäftigte) zu. 2017 fädelt Finanz-Chef Florian von Hornstein den Kauf der Berliner Agentur Aimaq von Lobenstein (25 Beschäftigte) ein, die der Saint Elmo's-Gruppe zugeschlagen wird.

Mit rund 4.200 Beschäftigten sowie einem Honorar-Umsatz von 442 Millionen Euro (Geschäftsjahr 2018/19) ist die Serviceplan heute nicht nur die mit Abstand größte deutsche Agentur-Gruppe, sondern mit Standorten in 17 Ländern auch ein respektabler Player im internationalen Agentur-Markt. Mitte 2019 wandelt sich die Serviceplan Gruppe firmenrechtlich in die Serviceplan SE & Co. KG um. Diese Rechtsform ist auch außerhalb Deutschlands anerkannt und bietet daher mehr Chancen bei der weiteren globalen Expansion. Im Zuge der Umwandlung etabliert sich zudem ein Aufsichtsrat, dem der Serviceplan-Gründer Dr. Peter Haller als Vorsitzender sowie die Ex-RTL-Chefin Anke Schäferkordt und Sybille Stempel (Tochter des verstorbenen Mitgründers Rolf Stempel) angehören.

Die Jung von Matt-Gruppe – Deutschlands kreativer Shooting-Star

Am 1. Juli 1991 gründen die beiden Ex-Springer & Jacoby-Unitleiter Holger Jung und Jean-Remy von Matt im damals leicht bizarren und heute angesagten Hamburger Karolinen-Viertel, im Schatten des Fernsehturms, ihre eigene Agentur Jung von Matt. Mit an Bord: 13 Leute - die meisten davon von Springer & Jacoby - und sechs Kunden mit einem Honorar-Volumen von 2,7 Millionen DM bzw. einem Billing-Volumen von rund 18 Millionen DM. Rund die Hälfte dieses Honorar-Volumens stammt von der Sixt AG – diesen Kunden hat der Top-Kreative Jean-Remy von Matt auch bei Springer & Jacoby betreut. Festzuhalten ist noch, dass der Ausstieg bei Springer & Jacoby im freundschaftlichen Einvernehmen erfolgt.

Bereits im Herbst 1991 kommen zwei gewichtige neue Kunden: der Deutsche Sparkassenverlag und die Vereinte Versicherung. Damit verdoppelt sich das Etat-Volumen auf über 40 Millionen Mark. Als Anfang 1992 auch noch der Auto-Bauer Porsche der Newcomer-Agentur seinen Etat überträgt, sorgt das nicht nur in der Marketing-Fachpresse für Schlagzeilen.

Dank der familiären Verbindungen des gebürtigen Schweizers Jean-Remy von Matt expandiert der deutsche Agentur-Shooting-Star bereits im Herbst 1992 nach Zürich: Dort gründen Dr. Dominique von Matt und David Honegger mit JvM-Unterstützung die Agentur Honegger von Matt. Den erfolgreichen Start krönt 1992 die Jury vom Jahrbuch der Werbung, die JvM zur Newcomer-Agentur des Jahres kürt. Ende 1992 beläuft sich das betreute Billings-Volumen von JvM bereits auf 80 Millionen Mark. Für den weiteren Aufstieg sorgen Auftraggeber wie Axel Springer mit dem Bild-Etat, die Deutsche Bahn und die Volkswagen-Tochter Audi, die den Verlust des Kunden Porsche mehr als ausgleichen können.

Ab 1998 beginnt die regionale Expansion nach Frankfurt und München. Die neuen Töchter heißen JvM am Main bzw. JvM an der Isar. Parallel dazu läuft die Umfirmierung von der GmbH in eine AG an, die 1999 vollzogen wird. Bis Ende 2001 entstehen insgesamt zehn eigene Agentur-Töchter – darunter auch eine Niederlassung in Wien.

2008 gibt es ernsthafte Gespräche zwischen der Omnicom-Tochter BBDO und der Jung von Matt-Gruppe über eine Übernahme oder zumindest mehrheitliche Beteiligung – ohne Happy End.

Mitte 2010 holen die beiden Gründer den DDB-Manager Dr. Peter Figge als „Kronprinzen" in den Vorstand und leiten damit den Generationswechsel ein. Im Gegenzug steigt Holger Jung aus dem operativen Geschäft aus und wechselt in den Auf-

1

1 – Florian Haller führt die erste deutsche Agentur-Gruppe, die auf internationalen Terrain ernsthaft mitspielt.

2 – Dr. Peter Figge hat die Jung von Matt-Gruppe nach dem Ausstieg der Gründer erfolgreich auf Kurs gehalten.

3 – Andreas Fischer-Appelt hat aus der reinen PR-Agentur eine breit aufgestellte Agentur-Gruppe gemacht.

2

3

sichtsrat. Gut ein Jahr darauf verlassen die Vorstandsmitglieder Karen Heumann und Armin Jochum das Haus und kaufen sich beim Hamburger Mitbewerber kempertrautmann (heute thjnk AG) ein.

Die JvM-Gruppe setzt ihre Expansion gezielt weiter fort und gründet ein Büro in China. 2014 kauft sie sich bei der Kölner-Digital-Agentur People Interactive ein. 2015 verliert JvM den Top-Kunden Mercedes an das Team Dr. Tonio Kröger (Ex-DDB-Chef) und André Kemper (Ex-thjnk- und Scholz & Friends-Kreativer), die nach dem Gewinn des Pitches eine customized agency mit Namen antoni (ANdre + TONIo) in Berlin aufbauen. Für JvM ist dieser Verlust ein gewichtiger Einschnitt in die Agentur-Entwicklung, denn erstmals kann der Abgang des Top-Kunden nicht binnen kurzer Zeit adäquat ausgeglichen werden. Um die Neugeschäfts-Akquisition anzukurbeln, wirbt Jung von Matt bei Ogilvy das GF-Duo Thomas Strerath und Larissa Pohl ab. Der Erfolg bleibt jedoch aus und beide verlassen die Agentur Ende 2017. Parallel verpasst sich die Gruppe eine neue Führungsstruktur. Mit Dr. Peter Figge gibt es nur noch einen Allein-Vorstand und zusätzlich einen Partner-Kreis, dem 15 Führungskräfte (Stand Frühjahr 2019) angehören. Der Gründer Jean-Remy von Matt wechselt wie zuvor sein Mitgründer Holger Jung aus dem Vorstand in den Aufsichtsrat.

FischerAppelt – eine PR-Agentur wandelt sich zur Full-Service-Gruppe

Nicht nur klassische Newcomer-Agenturen entwickeln sich dank überdurchschnittlicher Kreativ-Leistung und entsprechender Management-Power zu Big Playern, auch Spezial-Agenturen können mit solchen Erfolgsstories aufwarten. Ein Muster-Beispiel dafür ist die FischerAppelt-Gruppe, die 1986 von den beiden Brüdern Andreas und Bernhard Fischer-Appelt als PR-Agentur mit Namen Media Concept in Hamburg gegründet wird. Während der ersten zehn Jahre wächst die PR-Agentur kontinuierlich und legt sich Niederlassungen in Stuttgart und Berlin zu. Ab 1995 steigert die damals 30 Köpfe zählende Gruppe den Umsatz (3,7 Mo. DM) in deutlichen größeren Schritten.

1998 kauft sich die PR-Agentur in das sechs Köpfe zählende Jolly Medienhaus in München sowie die Agentur Mindways Multimedia in Hamburg ein und schließt das Jahr mit einem Umsatz in Höhe von 9,55 Millionen DM ab. Mitte 2000 wandelt sich die PR-Agentur-Gruppe (12,6 Mio. DM Umsatz / 90 Beschäftigte) in eine Aktien-Gesellschaft und Holding um. Damit soll die Diversifikation in weitere Geschäftsbereiche wie Corporate Publishing, Design und Healthcare ebenso vorangetrieben werden wie die regionale Expansion. Mit Erfolg, denn für 2002 meldet die FischerAppelt-Holding einen Honorar-Umsatz von über 11,5 Millionen Euro, was fast einer Verdopplung im Vergleich zum Jahr 2000 entspricht.

2006 denken die beiden Fischer-Appelt-Brüder darüber nach, die angeschlagene Springer & Jacoby-Gruppe zu kaufen, überlassen das aber dem Elmshorner Agentur-Inhaber Lutz Schaffhausen (den dieser Deal letztlich in die Insolvenz reißt). Die FischerAppelt-Gruppe expandiert in Richtung TV-Produktion und übernimmt von der DaimlerChrysler AG die Tochter DaimlerChrysler tv media. Im gleichen Jahr startet auch ein Ableger in Wien. Der Honorar-Umsatz für 2007 liegt bei 24,1 Millionen Euro. 2011 erfolgt die mehrheitliche Übernahme der Hamburger Digital-Agentur Fork Unstable Media – damit erwirtschaftet die FischerAppelt-Gruppe nun rund ein Drittel des Umsatzes im Digital-Sektor.

Im Frühjahr 2019 landet die FischerAppelt-Gruppe ihren bis dato größten Coup: Sie kauft rückwirkend zum 31. Dezember 2018 die Mehrheit an der klassischen Hamburger Werbeagentur Philipp und Keuntje. Gut ein Jahr haben beide Seiten miteinander verhandelt – unbemerkt von der Konkurrenz. Das aktive PuK-Management inklusive der beiden Gründer bleibt mit mehr als 25 Prozent an der Agentur beteiligt und führt sie auch weiter. So wird für das PuK-Team und für die PuK-Kunden das bei Übernahme kritische Thema Kontinuität gelöst.

Damit rückt die einstige PR-Agentur FischerAppelt zur drittgrößten inhabergeführten Agentur-Gruppe in Deutschland auf – mit dann rund 700 Beschäftigten sowie einem Honorar-Volumen von 80 Millionen Euro. Die Kreativ-Agentur Philipp und Keuntje steuert hierzu ein ca. 200 Köpfe zählendes Team und ein Umsatz-Volumen von 20 Millionen Euro bei. FischerAppelt bringt per Ende 2018 ein Honorar-Volumen von knapp 60 Millionen Euro auf die Waage, das von rund 500 Beschäftigten erwirtschaftet wird.

3.

AGENTUR-WELT IM UMBRUCH – ARTFREMDE AKTEURE STEIGEN EIN

3.0 Agentur-Welt im Umbruch – Artfremde Akteure steigen ein

Das ursprüngliche Geschäftsmodell Werbe-/Media-Agentur ist darauf ausgerichtet, die kommunikative Beziehung zwischen Unternehmen, Medien und Konsumenten zu gestalten und zu organisieren. Agenturen sind das Bindeglied zwischen einer Vielzahl von Werbungtreibenden und einer Vielzahl von Medien-Häusern samt ihrer Medien-Marken. Dieses Modell gerät mehr und mehr unter Druck, weil sich die Markt-Bedingungen grundlegend wandeln.

Internet-Konzerne wie Google, Facebook, Apple und Amazon dominieren den globalen Werbemarkt aufgrund ihrer direkten Beziehungen zum Endverbraucher – die Angebote der klassischen Medien-Häuser spielen zunehmend eine untergeordnete Rolle. Glaubwürdigen Schätzungen zufolge fließen 2017 mindestens ebenso viele Werbegelder allein in die Kassen von Google und Facebook wie auf die Konten aller Verlage in Deutschland.

Die werbungtreibende Wirtschaft setzt immer mehr auf den direkten digitalen Kontakt zum Endverbraucher und will die Hoheit über die Kunden-Daten allein haben. Da die bisherigen klassischen Medien-Kanäle deutlich seltener zum Einsatz kommen, gibt es auch immer weniger Aufträge im klassischen Werbe-Sektor. Zudem bauen Werbungtreibende deutlich mehr Inhouse-Ressourcen auf, um mit den Endverbrauchern zu kommunizieren. Sie kehren damit zumindest teilweise zum Prinzip der Hausagentur zurück. Ein besonderer Weg ist in diesem Segment die Gründung sogenannter „customized agencies" – im Klartext ist das der Aufbau einer Agentur, die nur für einen Auftraggeber tätig ist und zugleich Teil einer Agentur-Gruppe oder Holding sein kann.

Die Medien-Häuser „verkaufen" ihre Beziehungen zu den Endverbrauchern immer häufiger ohne Einschaltung von Agenturen direkt an die werbungtreibende Wirtschaft. Anstelle der klassischen Werbemittel treten dann häufig andere Werbeformen wie Advertorials oder Programmatic Advertising. Neben den Medien-Unternehmen nimmt die werbungtreibende Industrie inzwischen immer öfter die Dienste von Bloggern oder Influencern in Anspruch, die über ihre jeweiligen Kanäle auf den Social-Media-Plattformen wie Facebook, YouTube oder Instagram Werbe-Botschaften transportieren.

Als dritte artfremde Akteure engagieren sich zunehmend Consulting-Companies sowie Software-Konzerne im klassischen Agentur-Sektor. Diese Gruppe hat den Zugang zum Kommunikationssektor über das Thema Digitalisierung und Big Data-Management gefunden. Die horizontale Ausweitung der Geschäftsaktivitäten führt nicht nur zu umfassenderen Kunden-Beziehungen, sondern ist schlicht notwendig, um den Kunden-Auftrag im Digital-Zeitalter komplett zu realisieren.

Als vierter Player steigen Investment-Companies in den Agentur-Sektor ein. Sie sehen einerseits Chancen, beim „Filettieren" der traditionellen Agentur-Holdings mitzuverdienen und andererseits wollen sie beim Aufbau neuer Einheiten dabei sein, die sich nach der Aufbau-Phase mit hohem Gewinn weiterverkaufen lassen oder an die Börse gebracht werden.

Die Medien-Unternehmen als Agentur-Konkurrenten

In den 90er Jahren entdecken die Verlage ein neues Geschäftsfeld: das sogenannte Corporate Publishing (CP). Bei immer mehr Werbungtreibenden steigt das Interesse an Kunden-Zeitschriften. Damit wird ein „altes" Kommunikations-Instrument plötzlich wieder hochaktuell. Die Verlage bringen beste Vorsetzungen für dieses Geschäft mit. Sie kennen sich bestens mit den redaktionellen Leistungen aus und verfügen auch über das notwendige Know-how für die Produktion und Distribution von Kunden-Zeitschriften.

In diesem Feld sind bereits einige Agenturen aktiv – zum Teil Spezialisten, zum Teil Töchter von PR- oder Werbeagenturen. Der Einstieg der Verlagswelt erfolgt sukzessive und führt zu einer mehr oder weniger friedvollen Ko-Existenz beider Akteure.

Die Ganske Verlagsgruppe und die Bertelsmann-Tochter Gruner + Jahr gehören zu den Vorreitern bzw. Key Playern im Corporate Publishing. Später steigen weitere große Print-Häuser wie Burda, der Zeit-Verlag und Axel Springer sowie viele

Fachverlage in dieses lukrative Geschäft mit Content Marketing ein. Auch einige TV- und Radio-Anbieter sind inzwischen als Agentur-Dienstleister aktiv und bieten Bewegtbild- oder Podcast-Formate an, die Werbungtreibende für ihre Websites bzw. Social-Media-Kanäle nutzen können.

Im Folgenden werden einige Medien-Häuser und ihre Aktivitäten als Agentur-Dienstleister exemplarisch dargestellt. Eine weitergehende Darlegung würde den Rahmen dieses Buches bei Weitem sprengen, da immer mehr Medien-Unternehmen inzwischen Services anbieten, die klar dem klassischen Agentur-Sektor zuzurechnen sind.

Gruner + Jahr als Agentur-Dienstleister

Bei G+J heißt die Anfang der 90er Jahre gegründete Unit ganz pragmatisch: K + S Kunden- und Spezialzeitschriften Verlags GmbH. Das Hamburger Verlagshaus sieht gute Chancen für eine weitere Vermarktung seiner redaktionellen Kompetenz und baut dafür eine eigene Tochter auf. Der Name wandelt sich mit zunehmender wirtschaftlicher Bedeutung erst in G+J Corporate Media, dann G+J Corporate Editors und trägt nach der Fusion mit der Bertelsmann-Schwester Medienfabrik im Jahr 2016 den Namen Territory. Die G+J-Tochter ist weit mehr als ein CP-Dienstleister. Mit rund 1.000 Beschäftigten und einem Umsatz von 150 Millionen Euro sieht sich Territory als Deutschlands Marktführer im Bereich Content Marketing (das beinhaltet Produkt- und Sales-Marketing, Employer-Branding, Mitarbeiter-Kommunikation sowie Content Campaigning). Auf der Payroll stehen Marketing-Experten, PR-Profis, Grafik-Designer, Brand-Manager, Redakteure, Informatiker, Soziologen, Web-Designer, Drucker, Vertriebs-Strategen, Cutter, Social-Media-Manager und Fotografen. Zu den Territory-Kunden gehören so renommierte Auftraggeber wie die Deutsche Bahn, Lufthansa, BMW, die Deutsche Telekom, Hornbach, Rossmann.

Durch den Zukauf der Social-Media-Agentur-Gruppe Webguerillas Mitte 2016 sowie durch die Gründung der Koop-Agentur Honey zusammen mit der Hamburger Werbeagentur Kolle Rebbe – ebenfalls im Sommer 2016 – weitet Territory sein Spektrum an Agentur-Services spürbar aus. 2019 wird Territory Allein-Eigner von

Honey, weil Kolle Rebbe nach dem Verkauf an Accenture Interactive kein Interesse am Joint-Venture mit Gruner + Jahr hat.

Hubert Burda Media als Agentur-Dienstleister

Der Konzern Hubert Burda Media wird zum internationalen Player im Bereich Content Marketing mit sechs Büros in Deutschland sowie Niederlassungen in Zürich, London, Prag und Ljubljana. Im Gegensatz zu Gruner + Jahr stärken die Burda-Manager diesen Sektor frühzeitig durch Zukäufe. Im April 2003 übernimmt Burda von der Axel Springer AG den 51-Prozent-Anteil an der 1994 gegründeten Agentur Yukom und fusioniert diese mit der bestehenden Unit Burda Com zu Burda Yukom. Den nächsten Big Bang landet Burda 2014, als die inzwischen als Burda Creative Group firmierende Tochter mit der Berliner Spezial-Agentur Kircher Burkhardt zu C3 Creative Code and Content zusammengeschlossen wird. Kurz darauf erfolgen Zukäufe in London und Ljubljana.

Seit 2016 ist C3 durch eine Kooperation mit dem US-Anbieter Meredith Xcelerated Marketing (MXM) auch global aktiv (seit April 2018 gehört MXM zum Network Accenture Interactive). Die australische Kreativ-Agentur Edge hat sich ebenfalls in 2016 der Kooperation MXM/C3 angeschlossen. Für einige Auftraggeber wie etwa den Volkswagen-Konzern ist die C3-Gruppe derzeit weltweit aktiv. 2018 haben die gut 600 C3-Beschäftigten einen Umsatz von rund 100 Millionen Euro erwirtschaftet.

Die NOZ-Gruppe und ihre GROW DIGITAL GROUP

Der Medien-Konzern NOZ (Neue Osnabrücker Zeitung) hat eine Digital-Agentur-Gruppe aufgebaut, zu der vier Agenturen gehören: basecom, Brandence, MSO Digital sowie netspirits. Die rund 130 Beschäftigten erzielen 2018 einen Umsatz von gut zehn Millionen Euro.

Out-of-Home und Digital-Media-Konzern Ströer baut Dialog-Marketing auf

Im Zuge seiner Transformation von der reinen Außenwerbe-Gruppe zum Digital- und Out-of-Home-Media-Konzern hat die Ströer SE ein Agentur-Business im Bereich Dialog-Marketing aufgebaut. Bei STRÖER Dialog stehen vor allem digitale Marketing-Services im Vordergrund.

In den Jahren 2017 und 2018 übernimmt die Ströer SE gleich vier Spezial-Agenturen im Bereich Dialog-Marketing komplett bzw. mehrheitlich und baut so einen Dienstleister mit einem Umsatz-Volumen von rund 270 Millionen Euro auf. Mitte 2017 kauft Ströer 75 Prozent der Anteile an der Avedo-Gruppe mit Hauptsitz in Rostock, die einen Umsatz von rund 60 Millionen Euro erzielt. Zwei Monate später erfolgt die Komplett-Übernahme der Ranger-Gruppe in Köln mit einem Umsatz von 70 Millionen Euro. Im Februar 2018 werden die DV-COM-Gruppe sowie die D+S communications GmbH vollständig erworben, die zusammen ein Umsatz-Volumen von rund 125 Millionen Euro auf die Waage bringen.

Weitere Medien-Häuser mit Agentur-Töchtern

Im Rahmen seiner Diversifikation baut der TV-Konzern ProSiebenSat.1 Media SE mit Sitz in Unterföhring bei München unter dem Dach der Tochter Seven One Media eine breit aufgestellte Vermarktungs- und Service-Operation auf. Neben der Vermarktung der TV-Flächen wird Kunden auch die Produktion von TV-Spots angeboten.

Die zum Bertelsmann-Konzern gehörende TV-Sender-Familie RTL ist seit 2013 an der Digital-Agentur-Gruppe Divimove beteiligt. Nach und nach erhöht RTL seinen Anteil an Divimove und weitet das Spektrum an kommunikativen Dienstleistungen stetig weiter aus. Anfang 2020 kauft Divimove die Kölner Agentur TUBE ONE, die sich auf das Segment Influencer-Marketing spezialisiert hat und seit 2013 der Kölner Medien-Gruppe Ströer SE gehört.

Der Privatradio-Anbieter Antenne Bayern hat sein Spektrum ebenfalls um eine Agentur-Tochter erweitert: Die Brandarena GmbH & Co. KG realisiert sowohl Events als auch Werbe-Kampagnen direkt für Auftraggeber. Aufgrund der Corona-Krise verkauft Antenne Bayern Mitte 2020 Brandarena an das Management.

Auch die zur DvH-Mediengruppe gehörenden Medien-Häuser Handelsblatt und Zeit sind im CP-Sektor unterwegs: Die Handelsblatt-Tochter trägt den Namen Corps, die Zeit-Tochter heißt Tempus Media. Die Hamburger Zeit-Gruppe baut den agenturnahen Sektor konsequent weiter entlang der eigenen Wertschöpfungskette aus und hat 2019 mit der Agentur ressourcenmangel (gehört zur WPP-Tochter Zum Goldenen Hirschen) ein Joint Venture für den stark wachsenden Bereich Employer-Branding gegründet.

Die beiden führenden nationalen Zeitungshäuser in Deutschland sind ebenfalls mit Agentur-Töchtern unterwegs. Der Süddeutsche Verlag in München führt 2016 seine beiden Einheiten SZ Publishing (die 2001 gegründete Kreativ-Agentur) und SZ onpact zur Agentur SZ Scala zusammen. Die FAZ-Gruppe bündelt im Oktober 2017 ihr bisheriges Corporate Publishing-Geschäft in der neugegründeten Agentur FAZIT Communications GmbH. Ein Jahr später geht die Digital-Agentur „rosa & leo" an den Start. Anfang 2020 übernimmt die FAZ-Gruppe die Mehrheit an der 1997 gegründeten Mainzer Agentur-Gruppe 3st, bei der rund 80 Beschäftigte auf der Payroll stehen. Die Digital-Tochter rosa & leo wird in 3st integriert.

Die „Rückkehr" der Unternehmen in den Agentur-Sektor

Hausagenturen, wie die Unilever-Tochter Lintas, prägen über lange Jahre nicht nur das Werbe-Geschehen in Deutschland mit. Im Zuge der Konzentration auf den wesentlichen Kern des Unternehmens Unilever werden diese Töchter allerdings verkauft. Die Agentur-Holding Interpublic übernimmt in den 70/80er Jahren das weltweite Lintas-Network in einem zweistufigen Verfahren. Die Siemens AG gliedert ihre Agentur- und Messe-Unit zunächst als MCD GmbH aus und verkauft sie 1989/90 an die Agentur-Gruppe Publicis. Die Deutsche Bahn stößt ihre Tochter

Deutsche Eisenbahn-Reklame GmbH (die neben der Vermarktung der Außenwerbe-Flächen auch als Media-Agentur fungiert) 2005 an die Kölner Ströer-Gruppe ab.

Dieser Prozess kehrt sich nun teilweise wieder um. Hausagenturen bzw. hausagentur-ähnliche Lösungen stehen nicht nur weltweit, sondern auch in Deutschland wieder deutlich höher im Kurs. Marketing und Kommunikation werden in vielen Unternehmen wieder als Kern-Funktion angesehen, die Teil des Unternehmens ist oder auf die man (als Gesellschafter) unmittelbar Einfluss haben will. Im Folgenden werden eine Reihe von neu etablierten „Hausagentur-Lösungen" bzw. Hausagenturen mit sehr agilem Aktionspotential exemplarisch beschrieben. Darüber hinaus spielt natürlich auch das Thema Daten-Hoheit eine entscheidende Rolle. In der digitalen Welt gehören Kunden-Daten und Kommunikation zusammen. Die wertvollen Kunden-Daten will und darf eigentlich kein Unternehmen einem Dritten geben. Die GAFA-Konzerne (Google, Apple, Facebook, Amazon) haben gezeigt, was man mit Daten erreichen kann. Die vier GAFA-Giganten wissen heute vielfach deutlich mehr über die Kunden der Unternehmen als diese selber.

Die neue Agentur-Strategie der Daimler AG

Eine wenig erfolgreiche Suche nach einer neuen Werbeagentur, die bei der Daimler AG zu der Entscheidung führt, eine neue noch nicht einmal existierende Agentur zu beauftragen, sorgt 2014 für große Aufmerksamkeit weit über die Werbewelt hinaus. Die Auto-Manager nehmen das Duo Dr. Tonio Kröger (Beratung) und André Kemper (Kreation) unter Vertrag. Die beiden Agentur-Koryphäen mit DDB- sowie Springer & Jacoby-Background überzeugen mit dem Konzept der customized agency antoni, die einzig und allein auf die Bedürfnisse des Auftraggebers zugeschnitten ist.

Dieses Agentur-Modell hat die Daimler AG inzwischen angereichert und auch global erweitert. Für den globalen Service sorgt eine antoni-ähnliche Konzeption namens Emil, die die Publicis-Holding realisiert. Die weitere „Anreicherung" besteht in der Übernahme des Digital-Dienstleister Cinteo von der Stuttgarter Diconium-Gruppe. Diese Digital-Agentur firmiert heute unter Mercedes-Benz.io und entwickelt neue digitale Kommunikationswege des Auto-Herstellers zu seinen Kunden. Darüber hinaus ist unter der Leitung des Ex-Stern-Chefredakteurs Dominik Wichmann eine Redaktions-Unit aufgebaut worden, die die Website von Daimler bespielt und auch weitere Medien-Kanäle der Daimler AG mit attraktivem Content versorgt.

Volkswagen übernimmt deutsche Top-Digital-Agentur

Der Volkswagen-Konzern gehört zu den Pionieren der customized agency-Entwicklung. Seit Ende der 50er Jahre besteht eine enge Beziehung zum US-Agentur-Network DDB (seit 1986 Teil der Agentur-Holding Omnicom). DDB baut seit 2009 mit kapacht eine erste eigenständige Agentur-Tochter für Volkswagen auf. Im Bereich Digital-Marketing geht der Wolfsburger Konzern noch einen Schritt weiter. Ende 2018 übernimmt Volkswagen 49 Prozent an der Stuttgarter Diconium-Gruppe, die mit über 1.000 Beschäftigten zu den Top-Ten der deutschen Digital-Agenturen zählt. (Die Daimler AG übernimmt 2017 die Diconium-Tochter Cinteo.) Ende 2019 verkauft der Diconium-Gründer Andreas Schwend die restlichen 51 Prozent an Volkswagen. Mit Hilfe von Diconium will Volkswagen nicht nur den direkten Kontakt mit seinen Kunden halten, sondern auch digitale Services in Verbindung mit dem Auto aufbauen – vom Multimedia-Streaming bis hin zum automatischen Bezahlen beim Tanken.

ThyssenKrupp startet Joint Venture-Agentur mit thjnk AG

Das „customized-agency-Prinzip“ hat auch der Essener Industrie-Konzern Thyssen-Krupp umgesetzt und eine Version realisiert, die ihm noch mehr Mitsprache garantiert. Zusammen mit der Hamburger Agentur-Gruppe thjnk AG, die später von der WPP-Holding gekauft wird, gründet ThyssenKrupp Ende 2016 die Agentur Bobby & Carl in Düsseldorf. Beide Partner halten jeweils 50 Prozent der Anteile. Eingefädelt wird dieser Deal vom thjnk-Mitgründer Dr. Michael Trautmann. Ursprünglich soll das Bobby & Carl-Konzept auch global ausgerollt werden. Aber aufgrund der wirtschaftlichen Turbulenzen bei ThyssenKrupp wird es ab 2018 zunächst sehr still um Bobby & Carl. Anfang 2020 kommt dann das Aus für das besondere Agentur-

Konzept. Das Team wird zur Hälfte samt der verbliebenen Aufgaben in die Düsseldorfer thjnk-Niederlassung überführt.

Das Jaguar-Landrover-Modell Spark44

2011 wird das Agentur-Modell Spark44 von den Auto-Hersteller Jaguar/Landrover (eine Tochter des indischen Tata-Konzerns) und einigen Managern (Dr. Ralf Speth, CEO Jaguar Landrover, Ex-McCann-Manager Ralf Specht) als 50:50-Joint-Venture gegründet und operiert als reine Hausagentur. Im Januar 2019 übernimmt Ralf Specht das Amt des globalen CEO. Da zugleich einige Agenturmanager ihre Anteile an Jaguar/Landrover verkaufen, wird er damit zum Mehrheits-Eigner. Parallel dazu öffnet sich das Spark44-Network auch für weitere Auftraggeber wie etwa Harley-Davidson oder den Audio-Zubehör-Anbieter Master & Dynamic. Im Herbst 2018 holt Spark44 mit Andreas Geyr einen Network-erfahrenen Agentur-Manager (Havas / TBWA) als Europa-Chef an Bord. Ende 2019 ist Spark44 mit über 1.200 Beschäftigten in 19 Büros weltweit aktiv. Jaguar/Landrover hält inzwischen die Mehrheit, die Agentur-Manager Ralf Specht und Andreas Geyr verlassen das Network aufgrund unterschiedlicher Auffassungen.

Die koreanischen „Hausagenturen" Innocean und Cheil Worldwide

Der koreanische Auto-Konzern Hyundai gliedert 2005 seine Werbe-Abteilung aus und gründet in Seoul das Agentur-Network Innocean Worldwide. Seit 2007 ist Innocean mit einem Büro in Frankfurt präsent und installiert 2017 in Berlin ein weiteres Büro als europäisches Kreativ-Headquarter. Derzeit gibt es neun Innocean-Büros in Europa, die neben den beiden Konzern-Marken Hyundai und Kia auch für andere Auftraggeber tätig sind. Die ausgesprochen kapitalkräftige Innocean-Gruppe stärkt den Network-Aufbau inzwischen auch durch gezielte Zukäufe. Seit Mitte 2019 gehört die australische Digital-Agentur-Gruppe Wellcom, die auch in Europa aktiv ist, zum wachsenden Innocean-Reich.

Vorbild für Hyundai ist bei diesem Modell der Samsung Konzern, dessen Gründer Lee Byung-chull bereits 1973 die Agentur-Gruppe Cheil Communications auf die Startrampe schob. Diese mittelbare „Verbindung“ existiert auch heute noch, sie ist aber deutlich „lockerer“ geworden. Cheil ist inzwischen als eigenständiges Agentur-Network mit immerhin 55 Büros weltweit aktiv und entwickelt sich seit einigen Jahren durch Agentur-Zukäufe – wie etwa dem Network Iris Worldwide – langsam zur global aktiven Agentur-Holding. Iris unterhält unter anderem ein Office in München. Auch Cheil betreut neben den Samsung-Marken noch diverse weitere Kunden.

Cheil Worldwide ist seit 2008 in Deutschland präsent und hat ein Büro in Schwalbach bei Frankfurt eröffnet. Seit 2013 ist der frühere Publicis-Manager Volker Selle für die Leitung der Cheil-Aktivitäten in Deutschland, Österreich und der Schweiz verantwortlich. Im April 2018 kauft Cheil die deutsche PR-Agentur PP:Agenda und weitet so die Präsenz auf die Standorte Frankfurt, Düsseldorf und Berlin aus.

Beratungs- und Software-Konzerne kaufen sich ein

Über lange Jahre blickt die Agentur-Szene ein wenig neidisch zu den gut bezahlten Beratungs- und Software-Companies auf, die das Privileg haben, stets mit der Top-Ebene auf Auftraggeber-Seite sprechen und verhandeln zu dürfen. Nunmehr gehört die Agentur-Szene auch dazu, allerdings anders als sie sich das vorgestellt hat. Die Beratungs- und Software-Konzerne entdecken den Werbe-Bereich als Spielwiese und Betätigungsfeld für sich. Vor allem die Accenture-Tochter Accenture Interactive zählt heute zu den führenden Digital-Agenturen weltweit und befindet sich inzwischen auf Augenhöhe mit den Agentur-Konzernen wie WPP, Omnicom, Dentsu Aegis, Publicis oder Interpublic. Laut Advertising Age ist Accenture Interactive bereits 2017 das größte Digital-Agentur-Network der Welt.

Die Accenture-Präsenz im deutschen Agentur-Markt

Der Consulting-Konzern Accenture nimmt ab 2015 den Agentur-Sektor als ergänzendes Spektrum für seine Unit Accenture Interactive ins Visier und setzt seitdem weltweit eine Übernahme-Offensive in Gang.

Anfang 2017 erfolgt die Übernahme der Hamburger Digital-Agentur-Gruppe SinnerSchrader und die Bestellung von Matthias Schrader zum neuen CEO für Accenture Interactive für die DACH-Region. Aus dem Stand gehören die Berater mit Hauptsitz in Dublin damit zu den Top-Player in der deutschen Digital-Agentur-Szene. Knapp ein Jahr darauf übernimmt Accenture auch den Computer- und Bewegtbild-Film-Spezialisten Mackevision in Stuttgart, der viele Auto-Konzerne zu seinen Kunden zählt. Im Juni 2018 kauft Accenture die Münchener Design-Beratung designaffiars und im November 2018 landet Matthias Schrader mit dem Zukauf der Hamburger Kreativ-Agentur Kolle Rebbe einen vielbeachteten Coup. Es gibt zwar keine Umsatz-Rangliste für den deutschen Agentursektor, aber die deutsche Accenture Interactive-Gruppe dürfte inzwischen zu den Top-Ten-Agenturen in Deutschland gehören.

Matthias Schrader hat sich vom Agentur-Gründer zum Network-Manager gewandelt und baut für Accenture sehr erfolgreich das Agentur-Business in Deutschland auf.

Durch gezielte Zukäufe von Digital- und Kreativ-Agenturen baut Accenture den Service-Bereich Kommunikation stetig weiter aus. Im Digital-Sektor ist Accenture laut dem US-Fachblatt Advertising Age bereits seit drei Jahren die weltweite Nummer eins. Im Geschäftsjahr 2017/18 (endete Aug. 2018) liegen die Honorar-Erlöse von Accenture Interactive bei 7,8 Milliarden Dollar (ein Plus von mehr als 20 Prozent gegenüber der Vorjahres-Periode).

Parallel zu den Akquisitionen in Deutschland sorgt Accenture auch global durch Zukäufe im Agentur-Sektor für Aufmerksamkeit. Vor allem die Übernahme der renommierten Kreativ-Agentur-Gruppe Droga 5 mit Stammsitz in New York Anfang April 2019 belegt die ambitionierten Ziele des Consulting-Konzerns im internationalen Werbemarkt. Im Juni 2019 baut Accenture Interactive die Digital-Kompetenz mit dem Zukauf der Wiener Agentur PXP/X weiter aus.

IBM glänzt mit Digital-Services in Deutschland

Der einstige EDV-Hardware-Konzern IBM vollzieht seine Transformation zum Software-Anbieter erfolgreich und baut im Zuge der neuen Unternehmens-Strategie auch ein beachtliches Digital-Agentur-Segment IBM iX auf. In 2016 kauft IBM sowohl die damals 300-Köpfe starke Berliner Digital-Agentur-Gruppe Aperto als auch die damals 200 Köpfe zählende Digital-Agentur-Gruppe ecx.io mit Hauptsitz in Düsseldorf. Dank dieser beiden Agentur-Übernahmen gehört der IBM-Bereich IBM Interactive Experience (IBM iX) zu den Top-Playern in der deutschen Digital-Werbung. Auch weltweit erobert IBM iX aufgrund einer offensiven Übernahme-Politik eine führende Position.

Deloitte und Boston Consulting bauen kommunikative Services auf

Im August 2017 übernimmt der Consulting-Konzern Deloitte die schwedische Kreativ-Agentur Acne, die inzwischen auch mit einem kleinen Büro in Berlin präsent ist. In Hamburg engagiert Deloitte den früheren FCB-CEO Daniel Könnecke als Partner für die Unit Deloitte Digital. Anfang 2019 geht der Digital-Kreative Mike

John Otto (Ex-BBDO und Hi-Res) als Kreativ-Chef bei Acne Berlin an Bord. Deloitte verfolgt das Ziel, Acne zu einer europäisch ausgerichteten, digital orientierten Kommunikationsagentur aufzubauen.

Die Unternehmensberatung Boston Consulting (BCG) kauft für die Tochter Bridgehouse in Berlin im Herbst 2018 gleich zwei renommierte Agentur-Manager ein: den früheren Kolle-Rebbe-Strategen Dominic Veken und den ehemaligen Scholz & Friends-Top-Kreativen Niels Alzen. Die beiden Ex-Agentur-Manager sollen den BCG-Kunden primär Leistungen im Bereich „Purpose-Beratung" anbieten.

Die Engagements der Investment Companies

Über lange Jahre sind die Investment-Companies nicht als aktiv gestaltende Player im Agentur-Sektor präsent. Das ändert sich seit der Finanz-Krise 2008/2009 spürbar und wird durch den verstärkten Trend zur Digitalisierung des Medien- und Werbe-Marktes noch beschleunigt. Das klassische Agentur-Business hat seine starke Abhängigkeit von Top-Kreativen bzw. Kreativ-Persönlichkeiten verloren und wird im Zusammenhang mit der Digitalisierung auch kapitalintensiver. Darüber hinaus stehen alle traditionellen Agentur-Holdings vor gewaltigen Restrukturierungsaufgaben. Mit solchen Prozessen haben die Private Equity-Firmen viel Erfahrung. Da reizen ebenso hohe wie schnelle Gewinne beim Filettieren oder Ausschlachten.

Vor diesem Hintergrund steigen inzwischen viele Private Equity-Gesellschaften in das Agentur-Business ein. Dabei steht das schnell wachsende Digital-Geschäft im Vordergrund, dort wird während der Aufbau-Phase viel Kapital gebraucht und die Investoren können zudem rasch wieder aussteigen.

Bain Capital steigt bei der japanischen Asatsu-Gruppe ein

Ende 2017 übernimmt die US-Investment-Company Bain Capital 87 Prozent der Aktien an der japanischen Agentur-Gruppe Asatsu-DK, an der zuvor die britische Agentur-Holding WPP über lange Jahre maßgeblich beteiligt war. Bain hat angekündigt, die drittgrößte japanische Agentur-Gruppe (nach Dentsu und Hakuhodo) von der Börse zu nehmen und im Anschluss in Richtung Digitalisierung, Data-Marketing und Content Marketing weiterzuentwickeln. Im weltweiten Agentur-Ranking steht Asatsu auf Platz 22 und ist bereits in vielen asiatischen Märkten mit Niederlassungen präsent. Auch in New York, Amsterdam und Frankfurt gibt es Asatsu-Büros.

Mitte 2019 weitet Bain Capital die Position im Marketing-Bereich noch einmal kräftig aus – erneut durch einen Zukauf aus dem WPP-Reich. 2,4 MIlliarden Dollar blättert Bain Capital auf den TIsch für den 60 Prozent-Anteil an der Marketing-Tochter Kantar. Die restlichen 40 Prozent liegen weiterhin bei WPP.

Der Player Equistone Partners Europe

Die Investment-Company Equistone Partners Europe mit Sitz in London startet 2014 mit dem früheren Comarco-CFO Christian Tiedemann die Digital-Agentur-Gruppe PIA Group mit Hauptsitz in Hamburg. Bis Ende 2018 hat sich die PIA Group zu einem Konglomerat entwickelt mit Digital-Agenturen und Niederlassungen an sieben Standorten in Deutschland sowie Büros in Belgrad, Tel Aviv, Seoul, Dehli und San Francisco. Anfang 2019 landet Christian Tiedemann mit der Übernahme des 2011 gegründeten Konkurrenten UDG einen beachtlichen Coup. Damit steigt die Zahl der Beschäftigten von 750 auf über 1.200.

Mit dem Verkauf der UDG-Gruppe zieht sich die schwedische Investment-Company EQT Partners AB aus diesem Investment in zwei Schritten zurück. Im Herbst 2018 wird ein Teil der UDG-Gruppe an die Omnicom-Tochter OMD verkauft und im Januar 2019 folgt der Verkauf der verbliebenen restlichen UDG-Teile an die PIA Group respektive an die hinter PIA stehende Investment-Company Equistone. Mit der Anfang 2020 erfolgten Übernahme der Hamburger Agentur Nordpol bietet die Digital-Agentur PIA auch klassische Werbung an.

Der Player EMERAM Capital Partners

Die 2012 in München gegründete Investment-Company EMERAM Capital Partners ist mit zwei Agentur-Gruppen im Digital-Marketing-Sektor aktiv. Ende 2015 koordiniert und finanziert EMERAM die Gründung der Digital-Agentur-Gruppe diva-e, zu der sich zum Start sechs Digital-Agenturen mit unterschiedlichem Leistungsspektrum zusammenschließen. Vom Start weg gehört die neue diva-e-Gruppe mit 380 Beschäftigten sowie einem Umsatz von 45 Millionen Euro zu den führenden Anbietern in Deutschland. In den Folge-Jahren 2016, 2017 und 2018 kauft EMERAM weitere Digital-Spezialisten und sorgt so für den weiteren Ausbau der diva-e-Gruppe. 2019 steht die diva-e-Gruppe mit einem Umsatz von rund 73 Millionen Euro und 627 Beschäftigten auf Rang fünf der führenden Internet-Agenturen (BVDW-Ranking 2019) in Deutschland.

Im August 2019 erwirbt EMERAM die Mehrheit an einer weiteren Digital-Agentur-Gruppe: der 1995 von Dirk Stocksmeier gegründeten INIT AG mit Hauptsitz in Berlin. Die INIT AG nimmt im BVDW-Ranking 2019 den zehnten Platz ein – mit 410 Beschäftigten und einem Umsatz von 41 Millionen Euro. Zum Zeitpunkt des EMERAM-Einstiegs hat die Zahl der Beschäftigten bereits die Marke von 500 überschritten.

Der Player Findos Investor

Seit 2017 ist die Private Equity Company Findos Investor im Bereich Digital-Marketing engagiert. Hinter der Investment-Firma mit Sitz in München stehen Unternehmer-Familien aus Deutschland wie Freudenberg oder Voith. Über die Celine Sieben Holding gehört die Hamburger Digital-Agentur CELLULAR, die 1999 aus der Verlagsgruppe Milchstrasse hervorging, den Findos-Gesellschaftern. Im Herbst 2019 kauft Findos mit der dänischen FFW-Gruppe ein in über 20 Ländern tätiges Digital-Agentur-Network. Mit über 500 Beschäftigten und einem Umsatz-Volumen von 45 Millionen Euro gehört die CELLULAR/FFW-Gruppe zu den Top-5-Digital-Agenturen in Deutschland.

Der Player EMH Partners

Neben dem Digital-Sektor gewinnt der Bereich Live Marketing stark an Bedeutung. Die virtuelle Werbe-Welt findet hier ihr Gegenstück in der persönlichen Kommunikation bei Events, Messen oder weiteren Life-Auftritten, deren kommunikative Wirkung über die sozialen Kanäle verlängert wird. Die Agenturen im Sektor Life Marketing operieren inzwischen international und glänzen sowohl mit stetigem Wachstum als auch mit respektablen Renditen.

Die Private Equity-Gesellschaft EMH Partners aus München hat diesen Bereich entdeckt und ist dabei, ein beachtliches Imperium aufzubauen. Mitte 2019 übernimmt EMH Partners die Mehrheit an der Münchner AVANTGARDE-Gruppe. Die 1985 von Martin Schnaack gegründete Experience-Agentur gehört mit einem Umsatz von 60 Millionen Euro sowie über 750 Beschäftigten weltweit zu den Big Playern im Life Marketing.

Parallel dazu erwirbt EMH Partners noch eine Minderheitsbeteiligung an der Liganova Group in Stuttgart, die sich als Brand Experience Agentur bezeichnet. Die 1995 gegründete Liganova-Gruppe ist mit über 400 Beschäftigten an den Standorten Berlin, Amsterdam und San Francisco präsent und will mit EMH Partners die internationale Expansion vorantreiben.

1

2

1 – Der PIA-Chef Christian Tiedemann gehört zu den erfolgreichsten Architekten beim Aufbau einer Digital-Agentur-Gruppe.

2 – Der Live-Kommunikations-Experte Martin Schnaack hat sich mit EMH Partners einen kapitalkräftigen Investor an die Seite geholt um sein Lebenswerk AVANTGARDE für die Zukunft fit zu machen.

Kapitel II

VON DER GEGENWART IN DIE ZUKUNFT

Von der Gegenwart in die Zukunft – Einflussfaktoren und Entwicklungsperspektiven der deutschen Werbewirtschaft bis 2025

Manfred Kirchgeorg, Damian Hesse

1.

VON DER GEGENWART IN DIE ZUKUNFT – DIE WERBEWIRTSCHAFT IM WANDEL

1. Von der Gegenwart in die Zukunft – Die Werbewirtschaft im Wandel

Gemäß dem Grundsatz „Zukunft braucht Herkunft" stellt sich nach der Reflexion der Historie und Gegenwart der deutschen Werbewirtschaft die Frage, welche Zukunftsperspektiven und Managementherausforderungen sich für Agenturdienstleister im nächsten Jahrzehnt abzeichnen. Dazu ist einerseits ein Blick auf sich verändernde Rahmen- und Marktbedingungen der Werbewirtschaft notwendig, anderseits sind die strategischen Verhaltensspielräume von Agenturdienstleistern in einem sich verändernden Werbemarkt auszuloten. Im Jahr 2018 wurde hierzu ein begleitendes Forschungsprojekt an der HHL Leipzig Graduate School of Management durchgeführt, zu dem in einem ersten Schritt hochkarätige Experteninterviews mit Führungspersönlichkeiten sowohl von Agenturdienstleistern wie auch werbetreibenden Unternehmen durchgeführt wurden. Anschließend wurde ein erweiterter Kreis von Führungspersönlichkeiten mit Hilfe einer Online-Befragung zu den Einflussfaktoren und Entwicklungsperspektiven der deutschen Werbewirtschaft bis zum Jahr 2025 befragt. Die Ergebnisse der Erhebungen werden in den folgenden Ausführungen vorgestellt und kommentiert.

2.

EINFLUSSFAKTOREN UND ENTWICKLUNGS-PERSPEKTIVEN DER DEUTSCHEN WERBEWIRTSCHAFT

Eine empirische Analyse aus der Sicht von Agenturen und Werbetreibenden

2.1 Zielsetzung und Design der empirischen Analyse

Wenngleich die Autoren der vorliegenden Schrift über vielfältige Insights der Werbewirtschaft verfügen, so war es ein wichtiges Anliegen, die Einschätzungen eines erweiterten Kreises von ehemaligen und aktiven Führungspersönlichkeiten der Agenturszene in persönlichen Gesprächen zu erfassen. Um die hierüber generierten Einblicke auf einer breiteren Basis zu reflektieren, ist die Idee einer zusätzlichen Online-Befragung entstanden. Dafür konnten wir die Zukunftseinschätzungen einer Vielzahl von Führungskräften aus der Werbe- und Nichtwerbewirtschaft bzw. von Werbetreibenden einbeziehen. Über diese Online-Befragung wurden 103 zusätzliche Expertisen in Ergänzung zu 30 persönlich geführten Expertengesprächen in die Studie einbezogen.

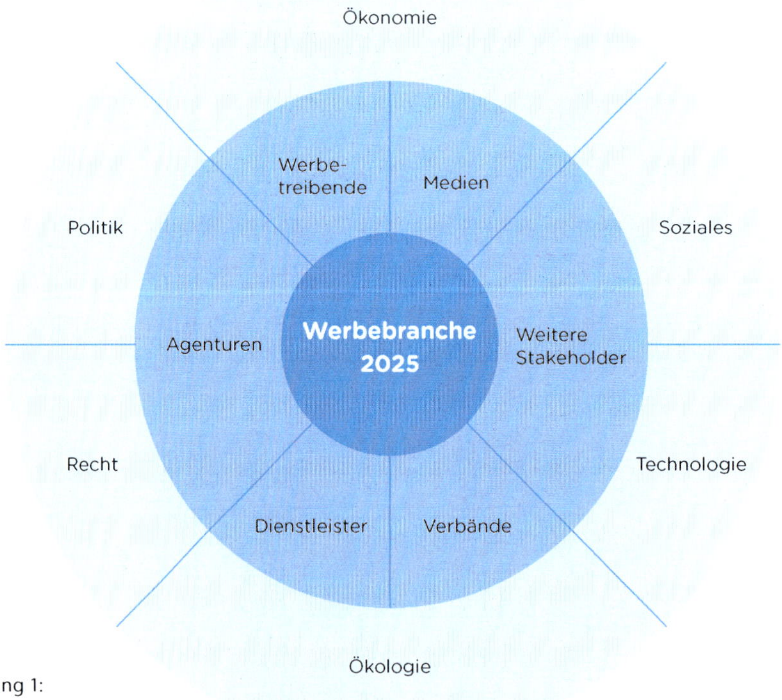

Abbildung 1:
Strukturmodell
der Untersuchung

Bei der Entwicklung von Trendanalysen und branchenspezifischen Zukunftspfaden wird vielfach auf Expertenmeinungen oder Befragungen zurückgegriffen. Hierbei ist häufig zu beobachten, dass gerade Brancheninsider einen verengten bzw. „myopischen" Zukunftsblick haben, sodass es den Verfassern wichtig war, eine erweiterte Außenperspektive zu berücksichtigen. Deshalb wurde eine wissenschaftliche Vorstrukturierung von möglichen Einflussfaktorenkategorien vorgenommen, die sicherstellt, dass bei einer Befragung über die Einflussfaktoren und Zukunftsperspektiven der Werbewirtschaft ein hinreichend breiter Blick eingenommen wird. Das hierzu entwickelte vereinfachte Stufenmodell von Umweltebenen und Branchenakteuren ist in Abbildung 1 dargestellt.

In diesem Modell beeinflussen Entwicklungen der äußeren „Schale" (Makroumwelt) einzelne Akteure innerhalb der Werbewirtschaft (Mikroumwelt). Gleichzeitig bestehen vielfältige Beziehungen zwischen den Umwelt- und Akteursebenen, wodurch sich einzelne Entwicklungen abschwächen oder verstärken können. Die grundlegende Struktur der Umweltanalyse ist an dem „PESTEL"-Analyseansatz angelehnt, wobei PESTEL die Abkürzung für „Political", „Economical", „Social", „Technological", „Ecological", und „Legal" darstellt (Fahey & Narayanan, 1986). In diesem Sinne wurden folgende makroökonomische Einflussfaktoren untersucht:

- Politische Einflussfaktoren (P)
- Ökonomische Einflussfaktoren (E)
- Soziale Einflussfaktoren (S)
- Technologische Einflussfaktoren (T)
- Ökologische Einflussfaktoren (E)
- Rechtliche Einflussfaktoren (L)

In früheren Analysen wurden häufig ökologische Einflussfaktoren vernachlässigt, wobei gerade die aktuellen Entwicklungen zeigen, dass die zunehmenden globalen Umweltprobleme sowie die spürbaren Konsequenzen des Klimawandels einen direkten Einfluss auf Marktentwicklungen und Kommunikationsaktivitäten ausüben.

Der zweite Bestandteil der Befragung widmet sich den mikroökonomischen Einflussfaktoren sowie Akteuren innerhalb der Werbewirtschaft und deren komplexem

Zusammenspiel untereinander. Hierzu wurden die zentralen Treiber der deutschen Werbewirtschaft betrachtet, welche durch die Expertenbefragung sowie Literaturanalysen identifiziert werden konnten. Diese Treiber wurden im Wesentlichen als Erfolgsfaktoren der Werbeagenturen interpretiert. Es handelt sich hierbei um die folgenden Faktoren:

- Veränderung der Eigentümerstruktur von Agenturen
- Ausweitung des Leistungsspektrums von Agenturen
- Internationalisierung von Agenturen
- Spezialisierung von Agenturen
- Kreativitätsleistung von Agenturen
- Ausweitung der Kommunikationskanäle

Weiterhin wurden die Entwicklungsperspektiven der Werbebranche analysiert. Hierzu wurden vor allem die Akteure innerhalb der Branche (Werbezielgruppen, Werbetreibende und Werbeagenturen), deren Interaktionen sowie Abhängigkeiten untereinander in den Fokus genommen. In folgenden Bereichen wurden die Entwicklungsperspektiven untersucht:

- Kommunikationskanäle und Kommunikationsinstrumente
- Werbezielgruppen
- Werbetreibende
- Werbeagenturen
- Beziehungsqualität zwischen Agenturen und Werbetreibenden

Während für die persönlichen Experteninterviews ein offener Fragebogenleitfaden im Einsatz war, wurden für die Online-Befragung überwiegend geschlossene Fragen verwendet. Für einzelne Teilfragen bzw. vorgegebene Items sind Erkenntnisse anderer Studien und die Ergebnisse der Experteninterviews eingeflossen.

Für jeden in der Online-Befragung aufgenommenen Einflussfaktor wurden von den Befragten zwei Bewertungen erfasst:

- Veränderung der Entwicklung des Einflussfaktors
  Skalierung: (3) Zunahme, (2) keine Veränderung, (1) Abnahme
- Erwartete Auswirkung des Einflussfaktors auf die Werbebranche 2025
  Skalierung: (5) stark zunehmende Wirkung, (3) keine Veränderung, (1) stark abnehmende Wirkung

Bei diesen Bewertungen handelt es sich um subjektive Einschätzungen, die aus dem Erfahrungshintergrund der jeweiligen Führungskräfte heraus abgegeben wurden. Es ist davon auszugehen, dass durch die kompetenten Befragten schlüssige Zukunftseinschätzungen zusammengeführt werden, auf deren Grundlage sich Konturen für Zukunftspfade abzeichnen. Die Leser der Ergebnisse sind aufgerufen, diese mit dem eigenen Erfahrungshintergrund abzugleichen. Dahinter steht das Ziel, dass die Studie die Lesenden zur systematischen Auseinandersetzung mit den Zukunftsentwicklungen für das eigene Unternehmen (Agenturen und Werbetreibende) anregt.

Für die Mitwirkung an der Befragung wurden Top-Führungskräfte und Manager persönlich kontaktiert und es erfolgte zusätzlich in einigen Fachmedien ein Aufruf zur Teilnahme. Insgesamt zählte die Befragung 103 Teilnehmer, die zu knapp zwei Dritteln eine Geschäftsführungs- und Managementposition innehaben. Die begrenzte Samplegröße repräsentiert somit einen hochkarätigen Rücklauf, erhebt jedoch nicht den Anspruch auf Repräsentativität. Die Merkmale des Befragungssamples sind der Tabelle 1 zu entnehmen.

Unternehmensvertreter unterschiedlichster Unternehmensgrößen haben sich beteiligt. Zwei Drittel der Unternehmen haben ihren Hauptsitz in Deutschland. Die Zusammensetzung von Agenturen zu agenturfremden Unternehmen, d. h. Werbetreibenden bzw. anderen Institutionen zeigt, dass Akteure der Werbewirtschaft mit 26 Prozent repräsentiert sind. Der doppelte Anteil entfällt auf agenturfremde bzw. werbetreibende Unternehmen.

Zusammensetzung des Samples der Führungskräftebefragung

Merkmal	Kategorien	Häufigkeit	Prozent
Alter	18 Jahre – 39 Jahre	24	23,3 %
	40 Jahre – 59 Jahre	45	43,7 %
	60 Jahre – 69 Jahre	11	10,7 %
	über 69 Jahre	9	8,7 %
	keine Angabe	14	13,6%
Gesamtsample		103	100%
Funktion	Geschäftsführung	36	35,0 %
	Managementfunktion	25	24,3 %
	andere	24	23,3 %
	keine Angabe	18	17,4 %
Gesamtsample		103	100%
Akteure	Werbewirtschaft (Agenturen)	27	26,2 %
	Agenturfremde Unternehmen (Werbetreibende, Verbände, u.a.)	56	54,4 %
	keine Angabe	20	19,4 %
Gesamtsample		103	100%
Umsatz des Unternehmens	bis 1 Mio. €	18	17,5 %
	1 Mio. € – 50 Mio. €	19	18,4 %
	50 Mio. € – 500 Mio. €	17	16,5 %
	500 Mio. € – 10 Mrd. €	16	15,5 %
	über 10 Mrd. €	12	11,7 %
	keine Angabe	21	20,4 %
Gesamtsample		103	100%
Umsatzanteil des Unternehmens in Deutschland	bis 20	21	20,4 %
	21 – 40	4	3,9 %
	41 – 60	4	3,9 %
	61 – 80	8	7,8 %
	81 – 100	20	19,4 %
	keine Angabe	46	44,6 %
Gesamtsample		103	100%
Mitarbeiter	bis zu 100	31	30,1 %
	101 – 1.000	25	24,3 %
	1.001 – 10.000	13	12,6 %
	10.001 – 50.000	18	17,5 %
	keine Angabe	16	15,5 %
Gesamtsample		103	100%

Tabelle 1: Ausgewählte Merkmale des Befragungssamples

Im Rahmen der Detailauswertungen zu den Umfeldentwicklungen der Werbewirtschaft und zukünftigen Anpassungsreaktionen der einzelnen Akteure wird auf die Unterscheidung von Agenturen und agenturfremden Unternehmen bzw. Werbetreibenden Bezug genommen, sofern unterschiedliche Beurteilungen vorliegen. Es kann jedoch vorweggenommen werden, dass es ein hohes Maß an Übereinstimmung innerhalb und außerhalb der Werbewirtschaft zu den Entwicklungsperspektiven gibt, d.h., es konnten kaum statistisch signifikante Unterschiede identifiziert werden.

In den weiteren Ausführungen werden die Ergebnisse zu den Einflussfaktoren und Zukunftsentwicklungen der deutschen Werbebranche im Einzelnen vorgestellt.

2.2 Einflussfaktoren der deutschen Werbebranche im Makroumfeld

2.2.1 Politische Einflussfaktoren

Zur Beurteilung der Entwicklung der politischen Rahmenbedingungen wurden die Veränderungsdynamik von sechs Faktoren (Abbildung 2) und deren Relevanz für die Werbebranche untersucht. Insgesamt werden bis 2025 eher stabile internationale Verhältnisse und keine Gefährdung der demokratischen Grundordnung in Deutschland erwartet. Investitionen zum Ausbau der digitalen Infrastruktur ordnen die befragten Führungspersönlichkeiten hingegen eine hohe Zukunftsbedeutung zu.

	Veränderung des Entwicklungsfaktors		Auswirkungen auf die Werbebranche 2025	
	Ø	σ	Ø	σ
International stabile Verhältnisse	1,97	0,88	3,54	0,95
Widerstandsfähige demokratische Grundordnung	2,08	0,76	3,48	0,91
Einfluss des Brexit	2,10	0,59	2,90	0,83
Zinspolitik der US-amerikanischen Zentralbank	2,19	0,56	3,11	0,74
Zinspolitik der europäischen Zentralbank	2,26	0,55	3,17	0,72
Investitionen in digitale Infrastruktur	2,91	0,29	4,38	0,64

Skala Veränderung: Abnahme - / keine 0 / Zunahme +
Skala Auswirkungen: Abnahme -- - / keine 0 / Zunahme + ++

Abbildung 2: Politische Einflussfaktoren im Makroumfeld der Werbebranche 2025

++ stark zunehmende Auswirkung
0 keine Veränderung
-- stark abnehmende Auswirkung
● Mittelwertmarkierung
Ø Mittelwert
σ Standardabweichung
n = 82 - 79

In diesem Kontext standen beispielweise die Erwartungen, dass im Frühjahr 2019 der Bund die Lizenzen für den neuen Mobilstandard 5G versteigert. Die Vergaberegeln sehen vor, dass hierüber 98% der deutschen Haushalte mit einem schnellen mobilen Internet bis Ende 2022 und im zweiten Schritt alle Autobahnen, Bundes- und Landesstraßen, Zugstrecken und Wasserwege in die Netzabdeckung einbezogen werden sollen (Bundesnetzagentur, 2018). Da die digitale Infrastruktur zukünftig die Grundlage für den Einsatz vielfältiger Informationsinstrumente darstellt, wird von diesem Einflussfaktor eine besonders positive Auswirkung auf die Werbebranche erwartet. In dieser Einschätzung stimmen Agenturen und Werbetreibende gleichermaßen überein. Etwas höhere Auswirkungen auf die Werbebranche erwarten die Agenturen gegenüber den Werbetreibenden von stabilen internationalen Verhältnissen sowie einer Erhöhung des Zinsniveaus. Es ist aber ein hohes Maß an Übereinstimmung bei der Grundeinschätzung der zukünftigen politischen Rahmenbedingungen und deren Auswirkungen auf die Werbebranche zu konstatieren.

2.2.2 Ökonomische Einflussfaktoren

Die Entwicklung der ökonomischen Rahmenbedingungen geht mit erheblichen Erfolgswirkungen der Werbebranche einher, denn letztlich folgen werbetreibende Unternehmen häufig einem prozyklischen Verhalten. Das heißt, die Werbebudgets werden an die Konjunkturzyklen und Kaufkraftentwicklungen angepasst. Selbst wenn diese Vorgehensweise nicht mit Erkenntnissen von erfolgreichen Kommunikationsstrategien vereinbar ist, so ist diese Reaktion häufig als kurzfristiger Reflex auf Umsatz- und Gewinnrückgänge zu beobachten (Abbildung 3). Zunächst erwarten die Befragten grundsätzlich eine positive Veränderung der ökonomischen Rahmenbedingungen. Trotz der sich abzeichnenden Turbulenzen in der Weltwirtschaft wird bei der konjunkturellen Entwicklung im In- und Ausland ein positiver Trend gesehen, von dem insbesondere globale Plattformenanbieter profitieren. Diese positive Zukunftseinschätzung setzt sich auch bei der Entwicklung der ökonomischen Rahmenbedingungen in positive Auswirkungen auf die Werbebranche um.

Die Kaufkraft in Deutschland steigt seit Jahren an und den Deutschen standen 2018 gemäß der von der GfK ermittelten Kaufkraftwerte durchschnittlich 22.949

Euro für Ausgaben und zum Sparen zur Verfügung (GfK, 2018a). Generell ist in Europa in den letzten Jahren eine steigende Kaufkraft zu verzeichnen, allerdings belegt Deutschland im europäischen Kaufkraftranking nur den achten Platz. Marktforschungsinstitute gehen für 2019 weiterhin von einem Kaufkraftwachstum in Deutschland von nominal 3,3 Prozent aus, was sich gemäß der vorliegenden Experteneinschätzungen auch positiv auf die Werbebranche auswirkt (GfK, 2018b).

Die Positionen der robusten internationalen Finanzmärkte sowie der konjunkturellen Entwicklung in den Vereinigten Staaten von Amerika bleiben nahezu unverändert. Es wird nur ein geringer Einfluss der Finanzmärkte und der amerikanischen Konjunktur auf die deutsche Werbebranche erwartet. Die Zukunftseinschätzungen

	Veränderung des Entwicklungsfaktors		Auswirkungen auf die Werbebranche 2025	
	Ø	σ	Ø	σ
Robuste internationale Finanzmärkte	**1,98**	**0,75**	**3,41**	**0,88**
Konjunkturelle Entwicklung in den Ver. Staaten von Amerika (USA)	2,08	0,73	3,28	0,79
Konjunkturelle Entwicklung in der Europäischen Union (EU)	**2,46**	**0,66**	**3,67**	**0,74**
Kaufkraft der Bürger in Deutschland	2,47	0,66	3,60	0,86
Wirtschaftskraft Deutschland	**2,54**	**0,57**	**3,79**	**0,75**
Konjunkturelle Entwicklung in Asien (Indien, China)	2,71	0,46	3,87	0,75
Wachstum von Anbietern globaler Plattformen (z. B. Google/Amazon)	**2,80**	**0,45**	**3,93**	**0,99**

Veränderung des Entwicklungsfaktors: Abnahme - | keine 0 | Zunahme +

Auswirkungen auf die Werbebranche 2025: -- | - | 0 | + | ++

++ stark zunehmende Auswirkung
0 keine Veränderung
-- stark abnehmende Auswirkung
● Mittelwertmarkierung
Ø Mittelwert
σ Standardabweichung
n = 81

Abbildung 3: Ökonomische Einflussfaktoren im Makroumfeld der Werbebranche 2025 zeigen deutlich, dass die Abhängigkeit der Werbebranche in zunehmendem Maße durch die Entwicklungen in Asien bestimmt wird. Differenziert man die Befragungsergebnisse zwischen Agenturvertretern und Werbetreibenden, so zeigt sich über alle ökonomischen Einflussfaktoren hinweg, dass die Agenturvertreter die Auswirkungen auf die Werbebranche tendenziell noch etwas höher einschätzen. Insbesondere von einer steigenden Wirtschaftskraft und Kaufkraft in Deutschland bis 2025 werden höhere Wachstumsimpulse für die Werbebranche erwartet.

2.2.3 Soziale Einflussfaktoren

Neben den politischen und ökonomischen Rahmenbedingungen zeigt ein vertiefender Blick auf die sozialen Rahmenbedingungen, welche Auswirkungen hiervon auf die Werbebranche erwartet werden. Für die Befragung wurden sieben Einflussfaktoren berücksichtigt, die sich primär auf das gesellschaftliche und arbeitsbezogene Umfeld beziehen. In der Abbildung 4 sind die erwartete Veränderung dieser Faktoren sowie deren Auswirkung auf die Werbebranche einander gegenübergestellt. Grundsätzlich wird bei allen Faktoren eine Zunahme erwartet, dabei stehen flexiblere Arbeitszeitregelungen (Home Office, Teilzeitarbeit), eine stärkere Vernetzung der Bürger, der demographische Wandel und die Pluralisierung der Gesellschaft im Vordergrund. Insbesondere von der wachsenden Konnektivität der Bürger (z.B. durch die Nutzung sozialer Netzwerke) sowie flexibleren Arbeitszeiten werden positive Wachstumsimpulse für die Werbebranche erwartet.

Bei der Einschätzung der sozialen Einflussfaktoren gibt es keine gravierenden Unterschiede zwischen Agenturen und Werbetreibenden.

	Veränderung des Entwicklungsfaktors		Auswirkungen auf die Werbebranche 2025	
	Ø	σ	Ø	σ
Urbanisierung als Lebens- und Kulturform	**2,56**	**0,61**	**3,58**	**0,80**
Kritische Einstellung zu Sammlung von Nutzerdaten durch Unternehmen	2,57	0,65	3,80	1,03
Pluralisierung der Gesellschaft	**2,64**	**0,51**	**3,54**	**0,80**
Teilzeitarbeit	2,65	0,57	3,52	0,86
Demographischer Wandel	**2,77**	**0,50**	**3,80**	**0,88**
Wachsende Konnektivität des Individuums in Netzwerken	2,83	0,38	4,20	0,78
Flexible Arbeitszeiten (Home Office)	**2,88**	**0,33**	**3,90**	**0,79**

Skala Veränderung: Abnahme - / keine 0 / Zunahme +
Skala Auswirkungen: -- / - / 0 / + / ++

Abbildung 4: Soziale Einflussfaktoren im Makroumfeld der Werbebranche 2025

++ stark zunehmende Auswirkung
0 keine Veränderung
-- stark abnehmende Auswirkung
• Mittelwertmarkierung
Ø Mittelwert
σ Standardabweichung
n = 83 bis 80

2.2.4 Technologische Einflussfaktoren

In einer Vielzahl von Zukunftsstudien wird die Bedeutung des technologischen Wandels ausdrücklich hervorgehoben. Als besonderes Kennzeichen von Zukunftsszenarien zur „Industrie 4.0" wird eine „neue Intensität sozio-technischer Interaktionen aller an der Produktion beteiligten Akteure und Ressourcen" (Kagermann, Wahlster & Helbig, 2012) hervorgehoben. Verkaufs-, Beratungs- wie auch Produktionsprozesse beinhalten ein erhebliches Automatisierungspotential durch die Nutzung digitaler Interaktions- und Kommunikationstechnologien. Hiermit sind unweigerlich auch Auswirkungen auf die Werbebranche zu erwarten, die Kommunikationsinhalte generiert und auch entsprechende Technologien für die BtoB- und BtoC-Kommunikation einsetzt. Somit verwundert die Zukunftseinschätzung (Abbildung 5) der befragten Experten nicht. Einerseits wird eine hohe Veränderungsdynamik in allen fünf Bereichen erwartet, denen alle Wachstumsimpulse für die Zukunftsentwicklung der Werbebranche zugeschrieben werden. Auch kürzere Innovationszyklen werden mit positiven Auswirkungen verbunden, weil hierüber die Notwendigkeit besteht, häufiger Neuprodukteinführungen kommunikativ zu begleiten.

Letztlich belegen die Ergebnisse, dass der digitale Wandel im Kern die Kommunikationsprozesse in allen Branchen betrifft. Hierdurch entsteht für die Werbebranche einerseits ein Anpassungsdruck, um neue Technologien in Kommunikationsprozessen zu berücksichtigen, andererseits werden hierin positive Impulse für die Geschäftsmodelle der Werbebranche gesehen. Umbruch und Aufbruch sind somit gleichermaßen mit den Veränderungen der technologischen Rahmenbedingungen verbunden.

	Veränderung des Entwicklungsfaktors					Auswirkungen auf die Werbebranche 2025						
	Ø	σ	Abnahme -	keine 0	Zunahme +	Ø	σ	--	-	0	+	++
Automatisierte Verkaufs- und Beratungsprozesse	**2,76**	**0,46**				**3,85**	**0,98**					
Leichterer Zugang zu Informationen (Wissenskultur)	2,82	0,45				3,94	0,97					
Nutzung von künstlicher Intelligenz	**2,85**	**0,40**				**4,13**	**0,95**					
Bedeutung von intelligenten Produkten und Infrastrukturen	2,87	0,34				4,11	0,87					
Kürzere Innovationszyklen	**2,87**	**0,34**				**4,10**	**0,84**					

Abbildung 5: Technologische Einflussfaktoren im Makroumfeld der Werbebranche 2025

++ stark zunehmende Auswirkung
0 keine Veränderung
-- stark abnehmende Auswirkung
• Mittelwertmarkierung
Ø Mittelwert
σ Standardabweichung
n = 80 bis 76

2.2.5 Ökologische Einflussfaktoren

Bei der Ausleuchtung der Rahmenbedingungen der Wirtschaft und im Speziellen der Werbebranche wurden vielfach die Entwicklungen der ökologischen Faktoren gar nicht berücksichtigt. Heute füllen tägliche Meldungen zur Feinstaubbelastung in den Städten, Warnungen vor Wetterextremen oder Initiativen der Friday for Future-Bewegung die Tagespresse und die Bevölkerung wie auch die Wirtschaft ist dafür sensibilisiert, dass eine Zukunftsentwicklung nur unter Einbeziehung der ökologischen Rahmenbedingungen möglich ist. Somit avancierte auch die Bedeutung des Klimawandels zur Zukunftsherausforderung und stand folgerichtig bei der Neujahrsansprache 2019 der Bundeskanzlerin an erster Stelle. Diesem Trend folgen auch die vorliegenden Befragungsergebnisse (Abbildung 6), denn es wird eine Zunahme von Wetterextremen und eine Intensivierung des „Kampfes“ um Ressourcen und Energie erwartet. Gleichzeitig wird ein Voranschreiten der Globalisierung wie

	Veränderung des Entwicklungsfaktors			Auswirkungen auf die Werbebranche 2025		
	Ø	σ	Abnahme - / keine 0 / Zunahme +	Ø	σ	-- / - / 0 / + / ++
Globale Umweltschutzabkommen	2,29	0,58		3,23	0,77	
Regionalisierung von Warenströmen	2,38	0,69		3,39	0,87	
Globalisierung von Warenströmen	2,63	0,58		3,63	0,78	
Auftreten von Extremwettersituationen	2,72	0,51		3,33	0,92	
Zunehmender Kampf um Ressourcen und Energie	2,78	0,45		3,48	0,89	

Abbildung 6: Ökologische Einflussfaktoren im Makroumfeld der Werbebranche 2025

++ stark zunehmende Auswirkung
0 keine Veränderung
-- stark abnehmende Auswirkung
• Mittelwertmarkierung
Ø Mittelwert
σ Standardabweichung
n = 79 bis 77

auch ein Ansteigen der regionalen Warenströme signalisiert. Eine verhalten positive Auswirkung wird diesen Entwicklungen in der Werbebranche zugeschrieben, indem die damit verbundene Kommunikationsaufgabe auch leichte Wachstumsimpulse für die Werbeagenturen mit sich bringen soll. Einschränkungen durch die Zunahme des Nachhaltigkeitsbewusstseins werden bis 2025 nicht erwartet.

Bei der Einschätzung der Einflussfaktoren zeigen sich keine bedeutenden Abweichungen zwischen den Befragten von Agenturen und Werbetreibenden, was für die Stabilität des aufgezeigten Nachhaltigkeitstrends spricht.

2.2.6 Rechtliche Einflussfaktoren

Bei den rechtlichen Rahmenbedingungen wurden sechs Einflussfaktoren berücksichtigt, die über Werbeverbote für spezifische Produktkategorien, datenschutzbezogene Einschränkungen bis hin zu protektionistischen Reglementierungen im internationalen Austausch reichen (Abbildung 7). Sowohl in der politischen Diskussion wie auch in der Wirtschaft haben datenschutzbezogene Themen 2018/2019 eine besondere Bedeutung erlangt. Hackerangriffe auf Politiker und Unternehmen in Deutschland haben mehrfach für Schlagzeilen gesorgt, die wiederum die Forderung nach gesetzlichen Regelungen verstärkten. Die Befragungsergebnisse zeigen deutlich, dass Datenschutz und IT-Sicherheit, begleitet von verstärktem Verbraucherschutz, zunehmen werden. Zusätzlich wird eine Zunahme protektionistischer Entwicklungen im internationalen Austausch erwartet.

Trotz einer stärkeren Reglementierung werden keine negativen Auswirkungen für die Werbebranche erwartet, vielmehr erhofft man sich hierdurch leicht positive Impulse, die von Agenturvertretern geringfügig höher eingeschätzt werden als von Werbetreibenden. Grundsätzlich scheinen die Befragten mit der Erhöhung der Datenschutzstandards die Chancen zu verbinden, dass den digitalen Kommunikationskanälen hierüber auch weiterhin Vertrauen entgegengebracht wird.

	Veränderung des Entwicklungsfaktors			Auswirkungen auf die Werbebranche 2025		
	Ø	σ	Abnahme - / keine 0 / Zunahme +	Ø	σ	-- / - / 0 / + / ++
Werbeverbote	**2,37**	**0,60**		**3,40**	**1,06**	
Gesetzliche Einschränkungen von global tätigen Internetanbietern	2,57	0,57		3,45	0,96	
Verbraucherschutz	**2,70**	**0,49**		**3,67**	**0,99**	
IT-Sicherheit	2,74	0,54		3,71	1,02	
Wachsender Protektionismus von Ländern	**2,79**	**0,41**		**3,49**	**0,96**	
Datenschutz	2,79	0,47		3,82	1,19	

Abbildung 7: Rechtliche Einflussfaktoren im Makroumfeld der Werbebranche 2025

++ stark zunehmende Auswirkung
0 keine Veränderung
-- stark abnehmende Auswirkung
• Mittelwertmarkierung
Ø Mittelwert
σ Standardabweichung
n = 82 bis 79

Zusammenfassend sind in der Abbildung 8 die wesentlichen Auswirkungen der betrachteten Einflussfaktoren auf die Werbebranche noch einmal dargestellt. Es wird deutlich, dass die Befragten bei all den Veränderungen überwiegend positiv gestimmt sind und hierin eher Wachstumsimpulse für die Werbebranche sehen. Eine besondere Bedeutung kommt dabei jenen Rahmenbedingungen zu, die die vertrauensvolle Nutzung von digitalen Kommunikationskanälen fördern.

+ Wachstum von globalen Plattformanbietern
+ Konjunkturelle Entwicklung in Asien
+ Wirtschaftskraft / Kaufkraft in Deutschland
+ Konjunkturelle Entwicklung in der EU

+ Investitionen in digitale Infrastrukturen

+ Wachsende Konnektivität des Individuums in Netzwerken
+ Flexible Arbeitszeiten, Home Office & Teilzeit
+ Demographischer Wandel
+ Kritische Einstellung zur Sammlung von Nutzerdaten

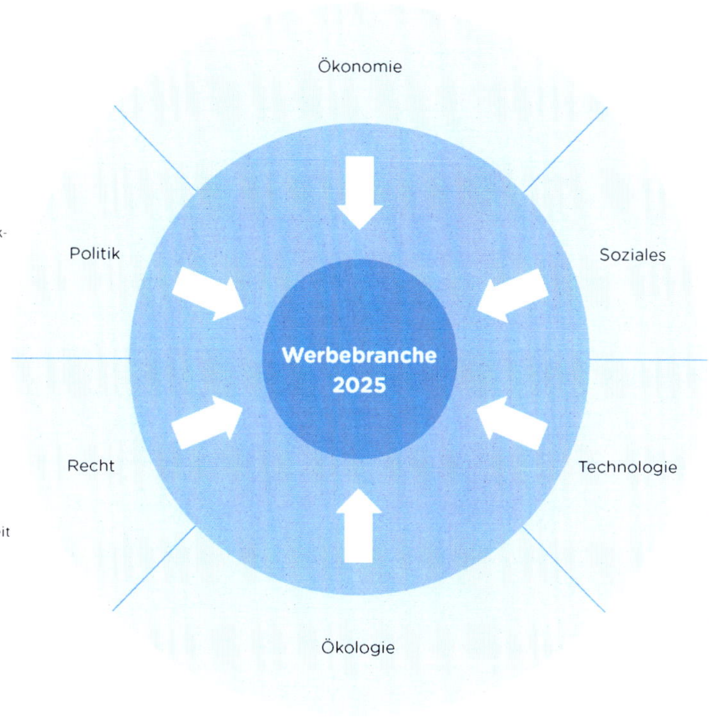

(+) Datenschutz und IT Sicherheit
(+) Verbraucherschutz

+ Künstliche Intelligenz
+ Intelligente Produkte & Infrastrukturen
+ Kürzere Innovationszyklen
+ Leichterer Zugang zu Informationen

+ Globalisierung & Regionalisierung von Warenströmen
(+) Zunehmender „Kampf" um Ressourcen & Energie
(+) Extremwettersituationen

Abbildung 8: Auswirkungen der Einflussfaktoren der Makroumwelt auf die Werbebranche

3.

MARKTBEZOGENE EINFLUSSFAKTOREN DER ZUKUNFTS-ENTWICKLUNG DER DEUTSCHEN WERBEBRANCHE 2025

3. Marktbezogene Einflussfaktoren der Zukunftsentwicklung der deutschen Werbebranche 2025

Ausgehend von der Entwicklung der makroökonomischen Rahmenbedingen werden im weiteren Schritt Einflussfaktoren des Werbemarktes betrachtet und mit Blick auf ihre Bedeutungsveränderung analysiert. Ausgehend von der zu erwartenden Bedeutungsveränderung von Kommunikationskanälen und -instrumenten werden die Verhaltensweisen der folgenden Akteursgruppen vertiefend analysiert:

- Werbezielgruppen
- Werbetreibende
- Werbeagenturen
- Beziehungen zwischen Werbeagenturen und Werbetreibenden

3.1 Kommunikationskanäle und -instrumente

Für die Zielgruppenansprachen stehen werbetreibenden Unternehmen wie auch Werbeagenturen eine Vielzahl von Kommunikationskanälen und -instrumenten zur Verfügung. Während unter einem Kommunikationskanal der grundsätzliche Weg für den Zielgruppenkontakt verstanden wird (z.B. Print-, Radio-, TV-, Telefon-, Online-, Live Communication-Kanal), stellen Kommunikationsinstrumente die innerhalb von Kommunikationskanälen zum Einsatz kommenden Maßnahmen (z.B. Werbeanzeigen in Zeitungen, Bannerwerbung auf Internetplattformen, Messen als Live Communication) dar. Mit Blick auf den Zeitraum bis 2025 werden die Bedeutungsveränderung von Kommunikationsinstrumenten und den hierfür genutzten Kanälen von den Befragten eingestuft. Zur Beurteilung wurde ihnen eine Liste von Instrumenten vorgelegt. Es bestand auch die Möglichkeit, weitere Instrumente, die zukünftig in der Kommunikation zum Einsatz kommen, zusätzlich zu benennen. Der Abbildung 9 sind die Ergebnisse der Instrumentenbewertung zu entnehmen. Es ist deutlich zu erkennen, dass im kommenden Jahrzehnt die klassischen Medien (Print, Zeitungen, Briefe, Telefon, TV) an Bedeutung verlieren, während Instrumenten, die die Kommunikation in digitalen Kanälen ermöglichen, eine zunehmende Bedeutung zugewiesen wird. Hierzu zählen vor allem Influencer, automatisierte Online-Kommunikation wie bspw. Bots, Soziale Medien, Smartphones und sprachgesteuerte Online-Systeme.

Im Rahmen der offenen Nennungen wurden die in der Itemliste genannten Kanäle und Instrumente z.T. spezifiziert und ergänzt. Folgende zusätzliche Nennungen können hervorgehoben werden:

- Klassische Werbung (Kino)
- Out-of-Home (digital angereichert, Sport, öffentlicher Verkehr)
- Digitale Kanäle (Search Engine Optimization, Webinars, Webcasts, Blogs, Infographics, Streaming, Such-, Bewertungsplattformen, sprachgesteuerte Systeme wie Alexa)

Die zunehmende Bedeutung von Out-of-Home-Werbung erstaunt in dem Kontext der Digitalisierung, aber hier war bereits in der Vergangenheit ein kontinuierliches Wachstum (z.B. im Jahr 2017 ein Anstieg von 11,4 Prozent der Netto-Umsatzentwicklungen der Werbeträger; ZAW, 2018) zu verzeichnen.

Medien und Kommunikationskanäle	Ø	Sehr geringe Bedeutung -- - 0 + ++ Sehr hohe Bedeutung	σ
Klassische Tageszeitungen (Print)	2,01		0,75
Telefon	2,21		1,02
Klassische Wochenzeitungen (Print)	2,28		1,04
Mailing (Print)	2,38		1,08
TV (Öffentlich-rechtlich Sender)	2,82		0,97
TV Privatsender	2,83		0,91
E-Mail Newsletter	2,87		1,03
Radio	2,88		0,84
Kongresse	3,16		0,95
Corporate Media, Pressemitteilungen, Magazine u.ä.	3,16		0,88
Messen	3,22		0,94
Affiliates	3,38		0,84
Homepages	3,44		0,91
Out-of-Home	3,45		0,75
Online-Zeitungen und -Zeitschriften	3,48		0,83
POS / Physische Retail Stores	3,48		0,97
Pay-TV	3,57		1,05
Brand Lands	3,58		0,94
Tablets	3,61		0,93
Product Placement	3,77		0,79
Events	3,83		0,86
Loyalitäts-Programme	3,85		0,85
Gamification	4,00		0,83
Influencer/Blogger/Word of Mouth	4,04		0,99
Automatisierte Online-Kommunikation (Bots u.ä.)	4,10		0,97
Soziale Medien	4,13		0,91
Smartphones	4,39		0,81
Sprachgesteuerte Online-Systeme	4,39		0,75
Zusätzliche Kommunikationskanäle (notieren)	4,20		0,94

Abbildung 9: Bedeutungsveränderung von Kommunikationsinstrumenten und -kanälen

++ stark zunehmende Auswirkung
0 keine Veränderung
-- stark abnehmende Auswirkung
• Mittelwertmarkierung
Ø Mittelwert
σ Standardabweichung (n = 81)

Aufgrund der Vielzahl von Instrumenten zeigt eine durchgeführte Faktorenanalyse, für welche Instrumentengruppen eine ähnliche Bedeutungsveränderung bzw. Zusammenhänge in der Bedeutungsveränderung (Abnahme eines Instruments ist mit der Zunahme eines anderen Instruments verbunden, d.h. es herrscht eine Substitutionsbeziehung) zu erwarten ist. Folgende Instrumentenportfolios (bzw. Instrumentenfaktoren) wurden identifiziert:

Faktor 1: „Live Communication" (Messen, Kongresse, Brand Lands, POS)
Bedeutung → leichte Zunahme

Faktor 2: „Klassische Massen-Kommunikation"
(und Online-Zeitungen als Substitut)
Bedeutung → Abnahme klassischer Instrumente, die z.T. durch Online-Angebote substituiert werden

Faktor 3: „Digitale Kommunikation"
Bedeutung → überwiegend starke Zunahme

Faktor 4: Individual-Kommunikation (& Online-Substitute)
Bedeutung → Abnahme klassischer Instrumente, die durch Online-Kommunikation ersetzt werden

Faktor 5: Kundenbindungskommunikation (Gamification, Loyalitätsprogramme)
Bedeutung → z.T. starke Zunahme

Die Ergebnisse zeigen deutlich, dass bei klassischen Massenkommunikationsinstrumenten eine Konsolidierung zu erwarten ist (z.T. starker Rückgang) und hierfür die digitalen Instrumentenportfolios an Bedeutung gewinnen. Sie fungieren teilweise als Substitute für die klassischen Instrumente (z.B. abnehmende Bedeutung von Print-Zeitungen geht mit zunehmender Bedeutung von Online-Zeitungen einher). Klassische Instrumente der Live Communication gewinnen leicht an Bedeutung und Kundenbindungsinstrumente, angereichert durch digitale Varianten, verzeichnen einen stärkeren Bedeutungsgewinn bis zum Jahre 2025. Trotz Voranschreiten der Digitalisierung wird eine intelligente Kombination von „High Tech & High Touch" im Werbemarkt der Zukunft einen Erfolgsfaktor darstellen.

3.2 Werbezielgruppen

Die zunehmende Bedeutung der digitalen Kommunikationsinstrumente aus Sicht von Agenturen und Werbetreibenden ist letztlich auf ein verändertes Rezipientenverhalten der Werbezielgruppen zurückzuführen. Gleichzeitig führt der vermehrte angebotsorientierte Einsatz dieser Instrumente auch wiederum dazu, dass die Zielgruppen zunehmende Erfahrungen hiermit sammeln können und somit die Nutzung von digitalen Kommunikationsinstrumenten intensiviert wird.

Welche Verhaltensänderungen bei den Werbezielgruppen mit welchen Auswirkungen für die Werbebranche zu erwarten sind, wurde mit einer gesonderten Fragestellung erhoben. Auf der Grundlage von Literaturanalysen und Expertengesprächen wurde eine Reihe von Verhaltensweisen im Umgang mit unterschiedlichen Kommunikationskanälen in die Fragestellung aufgenommen. Eine negative bzw. rückläufige Veränderung wird für Werbezielgruppen bei folgenden Aspekten erwartet (Abbildung 10):

- Interesse an klassischen Medien
- Generelles Medienvertrauen
- Vertrauen in soziale Netzwerke & Internetanbieter
- Aufmerksamkeit gegenüber Paid Advertising

Hingegen wird eine besondere Zunahme erwartet bei:

+ Datenschutz
+ Interesse an Live-Communication
+ Einflussnahme von Bewertungs- und Vergleichsportalen
+ Interesse an persönlichen Empfehlungen
+ Flatratenutzung bei Online-Angeboten

Verhalten der Werberezipienten / Zielgruppen	Veränderung des Entwicklungsfaktors Ø	σ	Abnahme - / keine 0 / Zunahme +	Auswirkungen auf die Werbebranche 2025 Ø	σ	-- / - / 0 / + / ++
Interesse an klassischen Medien TV & Print	**1,38**	**0,53**		**2,57**	**1,11**	
Generelles Vertrauen in Medien	1,56	0,66		2,83	1,07	
Vertrauen gegenüber Internetanbietern	**1,67**	**0,67**		**2,78**	**0,91**	
Vertrauen gegenüber sozialen Netzwerken	1,69	0,71		3,05	1,21	
Aufmerksamkeit gegenüber Paid Advertising	**1,71**	**0,57**		**2,96**	**0,92**	
Interesse an kostenfreien, werbefinanzierten Medien	2,19	0,70		3,21	0,92	
Generelles Vertrauen in Marken	**2,35**	**0,74**		**3,80**	**0,90**	
Kaufkraft der Zielgruppen	2,47	0,66		3,71	0,92	
Kritische Einstellung gegenüber Werbeaussagen	**2,48**	**0,61**		**3,52**	**1,02**	
Schutz der Privatsphäre und persönlicher Daten	2,64	0,65		4,06	1,12	
Interesse an Live Communication (Events, Brandlands)	**2,64**	**0,51**		**3,80**	**0,90**	
Einflussnahme von Bewertungs- und Vergleichsportalen	2,64	0,57		3,65	0,95	
Beeinflussung von Kaufentscheidungen durch Storytelling	**2,79**	**0,49**		**4,21**	**0,91**	
Interesse an persönlichen Empfehlungen	2,89	0,35		4,13	1,04	
Flatrateangebote zur Nutzung von Online-Medien	**2,90**	**0,31**		**3,78**	**0,78**	

Abbildung 10: Einfluss von Verhaltensweisen der Werbezielgruppen auf die Werbebranche 2025

++ stark zunehmende Auswirkung
0 keine Veränderung
-- stark abnehmende Auswirkung
● Mittelwertmarkierung
Ø Mittelwert
σ Standardabweichung
n = 86 bis 82

Insgesamt wird somit ein rückläufiges Nutzungsverhalten bei den klassischen Kommunikationsinstrumenten bei gleichzeitigem Vertrauensverlust gegenüber digitalen Kommunikationskanälen erwartet. Somit verwundert es nicht, dass dem Datenschutz zukünftig eine höhere Relevanz beigemessen und einem Mix aus objektivierten digitalen Vergleichsportalen wie auch Instrumenten der Live Communication zur physischen Erfahrbarkeit von Produkten eine zunehmende Bedeutung zugesprochen wird.

Betrachtet man die zukünftigen Auswirkungen dieser Verhaltensweisen auf die Werbebranche, so werden durch das abnehmende Nutzungsverhalten bei klassischen Kommunikationsinstrumenten negative Auswirkungen auf die Agenturszene erwartet. Insgesamt sieht man jedoch mit einem zunehmenden Datenschutz und einer auf Vertrauensbildung ausgerichteten Kommunikations- und Markenpolitik positive Impulse für die Werbebranche. Die Professionalisierung des Storytelling und die Schaffung von persönlichen Markenerlebnissen mit Hilfe der Live Communication wird mit einem zusätzlichen Leistungsangebot für Agenturen verbunden. Auch hier zeigt sich, dass die Verbindung von „High Tech & High Touch" vielfältige Kombinationen von Kommunikationsinstrumenten aus der Online- wie auch Offline-Welt erwarten lässt. Parallel zur voranschreitenden Digitalisierung gewinnt die physische Erfahrbarkeit von Produkten und deren Erlebnisqualität bis zum Jahr 2025 eine besondere Bedeutung.

3.3 Werbetreibende

Nach der Betrachtung der Zukunftsentwicklung bei den Werbezielgruppen ist es interessant, die Ausrichtung der Werbetreibenden zu betrachten. Hier zeigt sich zunächst, dass lediglich die Nutzung von Mediaagenturen leicht rückläufig eingeschätzt wird (Abbildung 11). Diese Einschätzung ist in der logischen Verbindung zur rückläufigen Nutzung von klassischen Werbemedien (z. B. TV und Print) zu sehen. All den mit der Digitalisierung zusammenhängenden Agenturleistungen wird demgegenüber eine zunehmende Bedeutung beigemessen. Übergeordnet steht dabei der Budgetshift von Offline- zu Online-Medien und eine damit verbundene Automatisierung wie auch Individualisierung (auch unter Einbeziehung der Kun-

Verhalten der Werbetreibenden	Veränderung des Entwicklungsfaktors Ø	σ	Abnahme - / keine 0 / Zunahme +	Auswirkungen auf die Werbebranche 2025 Ø	σ	-- / - / 0 / + / ++
Nutzung von Mediaagenturen	1,80	0,75		3,01	1,18	
Nutzung von Lead-Agenturen zur Koordination aller Kanäle	2,26	0,76		3,45	1,10	
Bedeutung von Direct Sales	2,34	0,69		3,53	0,97	
Erhöhung der gesamten Werbeaufwendungen	2,37	0,73		3,57	0,99	
Internalisierung von Agenturaufgaben durch Werbetreibende (aufgrund von Datenzugriff)	2,46	0,69		3,30	1,15	
„Digital First" als Credo der Kommunikation	2,48	0,70		3,74	1,02	
Bedeutung von Live-Kommunikation	2,57	0,59		3,82	0,89	
Wiederentdeckung des physischen Kundenkontaktes	2,57	0,57		3,84	0,90	
IT-Spezialisten übernehmen Kommunikationsaufgaben & Mediaplanung	2,58	0,65		3,69	1,19	
Ersatz von Agenturleistungen durch Prozesse mit künstlicher Intelligenz	2,60	0,63		3,52	1,24	
Einbeziehung von innovativen Startups & Ersetzung etablierter Agenturen	2,63	0,58		3,71	1,07	
Co-Creation-Content für Kommunikation (Kunde wird stärker integriert)	2,76	0,49		3,87	0,87	
Herstellung von digitalen 1:1 Kontakten (Daten) durch Online-Medien	2,76	0,43		4,06	0,86	
Automatisierung der Kunden-/Zielgruppen-kommunikation	2,81	0,48		3,84	1,16	
Budgetshift von Offline zu Online	2,86	0,39		3,98	1,01	

Abbildung 11: Einfluss der Werbetreibenden auf die Werbebranche 2025

++ stark zunehmende Auswirkung
0 keine Veränderung
-- stark abnehmende Auswirkung
• Mittelwertmarkierung
Ø Mittelwert
σ Standardabweichung
n = 84 bis 80

den im Rahmen eines Co-Creation-Ansatzes) der Kommunikation im Mittelpunkt. Auch der Ersatz von klassischen Agenturleistungen mit Hilfe des Einsatzes von künstlicher Intelligenz und die verstärkte Einbeziehung von Startups scheinen im nächsten Jahrzehnt die Werbebranche zu prägen.

Mit der rückläufigen Bedeutung der Mediaagenturen werden keine negativen Auswirkungen auf die Werbebranche insgesamt im Jahre 2025 erwartet. Betrachtet man das Auswirkungsprofil in der Abbildung 11, so scheinen fehlende Umsätze der Mediaagenturen durch andere Leistungsbereiche ausgeglichen zu werden. Es werden positive Auswirkungen über alle digitalen Kommunikationsleistungen erwartet, aber auch aufwendige Live Communication-Inszenierungen können in der Zukunft zur Wertschöpfung der Werbebranche beitragen. In diesem Profil spiegelt sich die zuvor bei den Werbezielgruppen bereits betonte Verbindung von „High Tech & High Touch“ für die Kommunikation wider. Gegenüber den digitalen Instrumenten dürfen somit die etablierten Kompetenzen der Live Communication nicht abgeschrieben werden, vielmehr liegt in der exzellenten Verknüpfung und datengetriebenen Unterstützung zukünftig ein zentraler Erfolgsfaktor.

3.4 Werbeagenturen

Die Werbeagenturen stellen zentrale Angebotsakteure der Werbebranche dar, somit wurden ihre Entwicklungsperspektiven im Rahmen der Befragung in besonderer Weise ausgelotet. Ausgehend von einem Überblick zur Bedeutung von agenturspezifischen Erfolgsfaktoren werden für einzelne Faktoren vertiefende Analysen vorgestellt.

3.4.1 Erfolgsfaktoren der Werbeagenturen

Betrachtet man die Entwicklung der deutschen Werbeagenturen über die letzten vier Jahrzehnte, so lassen sich verschiedene Erfolgsfaktoren identifizieren, die im Zeitablauf die erfolgreiche Entwicklung und Anpassung der Agenturen an unterschiedliche Rahmenbedingungen und Marktkontexte maßgeblich beeinflusst haben. Sechs Faktoren konnten über Expertengespräche identifiziert werden:

- Eigentümerstruktur von Agenturen
- Ausweitung des Leistungsspektrums von Agenturen
- Internationalisierung von Agenturen
- Kreativitätsleistung von Agenturen
- Spezialisierung von Agenturen
- Datenkompetenz von Agenturen

Bei der Frage nach der Bedeutungsveränderung dieser Erfolgsfaktoren bis zum Jahre 2025 ergibt sich das in der Abbildung 12 dargestellte Bedeutungsprofil.

Während der Einfluss der Eigentümerstruktur nach Einschätzung der Befragten keinen Bedeutungswandel erfahren wird, wird zukünftig eine zunehmende Bedeutung bei den weiteren Erfolgsfaktoren gesehen. Die Datenkompetenz von Agenturen und das ggf. damit verbundene Angebot von Spezialagenturen avancieren zu

Treiber der Veränderung der Werbebranche	Ø	**Bedeutungsveränderung** 0 · + · ++	σ
Eigentümerstrukturen von Agenturen	3,18		1,00
Ausweitung des Angebotsspektrums von Agenturen unter einem Dach (Full-Service)	3,52		0,98
Internationalisierung/Globalisierung von Agenturen	3,55		1,01
Kreativität von Agenturleistungen	4,14		0,89
Angebot von Spezialagenturen	4,26		0,67
Datenkompetenz von Agenturen	4,38		0,78
Weiterer Erfolgsfaktor	4,41		1,01

Abbildung 12: Treiber der Veränderung der Werbebranche 2025

Gespreizte Skala: 3: keine Veränderung bis 5: starke Veränderung

++ stark zunehmende Auswirkung
0 keine Veränderung
• Mittelwertmarkierung
Ø Mittelwert
σ Standardabweichung
n = 89

einem bedeutenden Erfolgsfaktor in der Werbebranche. Angesichts der Vielfalt der Kommunikationsmedien und -instrumente wird in diesen Ergebnissen wie auch in offenen Nennungen ein deutlicher Spezialisierungstrend bei Agenturen erwartet.

Auch der Kreativitätsleistung wird eine steigende Bedeutung beigemessen. Ein leicht positiver Einfluss wird internationalisierungs- und netzwerkorientierten Full-Service-Strategien zugesprochen. Letztere könnten den Koordinationsaufwand der zunehmenden Anzahl von Spezialagenturen für Werbetreibende reduzieren, indem Lead-Agenturen die Koordination übernehmen und somit Full-Service-Leistungen über koordinierte Einzelleistungen aus Agenturnetzwerken gebündelt anbieten.

In der Betonung der Datenkompetenz als Erfolgsfaktor der Werbeagenturen kommt die voranschreitende Digitalisierung zum Ausdruck, über die eine Vielzahl von zielgruppenrelevanten Daten gewonnen werden kann, die wiederum eine zielgruppenspezifischere bzw. individualisierte Ansprache der Zielgruppen ermöglicht. Die Digitalisierung geht also einher mit der zunehmenden Gewinnung von Zielgruppeninformationen, auf deren Grundlage individualisierte Kommunikationsinhalte kreiert und vermittelt werden können. Auch automatisierte Kommunikationsleistungen werden zukünftig Individualisierungskomponenten beinhalten können, wenn adäquate und individualisierte Daten ggf. auch in Echtzeit zur Verfügung stehen.

Somit wird sich zukünftig die Frage stellen, wer die Datenhoheit über die Zielgruppen erlangen wird: Werbeagenturen oder Werbetreibende? Werbemaßnahmen erscheinen zukünftig aufgrund hochfrequentierter Volumina im digitalen Raum immer mehr in Echtzeit ausgeführt werden zu müssen. Zwischengeschaltete Agenturen könnten relevante Entscheidungs- und Gestaltungsprozesse verlangsamen, sodass die Datengewinnungs- und -verarbeitungskompetenz auf der Seite der werbetreibenden Unternehmen verstärkt angesiedelt werden könnte.

Bei der Beurteilung der Erfolgsfaktoren von Werbeagenturen wurde den Befragten auch die Möglichkeit eingeräumt, zusätzliche Faktoren zu benennen. In der Abbildung 13 sind die offenen Nennungen im Überblick zusammengestellt.

Weitere Treiber der Veränderung

Digitalisierung	Verhältnis zwischen Agentur und Kunde	Dienstleistungen	Diverses
Künstliche Intelligenz	Kunden als Individuen sehen, nicht als Masse	Storytelling	Agenturkooperationen ohne finanzielle Verflechtungen
Technologiekompetenz	Datenhoheit bleibt beim Kunden/ Auftraggeber	Kompetenz zu individualisierter Ansprache	Werbung muss sich in Verkauf kurzfristig umschlagen
Automatisierung durch KI	Agenturhonorar	Anpassungsfähigkeit an individuelle Kundenbedürfnisse	Berater übernehmen auch Agenturleistungen
Daten und Technologie	maximale Flexibilität im Hinblick auf Preis-Leistung/Timing/Innovationsfähigkeit/Qualität	Mediakompetenz	Medienhäuser bieten Agentur-Dienstleistungen an
		Beratungskompetenz	

Abbildung 13: Ergänzende Einzelnennungen zu den Erfolgsfaktoren der Werbeagenturen

Die einzelnen Nennungen ließen sich vier Kategorien zuordnen. Unter der Kategorie „Digitalisierung" lassen sich Nennungen zur Künstlichen Intelligenz (KI) sowie zu datengetriebenen Automatisierungsprozessen einordnen. Weiterhin wird in Einzelnennungen das Kunden-Agentur-Verhältnis als bedeutungsvoll eingestuft. Hier werden die Datenhoheit des Auftraggebers und eine maximale Flexibilität der Agenturen in Bezug auf die Preis-/Leistungsgestaltung, eine geforderte Innovationsfähigkeit und Qualitätskompetenz als entscheidende Erfolgsfaktoren hervorgehoben. Weiterhin spielen Beratungskompetenzen in der Zukunft eine besondere Rolle, was das Vordringen von klassischen Beratungsdienstleistern in die Werbebranche begünstigen könnte.

3.4.2 Erfolgsfaktor Eigentümerstrukturen

Ein differenzierter Blick zur Bedeutung der Eigentümerstrukturen ist durch eine vertiefende Fragestellung ermöglicht worden (Abbildung 14).

Inhabergeführte Werbeagenturen bildeten in den 1950er Jahren in Deutschland den Nukleus der Werbebranche. Der einsetzende Wachstumstrend hat dazu geführt, dass neue Eigentümerstrukturen entstanden sind bzw. auch ausländische Agenturen in den deutschen Werbemarkt eingedrungen sind.

Gravierende Veränderungen der Bedeutung der Eigentümerstruktur werden bis zum Jahr 2025 nicht erwartet. Selbst Börsengängen, als herausragendes Ereignis im Sinn der Veränderung der Eigentümerstruktur einer Agentur, wird eher eine leicht abnehmende Bedeutung zugemessen. Auch Konzentrationstendenzen wird kaum eine Bedeutung beigemessen. Bezieht man die Ergebnisse der vorhergehenden Fragestellungen mit ein, so scheinen eher Netzwerkstrukturen mit Spezialagenturen die Zukunft zu prägen. Auch die Integration von Agenturaufgaben in werbetreibende Unternehmen und eine Renaissance „hauseigener Agenturen" wird nicht ausgeschlossen. Aufgrund der zunehmend datengetriebenen Kommunikationsprozesse und der Annahme, dass

Eigentümerstrukturen	Ø	Bedeutungsveränderung (0 / + / ++)	σ
Börsengang von Werbeagenturen	2,85		0,96
Integration von Werbeagenturen in börsennotierten Agenturen	3,19		0,99
Inhabergeführte Werbeagenturen	3,42		1,07
Integration von Werbeagenturen in Unternehmen von Werbetreibenden (Industrie, Handel, u.a.)	3,45		1,11
Shareholder-Value Orientierung von Werbeagenturen	3,48		0,94

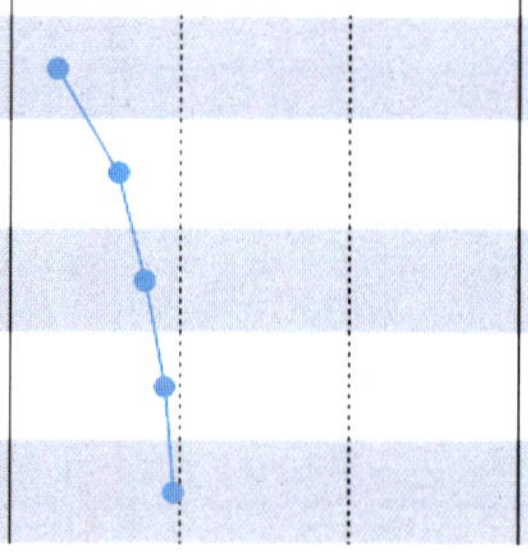

Abbildung 14: Eigentümerstruktur Werbebranche 2025

Gespreizte Skala: 3: keine Veränderung bis 5: starke Veränderung

++ stark zunehmende Auswirkung
0 keine Veränderung
• Mittelwertmarkierung
Ø Mittelwert
σ Standardabweichung
n = 89

die Datenhoheit von den werbetreibenden Unternehmen ausgebaut wird, kann das Entstehen von Inhouse-Leistungen hierdurch auch befördert werden. Hierzu wie auch bei den anderen Strukturentwicklungen gibt es keine Unterschiede in der Beurteilung der Befragten aus dem Umfeld von Agenturen und Werbetreibenden.

3.4.3 Erfolgsfaktor Agenturleistungen

Das Produktportfolio von Werbeagenturen und die Ausweitung des Angebotsspektrums bildete in der Vergangenheit einen zentralen Erfolgsfaktor. Sogenannte „Full-Service-Agenturen" verkörpern diese Strategieoption. Welche Veränderungen in der Bedeutung der Agenturleistungen gemessen am Gesamtumsatz bis zum Jahre 2025 gesehen werden, zeigt die Abbildung 15.

Beitrag von Agenturleistungen zum Gesamtumsatz	Ø	Bedeutungsveränderung --	-	0	+	++	σ
Werbung in Printmedien	**2,13**						**0,91**
Direktwerbung Print (Briefe, Kataloge etc.)	2,25						0,93
Werbung im TV/Radio	**2,53**						**0,91**
Mediaplanung & Mediacontrolling	3,17						1,25
Out-of-Home Kampagnen	**3,45**						**0,74**
Public Relations	3,64						0,82
Corporate Publishing (Owned Media)	**3,67**						**0,84**
Live Communication (Messen, Events, etc.)	3,72						0,90
Werbung in Online-Medien	**3,85**						**0,75**
Automatisierte Werbeinhalte (Bots)	3,98						0,80
Soziale Netzwerke (Earned Media)	**4,02**						**0,74**
Content Generierung & Management	4,11						0,86
Kreation	**4,13**						**0,84**
Beratungsleistungen (Markenpositionierung u.a.)	4,22						0,75

Abbildung 15: Beitrag der Agenturleistungen zum Gesamtumsatz der Werbebranche 2025

++ stark zunehmende Auswirkung
0 keine Veränderung
-- stark abnehmende Auswirkung
• Mittelwertmarkierung
Ø Mittelwert
σ Standardabweichung
n = 89 bis 88

Für klassische Agenturleistungen wie Werbung in Printmedien, Direktwerbung, TV und Radio wird eine abnehmende Umsatzbedeutung erwartet. Diese Entwicklung steht in Übereinstimmung mit den zuvor dargestellten Entwicklungsperspektiven der Werbetreibenden. Der Mediaplanung und dem Mediacontrolling wird keine Bedeutungsveränderung zugesprochen. Im Zusammenhang mit den anderen Ergebnissen wird deutlich, dass diese Leistungen weiterhin gefragt sind, aber von immer weniger der klassischen Mediaagenturen erbracht werden, denn ihnen wurde eine abnehmende Bedeutung zugesprochen. Besondere Umsatzzuwächse werden für Beratungsleistungen (z.B. Markenpositionierung), Kreation, Content-Generierung gesehen, gefolgt von Online-affinen Werbeleistungen sowie Live Communication und PR.

Betrachtet man, welche Leistungsportfolios von Agenturen mit Blick auf die Umsatzentwicklung bis zum Jahre 2025 ähnlich eingestuft werden, so zeigt sich anhand einer Faktorenanalyse die folgende Zusammensetzung:

Faktor 1: „Umsatzverlierer Klassik"
(Werbung in Printmedien, TV/Radio und Direktwerbung)

Faktor 2: „Umsatzgewinner Online-Kommunikation"
(Werbung in Online-Medien, Corporate Publishing, Soziale Netzwerke, automatisierte Werbeprozesse/-inhalte (Bots), Content-Generierung und Management)

Faktor 3: „Umsatzbooster Markenberatung" (Public Relations, Beratungsleistung, Markenaufbau und –positionierung, Live Communication)

Faktor 4: „Umsatzbooster Kreation" (Kreation)

Die Umsatzeinbußen bei den Instrumenten der klassischen Kommunikation („Umsatzverlierer Klassik") werden durch den Ausbau von Beratungs- und Gestaltungsleistungen in der Online-Kommunikation und insbesondere durch Markenberatung und Markenkommunikation sowie Kreation kompensiert, sofern diese Leistungen unter einem Dach angeboten werden. Im Kontext der zuvor aufgezeigten Entwicklungstrends ist jedoch mit einer Zunahme von Spezialagenturen zu rechnen, die sich ggf. auf die wachstums- und umsatzstarken Leistungsarten fokussieren. Somit zeichnet sich eine interessante Wettbewerbssituation ab, in der zukünftig Full-Service-Agenturen, Netzwerkagenturen und vielfältige Spezialagenturen um Werbe- und Beratungsbudgets der werbetreibenden Unternehmen konkurrieren.

3.4.4 Erfolgsfaktor Kreativität

Die Kreativleistung von Werbeagenturen gehört zu einem zentralen Erfolgsfaktor, dessen Bedeutung mit Blick auf die Umsatzgenerierung bis zum Jahr 2025 als wachsend eingestuft wird. Betrachtet man Faktoren, die letztlich die Kreativitätsleistung einer Agentur beeinflussen und fördern, so wird die Bedeutung dieser Kreativitätsfaktoren bis zum Jahre 2025 gemäß des in Abbildung 16 dargestellten Profils eingestuft.

Die Befragten ordnen der Kreativitätsleistung von Agenturmitarbeitern und dem Einsatz von Kreativitätsmethoden in den nächsten Jahren einen erheblichen Bedeutungsgewinn zu. Auch dem Agenturumfeld zur Stimulierung von Kreativität wird wachsende Bedeutung beigemessen. Durch den Einsatz von künstlicher Intelligenz und digitalen Optionen können Kreativitätsleistungen auch entstehen.

Kreativitätsfaktoren	Ø	Bedeutungsveränderung (0 / + / ++)	σ
Kreativität durch künstliche Intelligenz & Digitalisierung	3,72		1,16
Kreatives Arbeitsumfeld in Agenturen	4,00		0,76
Kreativität der Agenturmitarbeiter	4,42		0,64
Kreative Denk- und Entwicklungsprozesse	4,42		0,66

Abbildung 16:
Kreativitätsfaktoren der Werbebranche 2025
Gespreizte Skala: 3: keine Veränderung bis 5: starke Veränderung

++ stark zunehmende Auswirkung
0 keine Veränderung
• Mittelwertmarkierung
Ø Mittelwert
σ Standardabweichung
n = 89

Aber das Bedeutungsprofil lässt deutlich erkennen, dass die Rolle des Menschen (humane Kreativität) beim Thema Kreativität weitaus höher eingestuft wird. Gerade in Zeiten des „War for Talent“ wird es darauf ankommen, dass Agenturen bei der Einstellung neuer Mitarbeiter deren Kreativitätsleistung verstärkt im Blick behalten und nicht nur auf deren Online-Affinität achten. Auch das Spektrum an Kreativitätstechniken gilt es zu beherrschen und zwar umso mehr, wenn es nicht gelingen sollte, kreative Mitarbeiterkapazitäten aufzubauen. Interessant wird das Zusammenspiel von Kreation mit datengetriebenen Prozessen und die Verknüpfung der hiermit verbundenen „Funktionskulturen“. Hier könnten Spezialagenturen, die in Netzwerken zusammenarbeiten, gegenüber Agenturen, die nach der Philosophie „Full-Service“ alles unter einem Dach kreieren und produzieren, einen deutlichen Vorteil entwickeln.

Auch wie automatisierte Echtzeitkommunikation mit kreativen Leistungskomponenten kombiniert wird, stellt zukünftig ein spannendes Aktivitätsfeld für Agenturdienstleister dar.

3.4.5 Erfolgsfaktor Internationalisierung

Die Internationalisierung der deutschen Werbebranche war insbesondere durch die in den 70er und 80er Jahren massiv voranschreitende Internationalisierung der werbetreibenden Unternehmen bedingt. Die damit einsetzende geografische Ausweitung des Marktangebotes und der Aufbau länderbezogener Kommunikationskompetenzen avancierte für Agenturen zu einem wichtigen Wettbewerbsvorteil und Erfolgsfaktor. Bis zum Jahr 2025 wird weiterhin eine zunehmende Bedeutung der internationalen und globalen Ausrichtung von Agenturen erwartet (Abbildung 17).

Globale Agenturnetzwerke sowie freie Konglomerate erhalten einen kleinen Bedeutungsvorsprung vor international (tätig in ausgewählten Ländern) sowie global (tätig in allen Schlüsselländern) aufgestellten Agenturen. Angesichts einer Zunahme von Spezialagenturen scheinen Netzwerkstrukturen deren Internationalisierung zu befördern. Über den digitalen Informationsaustausch kann die länderübergreifende

Geographische Ausrichtung und Strukturen von Werbeagenturen	Ø	Bedeutungsveränderung 0	+	++	σ
Regionale Agenturen	3,15				1,09
Nationale Agenturen (Konzentration auf ein Land)	3,27				0,92
Globale Agenturen (tätig in allen Schlüsselländern)	3,49				0,99
Internationale Agenturen (tätig in ausgewählten Ländern)	3,51				0,87
Globale Agenturnetzwerke & freie Konglomerate	3,67				1,02

Abbildung 17:
Geographische Ausrichtung der Werbeagenturen 2025
Gespreizte Skala: 3: keine Veränderung bis 5: starke Veränderung

++ stark zunehmende Auswirkung
0 keine Veränderung
• Mittelwertmarkierung
Ø Mittelwert
σ Standardabweichung
n = 89

Zusammenarbeit von Agenturen innerhalb von koordinierten Netzwerken problemloser erfolgen, wodurch die physische Präsenz in einzelnen Auslandsmärkten ggf. eingeschränkt werden kann. Die Digitalisierung von Arbeitsprozessen könnte somit die internationale Zusammenarbeit fördern und gleichzeitig zur Reduzierung von Kosten führen, weil Fixkosten für physische Länderrepräsentanzen reduziert werden.

Im Vergleich zum Durchschnittsprofil zeigen sich Unterschiede in der Beurteilung von Agenturen gegenüber Werbetreibenden darin, dass Agenturvertreter die Bedeutung von regionalen und nationalen Agenturen bis zum Jahre 2025 in der deutschen Werbebranche höher einschätzen.

3.4.6 Erfolgsfaktor Beziehungsqualität

Agenturen sind auf stabile Beziehungen zu ihren Kunden, d.h. den werbetreibenden Unternehmen, angewiesen. Mit einem Blick auf die Werbebranche 2025 stellt sich somit die Frage, wie sich diese Beziehungen entwickeln werden. Betrachtet man verschiedene Beziehungsmerkmale zwischen Agentur und Werbetreibenden, so wird erwartet, dass folgende Merkmale in ihrer Bedeutung besonders zunehmen (Abbildung 18):

- Kosten- und Effizienzorientierung
- Leistungsspezialisierung
- Flexibilität (dynamisches Anpassungsverhalten)
- Crossfunktionalität (Austausch mit marketingfremden Abteilungen)
- Professionalisierung
- IT-getrieben
- persönlich

Der Kosten- und Effizienzdruck gepaart mit einem zunehmenden Maß an Flexibilität wird auch weiterhin die Agenturbeziehungen prägen. Es wird erwartet, dass Agenturen mehr Spezialleistungen bereitstellen und die Arbeitsbeziehungen professionell ausrichten. Auf Seiten der Werbetreibenden werden den Agenturvertretern zunehmend qualifizierte Ansprechpartner gegenüberstehen. Hierdurch wird der Qualifizierungsdruck für die Agenturen steigen, wodurch zukünftig eine besondere Aufmerksamkeit bei Einstellungsprozessen neuer Mitarbeiter sowie Weiterbildungsmaßnahmen gefordert sein wird. Gerade mit Blick auf die sich rasant entwickelnden Optionen der digitalen Kommunikation wird die Spezialisierung von Werbedienstleistern in diesem Bereich ein zunehmend wichtiger Beziehungsfaktor. Beziehungen sind zukünftig auch verstärkt „cross-funktional" zu pflegen, denn nicht nur die Kommunikations- und Marketingabteilung wird den Ton angeben, vielmehr werden - bedingt durch das Voranschreiten der Digitalisierung - IT- und Digital-Abteilungen häufiger als Ansprechpartner von Agenturen avancieren. Explizit wird eine zunehmende IT-Orientierung in der Kundenbeziehung erwartet, wobei auch dem persönlichen Austausch leicht zunehmende Bedeutung beigemessen wird. Ebenso wie bei den eingesetzten Kommunikationsinstrumenten gegenüber Werbezielgruppen scheint in der Beziehungspflege zwischen Agentur und werbetreibenden Unternehmen die Verbindung von „High Tech & High Touch" bis zum Jahre 2025 besonderen Stellenwert zu erlangen.

Beziehungsmerkmale zwischen Agentur & Werbetreibende	Veränderung des Entwicklungsfaktors Ø	σ	Abnahme - / keine 0 / Zunahme +	Auswirkungen auf die Werbebranche 2025 Ø	σ	-- / - / 0 / + / ++
Organische Entwicklung Kunden kaufen sich in der Agentur ein	1,89	0,67		2,92	0,97	
Breitere Leistungsabdeckung Alles aus einer Hand Philosophie	2,11	0,83		3,38	1,06	
International begleitend Eine internationale Lead-Agentur zur Koordination	2,14	0,69		3,24	0,93	
Kurzfristig häufigerer Wechsel von Agenturen	2,35	0,67		3,31	1,09	
Persönlich Agenturpersönlichkeiten überzeugen	2,48	0,65		3,69	1,04	
IT-getrieben Ersetzung des persönlichen Austausches durch Datenaustausch	2,54	0,62		3,58	1,11	
Professionalisiert Werbetreibende haben auch Agenturspezialisten angestellt	2,65	0,62		3,67	1,07	
Fremdbestimmt/komplex Austausch mit marketingfremden Abteilungen (e.g. Einkauf, IT oder Legal)	2,65	0,53		3,73	0,94	
Dynamisch / hektisch Dynamische Anpassung an einen beschleunigten Markt	2,75	0,46		3,80	1,07	
Speziellere Leistungsabdeckung Spezialleistungen sind zu erbringen	2,77	0,46		4,07	0,84	
Kostenorientiert/ Effizienzgetrieben	2,85	0,42		3,99	1,05	

Abbildung 18: Beziehung zwischen Agentur und Werbetreibenden in der Werbebranche 2025

++ stark zunehmende Auswirkung
0 keine Veränderung
-- stark abnehmende Auswirkung
• Mittelwertmarkierung
Ø Mittelwert
σ Standardabweichung
n = 84 bis 80

Eine weitaus geringere Veränderungsdynamik in der Beziehung zwischen Agentur und Werbetreibenden wird bei einer breiteren Leistungsabdeckung (d.h. „One-Stop-Shop“) sowie internationalen Begleitung von Kampagnen gesehen. Eine abnehmende Bedeutungsveränderung und Auswirkung auf die Werbebranche 2025 verzeichnet die Internalisierung von Agenturleistungen, d.h. das Entstehen von Inhouse-Agenturen durch Übernahme von etablierten Agenturen durch werbetreibende Unternehmen.

Weitaus höher schätzen Agenturen gegenüber Werbetreibenden zukünftig den kurzfristigen Wechsel von Agenturen durch Werbetreibende sowie die Substitution von persönlichen Kontakten durch den Online-Datenaustausch ein. Hier scheinen sie besonders sensibel zu sein, während werbetreibende Unternehmen die Bedeutungszunahme in diesen Bereichen etwas verhaltener sehen.

Das Auswirkungsprofil der veränderten Beziehungsqualität auf die Werbebranche 2025 läuft nahezu parallel zur generellen Bedeutungseinschätzung der Beziehungsmerkmale. Überwiegend erwarten die Befragten eine positive Auswirkung, d.h. wenn man sich auf die oben dargestellten Veränderungen der Beziehungsqualität gut einstellt, dann können hierüber Akquisitions- und Bindungsvorteile generiert werden.

3.5 Einfluss von branchenfremden Unternehmen

Bei nahezu allen bisher betrachteten Einfluss- und Erfolgsfaktoren der Werbebranche spielt die voranschreitende Digitalisierung eine besondere Rolle. Sie verändert branchenübergreifend die Spielregeln im Wettbewerb, weil vielfach neue Anbieter bzw. Digital Player die Funktionen etablierter Anbieter übernehmen bzw. traditionelle Wertschöpfungsprozesse aufbrechen und völlig neu ausrichten. Wenn die Zukunftsentwicklung nur in Branchengrenzen „gedacht" wird, so werden die neuen Player häufig übersehen. Um dieser zu engen Betrachtung vorzubeugen, wurde die erwartete Bedeutung von branchenfremden Unternehmen für die Zukunft der Werbebranche 2025 ebenfalls in der Befragung erfasst (Abbildung 19).

Investmentfonds, über die Beteiligungen an Agenturen erworben werden oder die die Gründung und das Wachstum von innovativen Startups in der Werbebranche finanzieren, wird eine abnehmende Bedeutung zugemessen. Allerdings wird eine zunehmende Bedeutung des Einflusses von Consultingunternehmen, Suchmaschi-

Einfluss von branchenfremden Unternehmen	Ø	Bedeutungsveränderung 0	+	++	σ
Investmentfonds	2,67				0,97
Industrieunternehmen	3,16				0,94
Medienunternehmen	3,30				0,98
Suchmaschinenanbieter	3,72				0,90
IT-Unternehmen	3,85				0,86
Consultingunternehmen	3,89				0,83

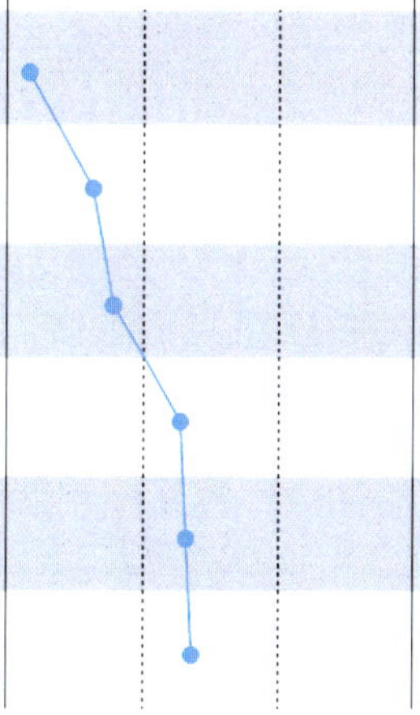

Abbildung 19: Bedeutung von branchenfremden Unternehmen in der Werbebranche 2025

Gespreizte Skala: 3: keine Veränderung bis 5: starke Veränderung

++ stark zunehmende Auswirkung
0 keine Veränderung
Mittelwertmarkierung
Ø Mittelwert
σ Standardabweichung
n = 89

nenanbietern und IT-Unternehmen bzw. Digital Playern erwartet. Der Einfluss von Suchmaschinenanbietern wird von Werbetreibenden gegenüber Agenturen sogar erheblich höher eingeschätzt, was zeigt, dass die Bedeutung von Plattformen als Suchmaschinen und Marktplätze für die Zielgruppenansprache zunimmt. Durch unternehmenseigene Abteilungen bzw. Inhouse-Kompetenzen werden SEA- und SEO-Prozesse ggf. unabhängig von Agenturen ausgeübt. Zu Wettbewerbern der Werbeagenturen avancieren auch klassische Beratungsunternehmen, die z.B. Markenführungs- und Marketingpositionierungsstrategien entwickeln. Diese Leistungen wurden zuvor als „Umsatzbooster" für die Zukunftsentwicklung der Agenturen eingestuft. Gerade hier werden Agenturen aber zunehmend im Wettbewerb mit Consultingunternehmen stehen, die vielfach strategisch ausgerichtete Projekte bei werbetreibenden Unternehmen begleiten und direkt vom Top-Management beauftragt werden. Werbeagenturen wird diese strategische Beratungskompetenz häufig nicht zugeordnet und ihre Ansprechpartner finden sich nicht auf der Unternehmensführungsebene, sondern in funktional ausgerichteten Kommunikations- oder Marketingabteilungen. Consultingunternehmen könnten zukünftig auch stärker bei Werbetreibenden in Prozesse eingebunden werden, um die Effizienz von Kommunikation in unterschiedlichen Kanälen zu vermessen und zu steuern. In diesem Kontext könnte auch die strategische Steuerung von Spezialagenturen auf Consultingunternehmen übertragen werden.

Ein kritischer Einwand, der vielfach von Branchenexperten gegen das Vordringen von klassischen Beratungsunternehmen in die Werbebranche vorgebracht wird, ist, dass die Erbringung einer Kreationsleistung nicht mit dem klassischen Beratungsalltag in Verbindung gebracht wird, sodass Consultingunternehmen hier ein Nachteil zugeschrieben wird. Interessanter Weise wurde die Kreationsleistung auch als „Umsatzbooster" für Agenturen eingestuft, ebenso wie die Beratungsleistung.

Blickt man auf andere Felder, z.B. das Innovationsmanagement, so haben Consultingunternehmen im letzten Jahrzehnt z.B. durch Lab-Gründungen und die Übernahme von Kreativitätstrainings die Schnittstelle zwischen Analytik und Kreation in den Blick genommen. Es ist nicht auszuschließen, dass auch in der Werbebranche Consultingunternehmen ihre Domäne auf solche Leistungsarten ausweiten.

3.6 Visionskonturen der Werbebranche 2025 – Eine abschließende Reflexion

Die kommentierten Ergebnisse vermitteln Konturen, wie die deutsche Werbebranche im Jahre 2025 aussehen könnte. Es wird die Werbebranche weiterhin geben, aber Veränderung ist auch hier angesagt. Die Auswirkungen der Veränderungsprozesse werden mit Blick auf die vorliegenden Befragungsergebnisse für die Werbebranche insgesamt als positiv bewertet, d.h. Veränderung wird primär als Chance begriffen, wenn die Agenturen sich mit ihren Kompetenzen zukunftsgerecht aufstellen.

Um Konturen der Werbebranche 2025 begrifflich aus der Sicht der Befragungsteilnehmer beschreiben zu können, wurde zum Abschluss der Online-Befragung eine Visionsfrage gestellt. Mit eigenen Worten konnten die Teilnehmer ihre Vision für die Werbebranche im Jahre 2025 skizzieren.

Die einzelnen Zukunftsstatements wurden auf charakteristische Schlüsselbegriffe hin analysiert. In der Abbildung 20 sind die identifizierten Schüsselbegriffe anhand ihrer Häufigkeit der Nennung zur Charakterisierung der Werbebranche 2025 größer und stärker hervorgehoben.

Es zeigt sich sehr deutlich, dass sich die Werbebranche und insbesondere die Werbeagenturen im Jahr 2025 durch folgende Merkmale kennzeichnen lassen:

- Digitalisierung
- Individualisierung
- Spezialisierung
- Fragmentierung
- Kreativität
- Full-Service-Netzwerke

Es bestehen vielfältige logische Verknüpfungen zwischen diesen Merkmalen, die die Zukunftskonturen der Werbebranche 2025 noch stärker zum Vorschein bringen. Dabei spielt die Digitalisierung und deren Auswirkung eine zentrale Rolle. Mit der Digitalisierung entstehen neue Kommunikationskanäle, über die kunden- bzw.

Abbildung 20: Schlüsselmerkmale der Werbebranche im Jahre 2025

konsumentenspezifische Informationen generiert werden, die zunehmend für die Individualisierung der werblichen Ansprache genutzt werden. Auch die Individualisierung von automatisierten Kommunikationsprozessen wird voranschreiten.

Aufgrund der Vielzahl von Kommunikationskanälen und der datengetriebenen Differenzierungsmöglichkeiten von Kommunikations-Content wird im Jahr 2025 die Werbebranche durch eine Vielzahl von Spezialagenturen geprägt. Hiermit verbindet sich in vielen Zukunftsvisionen auch die Kennzeichnung eines durch Fragmentierung gekennzeichneten Werbemarktes.

Bündelungs- und Koordinationsfunktionen übernehmen in dieser fragmentierten Werbebranche Netzwerkagenturen, die hierüber Full-Service-Angebote für die werbetreibenden Unternehmen zusammenstellen. Gegenüber der zunehmenden Automatisierung der Kommunikation wird die Bedeutung der Kreativität als Erfolgsfaktor von Werbeagenturen hervorgehoben. In diesem Zusammenhang wird ein möglicher Konflikt zwischen analytischer Kompetenz, Datengetriebenheit und

Kreativität adressiert, dem sich Agenturen in der Zukunft verstärkt ausgesetzt sehen. Eine Dualität wird in der Verbindung von „High Tech & High Touch" deutlich, d.h. im digitalen Alltag wird Instrumenten der Live Communication ein besonderes Differenzierungspotential zugesprochen. In den Visionen wird das Eindringen branchenfremder Unternehmen nicht in der Form betont, dass es sich als ein charakteristisches Merkmal der Werbebranche formiert. Traditionsbehaftetes Denken in klassischen Branchengrenzen könnte hierfür einen Grund darstellen.

Insgesamt zeigen die empirischen Analysen, dass erhebliche Veränderungen in der Werbebranche zu erwarten sind, die sowohl auf veränderten Rahmenbedingungen in der Makroumwelt wie auch auf Verhaltensänderungen der Werbezielgruppen und werbetreibenden Unternehmen beruhen. Es ist zu betonen, dass diese Veränderungen primär als Chance für die Werbebranche 2025 verstanden werden, d.h. der Kommunikationsbedarf und die Kommunikationsintensität nimmt zu, sodass die Nachfrage nach Kommunikationsdienstleistungen wächst. Diese Sicht zeigt sich in den überwiegend positiv eingeschätzten Auswirkungen der Zukunftsentwicklungen auf die Werbebranche.

Es gibt neue Kommunikationskanäle und -instrumente, die es professionell zu beherrschen gilt. Auch datengetriebene und individualisierte Kommunikationsprozesse werden sich etablieren. Werbeagenturen werden sich zunehmend mit branchenfremden Wettbewerbern auseinanderzusetzen müssen, die gerade für die umsatzstarken Agenturleistungen (z. B. Markenberatung und Kreation) spezifische Konkurrenzangebote entwickeln könnten.

Literatur

Fahey, L., & Narayanan, V. K. (1986). Macroenvironmental Analysis for Strategic Management. St. Paul, Minnesota: West Publishing Company.

Bundesnetzagentur (2018). Entscheidung der Präsidentenkammer der Bundesnetzagentur für Elektrizität, Gas, Telekommunikation, Post und Eisenbahnen vom 26. November 2018 über die Festlegungen und Regeln im Einzelnen (Vergaberegeln) und über die Festlegungen und Regelungen für die Durchführung des Verfahrens (Auktionsregeln) zur Vergabe von Frequenzen in den Bereichen 2 GHz und 3,6 GHz. AZ: BK1-17/001. Zugegriffen am 28.01.2019: https://www.bundesnetzagentur.de/SharedDocs/Downloads/DE/Sachgebiete/Telekommunikation/Unternehmen_Institutionen/Frequenzen/OffentlicheNetze/Mobilfunk/DrahtloserNetzzugang/Mobilfunk2020/20181126_Entscheidungen_III_IV.pdf;jsessionid=382D98CF922CC4E30109D30852CABC79?__blob=publicationFile&v=2.

GfK (2018a). Europäer haben 2018 rund 355 Euro mehr zur Verfügung. Zugegriffen am 28.01.2019: https://www.gfk.com/fileadmin/user_upload/dyna_content/DE/documents/Press_Releases/2018/201810030_PM_GfK_Kaufkraft_Europa_dfin.pdf.

GfK (2018b). Deutsche haben 2019 rund 763 Euro mehr zur Verfügung. Zugegriffen am 28.01.2019: https://www.gfk.com/fileadmin/user_upload/dyna_content/DE/documents/Press_Releases/2018/20181213_PM_GfK_Kaufkraft_Deutschland-2019_dfin.pdf.

Kagermann, Wahlster & Helbig (2012) Umsetzempfehlungen für das Zukunftsprojekt Industrie 4.0, Abschlussbericht des Arbeitskreises Industrie 4.0.

ZAW (2018). WERBUNG 2018. Zentralverband der deutschen Werbewirtschaft ZAW e.V.

Kapitel III

DIE ZUKUNFT DER WERBE-BRANCHE

Die Zukunft der Werbebranche

Willi Schalk

„Zukunft braucht Herkunft". Dieser Gedanke des Philosophen Odo Marquard – 1988 bei Eröffnung der Ausstellung „Medien der Zukunft – Zukunft der Medien" eingeführt – zieht sich durch dieses Buch. Die Herkunft der Werbebranche in Deutschland ist im ersten Kapitel ausführlich dargestellt. Mit ein paar neuen Erkenntnissen, auch und insbesondere über den Standort Leipzig. Hans Domizlaff hatte eine Reklame-Agentur in Leipzig. Wussten Sie das?

Dass die HHL Leipzig Graduate School of Management sich wissenschaftlich mit Herkunft und Gegenwart des Marketings befasst, ist wiederum kein Zufall. Ihr hundertzwanzigjähriges Bestehen hat diese Lehrstätte im Jahr 2018 gefeiert. Nach der Wiedervereinigung ist sie gewissermaßen wieder auferstanden. Ihre Marketing-Orientierung fand nicht zuletzt darin ihren Ausdruck, dass als Gründungsrektor Prof. Dr. Heribert Meffert fungierte, der in der breiten Öffentlichkeit als der deutsche „Marketing-Papst" bekannt ist. Sein fachlicher Nachfolger in verschiedenen Funktionen ist Prof. Dr. Manfred Kirchgeorg, Inhaber des Deutsche Post Lehrstuhls für Marketing, insbesondere E-Commerce und Crossmediales Management an der HHL Leipzig Graduate School of Management. Er ist auch geschäftsführender Vorstand der Wissenschaftlichen Gesellschaft für marktorientierte Unternehmensführung; von Prof. Dr. Meffert 1980 in Münster gegründet wird diese heute von Leipzig aus geführt. Ich war Gründungsmitglied dieser Gesellschaft und habe dort aus Sicht des Praktikers nicht nur Beiträge zur Lage des internationalen Werbemarktes einbringen, sondern insbesondere über die Entwicklung der Medien-Landschaft in den USA und Deutschland referieren dürfen.

Die Zeit von „Mad Men" ist vorbei. Leider. Ich durfte sie erleben. In Düsseldorf und New York. Düsseldorf war spannender. Weniger Wodka, aber mehr Sex. Die 68er gab es auch in den Werbeagenturen.

Mit diesem Blick zurück will ich ein Bild zeichnen, wie ich die weitere Entwicklung der Branche sehe. Nehmen Sie es persönlich, es ist mein Blick zurück nach vorn.

Zwei amerikanische Bücher haben mich in jüngster Zeit beschäftigt: „FRENEMIES – The Epic Disruption of the Advertising Industry“ von Ken Auletta und “THE END OF ADVERTISING” von Andreas Essex. Mit konventionellen Techniken recherchiert, auf Interviews und subjektive An- und Einsichten der Autoren aufbauend. Nicht ergänzt durch Wissenschaftler, aber sehr praxisnah. Nicht sehr ermutigend für die Werbebranche wie wir sie kennen. Und wenig Hinweise und Anregungen dazu, wie es weiter gehen könnte.

In wenigen Jahren können wir die Frage nach der Zukunft an Alexa stellen. KI – Künstliche Intelligenz – wird die Zukunft voraussagen. Algorithmen werden alle relevanten Daten und Fakten erfassen und auswerten. Intelligente Sprachsysteme werden aus diesen Ergebnissen die Zukunft in jeder gewünschten Sprache beschreiben.

Manche Experten haben das, was sich in der Werbeindustrie seit Beginn der Digitalisierung abgespielt hat, als Tsunami beschrieben. Als einen Tsunami, der über die Werbebranche hinwegrast und keinen Stein auf dem anderen lässt. Mir gefällt diese Analogie nicht so recht, denn sie unterstellt, dass die Veränderungen abgeschlossen sind und wir jetzt – ziemlich deprimiert – die Verwerfungen und ihre Folgen begutachten können.

Ich sehe das etwas anders.

Ich glaube, wir sind mitten im Veränderungsprozess und können nicht einmal ahnen, ob und wann und wie der Wandel abgeschlossen ist. Wenn schon ein Vergleich, dann eher der mit dem Klimawandel. Der ist voll im Gange, ein Ende nicht in Sicht. Seine Existenz ist sogar noch umstritten, vor allem von politischen Führungspersönlichkeiten, die aus berufsbedingter Kurzsichtigkeit das offenkundig notwendige Handeln vermeiden wollen.

„Klimawandel“ als Analogie zur Beschreibung der Veränderungen in der Werbeindustrie ist treffender, finde ich. Milder ausgedrückt „Strukturwandel“; denn die lange Zeit geltenden Strukturen verändern sich. Alles fließt. Ein fortwährender Vorgang, von dem alle Marktteilnehmer betroffen sind.

Bei der Beschreibung meiner Einschätzungen der Veränderungen für die Beteiligten halte ich mich – zum besseren Verständnis – an die eingeübten Benennungen der Marktteilnehmer.

1. Die Konsumenten
2. Die Unternehmen
3. Die Verleger
4. Die Werber
5. Die Werbeagenturen
6. Die Werbe-Holdings

Zu den Veränderungen bei diesen Marktteilnehmern, so wie ich sie sehe, habe ich jeweils eine These formuliert:

THESE 1

Consumer werden Unternehmer

Die Marketing-Lehre sagt, der Kunde steht im Mittelpunkt und Spötter fügen hinzu „und da steht er im Weg". In der Zukunft müssen wir umdenken: Der Kunde steht nicht im Mittelpunkt, er ist der Mittelpunkt. Und aus dieser Position heraus verhält er sich nicht mehr wie ein vielfach umworbenes Mitglied einer „Werbe-Zielgruppe", sondern wie ein Unternehmer, wie ein Medium, wie ein Werber. Er kauft zwar noch, aber er verkauft auch. Er empfängt Werbe-Botschaften, aber er sendet sie auch aus. Er nutzt Medien, aber er ist auch selbst ein solches.

Er wird für alle anderen Marktteilnehmer transparenter. Er selbst hat auch viel mehr Transparenz. Die Zielgruppen-Segmente werden enger und kleiner, aber sehr viel präziser. Es kommt verstärkt zu einer neuen Form von ONE-TO-ONE Marketing. Das Interesse an persönlichen Empfehlungen von anderen Verbrauchern, von „friends" und „influencern" übertrifft in seiner Bedeutung jegliche klassische Werbe-Botschaft. Personalisiertes Marketing ist der Trend der nächsten Dekade.

Diese Form der Vermarktung erfordert einen tiefen Einblick in die Einstellungen und mehr noch in das Verhalten der Konsumenten. Diese Einblicke, gerne „Consumer Insights" genannt, erfordern permanentes Updaten, denn sie sind dynamisch, verändern sich in real time. Die Konstante in diesem fließenden Prozess ist die ***Marke****. Sie wird mehr denn je zum Dreh- und Angelpunkt der Verbindung zwischen Unternehmern und Verbrauchern, zwischen Anbietern und Nutzern. Das Verbraucher-Verhalten hat sich in der jüngsten Vergangenheit schon dramatisch verändert. Es wird durch zwei Entwicklungen weiterhin beeinflusst: Technologie und Mobilität.*

Technologie liefert die neue Währung: Data. „Big Data" ist das Schlagwort, hinter dem sich all das verbirgt, was uns die Digitalisierung an Wissen und Erkenntnissen über das Geschehen im Markt liefert. Zunehmend verstehen auch die Consumer wie umfassend und wertvoll die Daten sind, die sie fortlaufend an die anderen Marktteilnehmer liefern. Und sie beginnen, sich dafür zu interessieren, wie sie den Fluss und die Nutzung ihrer eigenen Daten kontrollieren können. Sie werden entscheiden wollen, welche Marken Zugang zu ihren Daten – und damit zu ihnen selbst – erhalten. Und welche nicht. Oder zu welchen Konditionen.

Aus dem schlichten Konsumenten wird in der voll digitalisierten Welt ein vielseitiges Wesen. Mit einem permanenten Rollenspiel, bewusst oder unbewusst. Eben noch Abnehmer von Produkten und Dienstleistungen, jetzt Anbieter derselben. Produzent und Verleger von Inhalten, also Content-Producer. Händler für alles denkbare, auch jetzt noch undenkbares. Verkäufer von allerlei Produkten, vor allem auch Händler mit Daten. Seinen eigenen.

Ja, es gibt schon jetzt die ersten Projekte, in denen Anbieter wie McDonald's, Staple und General Motors Daten direkt vom Konsumenten kaufen und dafür bar bezahlen. Ein plakativer Beweis für die These: „Daten sind die neue Währung".

Der Nutzer all dieser Entwicklungen ist letztlich der Consumer. Er steht im Mittelpunkt des Marktes und kann aktiv und wirksam in das Geschehen eingreifen. Und hat die Freiheit, seine eigene Rolle zu definieren und nach Belieben zu verändern. Nach dem Motto: Will ich Schaf sein oder Schäfer?

THESE 2

Unternehmen werden Medien-Anbieter

Die Kurzfristigkeit des unternehmerischen Handelns wird häufig kritisiert, vor allem das von börsennotierten Unternehmen praktizierte Quartalsdenken. Für die Zukunft gilt für alle: „Tomorrow is the next Quarter".

AI – Artificial Intelligence – ist die Technologie, die vieles verändert. Quer durch den Markt. Aber auch und insbesondere im Unternehmen. AI gibt den Vermarktern Informationen "at the speed of need" und verändert komplett die Art und Weise, wie wir unseren Markt segmentieren. Sie ermöglicht uns zu verstehen, welche speziellen Wünsche, Bedürfnisse und Motivationen unsere Kunden – egal auf welcher Marktebene – haben. AI hilft dabei, eine engere, nachhaltige Beziehung zu unseren Marken zu entwickeln. Meine Marke, mein Produkt, mein Kunde, meine Beziehung.

Viele Unternehmen und Marken haben bislang ihre Daten in unterschiedlichen Töpfen. Im Haus, aber auch außerhalb bei externen Dienstleistern. Das erschwert eine saubere Markenführung und integriertes Marketing. Zwei Probleme resultieren daraus: Die Verknüpfung gewaltiger Datenmengen und die Kontrolle des Daten-Business. Wenn die Daten zu den wertvollsten Assets eines Unternehmens gehören und einen wesentlichen Wettbewerbsvorteil darstellen, darf man diesen Schatz nicht externen Dienstleistern überlassen.

Professor Meffert, von dem wir in den letzten vier Jahrzehnten gelernt haben, wie Marketing funktioniert, macht auch in fortgeschrittenem Alter nicht Halt mit seinen Ratschlägen zur Bewältigung der Digitalisierung in Unternehmen. Seine beneidenswerte Fähigkeit, komplexe Vorgänge in einfache Formeln zu bringen, hat er 2015 bewiesen und die Anforderungen an die marktorientierte Unternehmensführung im digitalen Zeitalter in die vier „I" kondensiert: Innovation, Individualität, Integration und Integrität. Lesen Sie „Eins oder Null. Wie Sie Ihr Unternehmen mit Digital@Scale in die digitale Zukunft führen" von Meffert & Meffert. Der zweite Meffert ist übrigens Dr. Jürgen Meffert, Seniorpartner bei McKinsey.

Und gleich noch ein Literaturhinweis: „Experimentation. The What and How of Digital Competitiveness". Erschienen in der Harvard Business Review. Die Autoren plädieren überzeugend dafür, Experimente zu einem wichtigen Instrument moderner Unternehmensstrategie zu machen. Eine Experimentier-Abteilung quasi zu institutionalisieren mit Mitarbeitern aus allen Teilen des Unternehmens und allen Hierarchiestufen. Ausgestattet mit nahezu unbeschränkten Budgets und Freiheiten.

Alles ist im Fluss. Auch die Rolle des CMO, des Chief Marketing Officers. Manche Unternehmen haben diese Position noch gar nicht eingeführt, die Vorreiter schaffen sie schon wieder ab. Die digitale Transformation hat die Aufgabenstellung für die Marketing-Abteilung wesentlich verändert, weil sich die Prozesse und Abläufe verändert bzw. völlig neu gestaltet haben.

Vorübergehend hat sich die Hackordnung intern zugunsten des CTO, des Chief Technology Officers, verschoben und mit ihm die Zahl der IT-Fachleute. Das mag noch eine Weile so bleiben, aber am Ende der Entwicklung – so es denn je einen Endpunkt geben wird – dominiert ein anderer Chief, der Chief Digitalisation Officer, kurz CDO.

Dirk Krüssenberg, ein Marketing-Praktiker aus den goldenen Jahren, heute Präsident des Marketing-Clubs Düsseldorf, sieht schon ein Stück weiter. Er glaubt, dass die Rolle des CDO eine temporäre sein wird. Zuerst ein starker overlap mit dem CMO, diesen aber langsam ablösend bei der Führung des Unternehmens durch die digitale Transformation. Ist diese dann abgeschlossen, geht alle Macht letztlich auf den Consumer, den Kunden über. Krüssenberg glaubt, dass der CMO dann eine Wiederauferstehung feiert, den CDO überflüssig macht und der Chief Marketing Officer dann wieder vom Pilotensitz aus alle Aktivitäten steuert. Eine interessante Perspektive, vor allem für gelernte Marketing-Leute. Ich folge Krüssenberg nicht ganz, verstehe aber, dass er eine Umbenennung der Marke „Marketing-Club“ in „Digital-Club“ nicht aktiv betreiben will.

In der Organisation der Unternehmen wird sich noch viel mehr verändern als die Job Description der Marketing-Abteilung – so es überhaupt auf Sicht noch eine solche geben wird. Es wird neue Aufgaben geben, auch solche, die es vor hundert Jahren schon einmal gab und die im Laufe der Zeit – ich meine im analogen Zeitalter – ausgelagert wurden.

Lassen Sie mich das durch ein Beispiel illustrieren. Dieses ist erfunden, aber wirklichkeitsnah. Der Super Bowl im amerikanischen Football ist das größte Werbe-Ereignis jeden Jahres. Weltweit.

Der Super Bowl wirft bislang ein ganzes Jahr seinen Schatten voraus bei den TV-Networks, die um die Übertragungsrechte buhlen, in den Marketing-Abteilungen der Großunternehmen, die intern um ein Sonder-Budget für den werblichen Auftritt kämpfen – nicht zuletzt bei den Media-Agenturen, die mit den Sendern um Konditionen und Platzierungen ringen. Monatelang. Sogar für die Kreativ-Abteilungen der Werbeagenturen. Denn, wenn schon Werbung in der Halbzeit des Super Bowl gezeigt wird, dann muss das eine neue, noch nie dagewesene Kampagne sein, mit der man vielleicht den Absatz eines beworbenen Produkts steigern kann. Vor allem aber Preise bei den vielen Werbe-Festivals rund um die Welt gewinnen kann; am liebsten einen Goldenen Löwen beim Festival in Cannes.

Kurzum, Heerscharen von Experten beschäftigen sich über lange Zeit mit der Frage, ob und wenn ja, wieviel und in welcher Platzierung und mit welchen Kampagnen und zu welchen Kosten die Marke „X" bei dem nächsten Super Bowl beworben werden soll.

In ein paar Jahren ist das vorbei. Nicht der Super Bowl, den wird es weiter geben, analog gespielt und im klassischen TV weltweit übertragen. Dieses Spektakel fällt nicht der Digitalisierung zum Opfer. Was sich ändert, ist die Vorbereitung, die Entscheidung und die Durchführung der auch von den TV-Zuschauern so sehr geliebten Werbung.

Ich sehe das so: da wird während des Spiels ein Mann in einem Raum mit zwölf Bildschirmen sitzen. Er wird nicht das Spielgeschehen verfolgen, sondern Daten. Tausende von Daten zeigen auf den Monitoren wieviel Zuschauer in welchen Ländern vor ihren Fernsehgeräten sitzen, welche demografischen Daten zu diesen Zuschauern gehören, welche Einschaltquoten die Werbeblöcke haben, welche der zwölf Kampagnen am wirkungsvollsten in der Zielgruppe „junge Latinos in den Südstaaten" getestet wurden, wo der Marktanteil seiner Marke kürzlich gelitten hat. Alles auf den Monitoren in real-time, life, rational und unbestechlich. Und darauf aufbauend wird der Mann im Sekundentakt entscheiden, ob und wie er Werbung einsetzt. Ob überhaupt. Und an welcher Stelle. Welcher Spot aus den getesteten Kampagnen, in welcher Länge. Und zu welchem Preis.

Glauben Sie, dass dieser beneidenswerte Mann der Mitarbeiter einer externen Media-Agentur sein kann? Dass ein Unternehmen die erforderlichen Daten aus der internen Daten-Schatztruhe einem externen Dienstleister überlässt? Und Carte Blanche gibt, ob und wieviel Geld er bei diesem Spiel einsetzen darf? Es geht ja, schon bei heutigen Preisen, um etliche Millionen. 2019 kostet die Schaltung eines 30-Sekunden-Spots in der Halbzeit der Super Bowl 5,2 Millionen US-Dollar. Wer kann verantworten, in Sekunden darüber zu entscheiden? Eigentlich nur der Inhaber einer Marke. Oder der CEO, wenn es ein börsennotiertes Unternehmen ist. Vielleicht ein ganz enger Vertrauter des Firmenchefs, falls der lieber das Spiel verfolgt.

Also, ein Externer wird es nicht sein. Die Media-Agenturen werden diese Entwicklung betrauern. Das kann ich verstehen. Aber die Digitalisierung lässt keinen Stein auf dem anderen.

Ich habe kürzlich dieses von mir ersonnene Szenario mit einem nüchternen Wissenschaftler erprobt. Prof. John Quelch, Dekan der Miami University Business School. John sagt: "Zu kurz gesprungen, nur vorübergehend wird da eine lebendige Person vor den Monitoren sitzen. Wenn Du dafür bezahlst, entwickeln wir in 6 Monaten einen Algorithmus, der all die zugänglichen Daten, Informationen und Kriterien verarbeitet und letztlich die Entscheidungen noch schneller, noch präziser und noch objektiver fällt." Ich habe nicht bezahlt. Warum sollte ich? K.I. – künstliche Intelligenz – brauchen wir dringender um den Klimawandel zu beherrschen. Die New England Patriots sollen mal schön ihre Talente ausspielen.

Es fehlt noch eine Erklärung, warum ich die These aufstelle „Unternehmer werden Medien". Das geht kurz. Unternehmen und Unternehmer sind Marken. Oder wollen es werden. Und was tun Marken? Sie vermitteln Informationen und Unterhaltung. Inhalte und Orientierung. Vertrautheit und Bindung. Nähe und Freundschaft.

Und was tun Medien? Im Prinzip das Gleiche. Statt mit physischen Produkten mit Angeboten an Information und Unterhaltung. Journalistisch geprägt und auf verschiedenen Distributionswegen an die Konsumenten vertrieben. Traditionell in Form von Zeitungen, Zeitschriften, Filmen und Plakaten. Diese Distributionskanäle haben sich im Zuge der Digitalisierung wesentlich erweitert. Und dieser Prozess ist noch lange nicht abgeschlossen. Wir wissen nicht so recht, was uns die technologische Entwicklung noch bringt. Zwei Dinge aber erscheinen schon jetzt sicher: Die ständige Weiterentwicklung der Empfangsgeräte und damit die Möglichkeit, immer und überall Inhalte jeder Art empfangen und nutzen zu können. Die Mobilität der Mediennutzung steht erst am Anfang. Dass wir mit der Brille auf der Nase buchstäblich fernsehen und über den Chip im Unterarm telefonieren ist nicht wirklich Utopie.

Alle Marktteilnehmer werden von diesen Möglichkeiten Gebrauch machen. Vor allem die, deren traditionelle Business-Modelle immer weniger funktionieren. Deshalb ist meine These zum Kapitel Unternehmen: „Unternehmer werden Medien-Anbieter".

Zur Illustration ein praktisches Beispiel: Amazon. Da hat ein junger Unternehmer, mit Bachelor-Abschluss in Elektrotechnik, in einer Garage ein „start-up" gegründet. Jeff Bezos als Buchhändler. Online.

- Was ist Amazon heute?
- Ein Händler?
- Ein Supermarkt?
- Ein Logistiker?
- Ein Versicherer?
- Eine Bank?
- Ein Verleger?
- Eine Werbeagentur?
- Ein Medien-Unternehmen?

All das und noch vieles mehr. In der Summe hat Bezos mit Amazon eine Marke geschaffen. Die wertvollste Marke weltweit. Eine Medien-Marke.

THESE 3

Verleger werden Händler

„Die vierte Macht im Staat" hat man die Medien genannt. Die Verleger haben lange Zeit die Medien-Landschaft geprägt, auch über den sogenannten Print-Bereich hinaus. Politik und Gesellschaft sind mit gehörigem Respekt mit ihnen umgegangen, mit den Verlegern und den Medien. Vorbei. Auch in diesem Feld hat die Digitalisierung vieles verändert, manche Marktstellung erschüttert. Und neue geschaffen.

Medien wurden zu Marken, aber mehr und mehr werden Marken zu Medien. Manches Medium hat dabei die Kraft zur eigenen Marke verloren. Und der Klimawandel schreitet weiter voran. Millionen neuer Medien-Anbieter treten an: die Verbraucher. Markteintritts-Barrieren gibt es nicht mehr. Erforderliche Investitionen gleich Null. Ein Smartphone genügt, um beliebig viele, beliebig stimmige, beliebig relevante Informationen in die Welt zu senden. One-to-One oder One-to-Many.

Die klassischen Medien, Zeitungen, Zeitschriften, TV haben lange und gut „One-to-Many" gelebt. Mit einem einfachen Geschäftsmodell. Die Hälfte der Einnahmen kommt von den Nutzern, die meist größere Hälfte aus Werbung. Beide Quellen trocknen aus. Warum sollte der Konsument noch für Inhalte bezahlen, die er auf dem WorldWideWeb in vielfältiger Form bekommen kann. Billiger, nämlich kostenlos. Und schneller. Meist in real-time. Und dies ist mehr als nur ein Zusatznutzen. Er kann selbst Inhalte produzieren und verbreiten. Und wenn er will als Unternehmer, Medien-Unternehmer mit kommerziellen Absichten. Oder nur so zum Spaß, zur Selbstbefriedigung.

Die klassischen Medien-Unternehmer sind auf der Suche nach neuen Geschäftsmodellen. „Survival of the Fittest" ist ein Konzept, das aufgehen kann. Print und TV wird nicht ganz verschwinden. Es wird auch weiterhin Objekte geben, die sich aus Nutzer-Honoraren finanzieren. „Die Zeit" ist zum Beispiel ein solches. Und für die öffentlich-rechtlich finanzierten TV-Sender gibt es sogar eine Bestandsgarantie in Form der gesetzlich geschützten Fernseh-Gebühren.

Die Distributionswege werden erweitert. Zu Offline kommt Online hinzu und wird Medien-Marken eine erfreuliche Zukunft ermöglichen. Die „New York Times" hat mit ihren Online-Ausgaben deutliche Zuwächse bei rückläufiger Auflage der gedruckten Version.

Während es überall auf der Welt das „Zeitungssterben“ gibt, erwacht die alte Tante New York Times zu neuem Leben. Das traditionelle Leitmotiv „All the News that's fit to Print“ hat überlebt, ein neues ist aber noch nicht formuliert. Die Strategie ist jedoch erkennbar und deutlich: Investiere kräftiger als je zuvor in den Inhalt. Hole die meisten und besten Journalisten, die je eine Zeitung hatte. Spare wo es nur geht, aber nie und nimmer an der Redaktion. Es ist das Gegenteil dessen, was die meisten Zeitungsverlage hierzulande tun. Auf die Auflagen- und Anzeigenrückgänge mit drastischer Reduktion des Inhalts zu reagieren und die neuen digitalen Vertriebswege zu negieren ist kein tragfähiges Konzept. Das Zeitungssterben geht langsamer als die Verluste an Auflage und Anzeigen. Da sind ja bei vielen Verlagen noch Reserven in Form „echter“ assets: Gebäude, Grundstücke in besten Lagen, Maschinen, Fuhrpark. All das braucht man im digitalen Zeitalter nicht mehr. Aber es lässt sich versilbern. Haben wir das nicht auch schon mal im Brauerei-Markt erlebt? Fragen Sie mal die Bier-Verleger.

Was ich sagen will ist: Es gibt mehrere strategische Alternativen wie Verleger der Transformation von analog zu digital begegnen können oder konnten. Das inhaltlich beste Produkt auf die digitalen Kanäle bringen. Die New York Times ist das beindruckende Beispiel dafür, dass diese Strategie funktionieren kann.

Ein oft gewähltes Modell – vor allem bei Print-Verlagen – ist die Investition in digitale Start Ups. Also die Diversifikation mit Venture Capital. Die Reserven aus dem Print-Geschäft reichen ja für einige Experimente im digitalen Feld. Nicht selten wahl- und glücklos eingesetzt. „Funny Money“ nennt das der Kapitalmarkt. Mir fällt kein Beispiel ein, mit dem ich Verlegern diesen Weg als den Königsweg aufzeigen könnte. Ein guter Vermögensverwalter kann das besser.

Interessant ist, dass sich unter den klassischen Medien der „Out-of-Home“-Sektor gut hält und Zuwächse – in diesem Fall nur aus der Quelle-Werbung – aufweist. Die Erklärung heisst „Mobilität“. Auch die Internet-Nerds verlassen ab und zu das Haus und begegnen unvermeidlich Plakat-Werbung. Aber auch an den Außen-Werbern ist die Digitalisierung nicht spurlos vorbei gegangen. Die Plakatwände werden zunehmend zu Werbeträgern mit Einspielung digitaler Botschaften. In Flughäfen und Bahnhöfen schon mit Bewegt-Bild.

Die gute Story kann von überall herkommen, überall hinreisen, zum richtigen Zeitpunkt die Ziel-Person erreichen und daraus ein individuelles Erlebnis machen. Die digitale Revolution schreitet fort. Und das Zeitalter der Massenmedien geht zu Ende und damit auch die Funktion des Fernsehens als Hauptmedium. Es wird kein „Lagerfeuer" mehr geben, um das sich die Nation zeitgleich versammelt hat. Die Mondlandung hat das damals geschafft. Die Landung auf dem Mars werden unsere Enkel aus unterschiedlichen Blickwinkeln auf unterschiedlichen Bildschirmen als eher individuelles Erlebnis auf sich wirken lassen.

Es gib ein drittes Geschäftsmodell für alteingesessene Verlage. Das mit den größten Erfolgsaussichten. Es hat nichts mehr gemein mit den eigentlichen „reason for being". Keine Informationen, keine Unterhaltung wird „verlegt". Es wird gehandelt wie im traditionellen Handel. „Buy low, sell high", aber digital. Mit Neugründungen oder Akquisitionen. Die Unternehmensberatung Ernst & Young hat ermittelt, dass schon 2017 im deutschen Markt 438 Übernahmen von „nicht markenbezogenen Online-Aktivitäten", die nichts mit dem Kerngeschäft der Medienunternehmen zu tun hatten, erfolgt sind. Ungezählt sind die Neugründungen von Tochtergesellschaften im Online-Bereich, die mit Medien nur den Eigentümer gemeinsam haben.

Der hoch geschätzte Verlag Gruner & Jahr betreibt zum Beispiel unter dem Namen seines Frauen-Magazins „Brigitte" einen Supermarkt im Internet und verkauft online unter dem Titel „Schöner Wohnen" Tapeten, Farben, Fliesen und Gardinen. So werden Medienhäuser zu Händlern.

Burda Medien, dessen Eigentümer Hubert Burda einst den Begriff „Information Highway" als Synonym für das Internet geprägt hat, verdient gutes Geld mit dem Verkauf von Tierfutter und pflegt dafür die Marke „Fressnapf".

Axel Springer hat sein Medien-Imperium mit der Gründung des „Hamburger Abendblatts" und der Rundfunkzeitschrift „Hör Zu" gestartet und an die Spitze der deutschen Verlagslandschaft geführt. Beide Titel und weitere Print-Objekte sind verkauft an die Funke-Gruppe, die an die Zukunft von Print zu glauben scheint. Die Axel Springer SE – der Firmenzusatz „Verlag" wurde ersatzlos gestrichen – macht heute 4/5 ihres Umsatzes in der digitalen Welt, unter anderem mit Immobilien- und Auto-

Börsen, Job-Vermittlung und Preisvergleichs-Portalen. Der Vorstandschef setzt auf Technologie, Daten-Handel, künstliche Intelligenz und gibt dem Unternehmen mehr als nur einem Hauch von Silicon Valley.

Es gibt also offenkundig für die Verleger alternative Strategien für den unternehmerischen Weg in die Zukunft. Ich will nicht werten, welche die aussichtsreichste ist. Der Kalauer „viele Wege führen nach Rom" mag hier sogar mal passen. Eine These wage ich dann aber doch: Für welches Geschäftsmodell sich ein Verleger auch immer entscheiden mag: Um erfolgreich zu sein, muss er Händler werden. Nicht nur im Sinne von „Handeln" als Tätigkeit sondern auch und insbesondere im Beschaffen, Verwerten und Vermarkten von Wissen und Daten. Ein Wissens-Händler also. Betrachten Sie aus diesem Blickwinkel doch auch mal Amazon.

THESE 4

Werber werden wieder zu Piraten

Die Werber liegen mir besonders am Herzen. War ja selbst einer.

Die Zukunft der Werber? Ich propagiere: Werdet wieder Piraten! Ich gehe darauf in diesem und im nächsten Kapitel noch näher ein. Zunächst einige Betrachtungen zum Umfeld der Werber, die Werbung.

Was ist Werbung und was nicht? Die Frage war in der analogen Werbewelt leicht zu beantworten. Immer, wenn der Absender einer Botschaft dafür an den sogenannten Werbeträger etwas bezahlt, ist es Werbung. Kostenlos transportierte Botschaften sind keine Werbung, ab und zu höchstens Schleichwerbung. In der digitalen Welt hilft uns das nicht weiter. Es gibt Formen der Kommunikation, die man nur bei großzügiger Auslegung als Werbung bezeichnen kann. Ist die Empfehlung eines „friend" auf Facebook Werbung? Ja, würde wahrscheinlich ein Handelsrichter entscheiden. Wenn der „friend" für seine Empfehlung von einem Hersteller oder Händler dafür bezahlt wird, ist es Werbung. Erst recht gilt dies für die „Influencer", ein neuer Berufsstand. Ganz umsonst machen die nichts. Und wenn es nur dem eigenen Ego dient, ist das ja auch irgendwie eine Kompensation.

Was, wenn der Rezipient von digitalen Botschaften die Empfehlung eines „friends" oder „influencers" nicht als Werbung empfindet, sondern als objektiven, uneigennützigen Rat? Der Handelsrichter würde anders urteilen. Warum?

Gerade in diesem Feld tun wir uns mit Definitionen zunehmend schwer. Wenn wir Alexa fragen, was wir beim Lieferservice heute zum Abendessen bestellen sollen, entscheidet die KI, die künstliche Intelligenz, eigenständig, was geliefert wird. Sprachassistenten, vernetzte Lautsprecher, Siri und Smartphone werden über Sprache gesteuert; Google und Apple zeigen das. Eine neue Dimension für die Wirkung von Kommunikation, insbesondere für Markenkommunikation; die Reduzierung auf den Hörsinn macht es schwierig, ein Markenbild auf- und auszubauen, vor allem in seiner emotionalen Ausprägung.

Unzweifelhaft wird die Kommunikation von und mit Menschen zunehmend automatisiert. Bislang von kreativen Profis gestaltet. Grafiker, Texter, Designer, mit herausragenden Talenten und guter Ausbildung sind die zentralen Figuren des kreativen Prozesses. Hochdekoriert und hochbezahlt. Unersetzlich?

Hier kommt wieder die künstliche Intelligenz ins Spiel. Es wird lange umstritten bleiben, ob KI oder AI funktionieren, wo menschliche Kreativität gefordert ist. Kann KI komponieren, Wortspiele erfinden, großartige Graphiken gestalten, sich spannende Geschichten ausdenken, Emotionen erzeugen? Sicher ist bislang, dass sie sprechen, schreiben, malen, designen und kombinieren kann. Aber reicht das, um Markenbilder zu formen, in die sich Menschen verlieben?

Facebook hat ein spezielles Team für Artificial Intelligence, genannt FAIR. Dieses Team entwickelt nicht nur Algorithmen, es testet sie auch permanent. Die derzeitige Erkenntnis: AI kann zum Beispiel herausragend kreative Werbefilme erfinden und sogar produzieren. Benjamin, so haben die Facebook-Forscher ein AI-Programm benannt, hat einen Film mit dem Titel „Sunspring" erdacht und umgesetzt. Dieser wurde hervorragend getestet – bei anderen AI's. Menschen haben ihn nicht verstanden.

Soviel zur Werbung, die keine mehr sein wird wie wir sie gelernt, praktiziert und gepriesen haben.

Die Werbung in der Zukunft ist datengetrieben, digital, verführerisch, überzeugend und in hohem Maße automatisiert. Wollen wir das noch immer „Werbung" nennen?

Nun zurück zu den Werbern, den Männern und Frauen, die sich in diesem Gewerbe betätigen. Sie werden sich nicht mehr Werber nennen, das könnte missverstanden werden. Wie dann? Onliner? Informatiker? Transformatiker? Animator? Screen Designer? Interface Designer? Motion Designer? Content Manager? Community Manager? SEO-Manager? Data Manager? RTA-Manager? Social Media Manager? All das und noch mehr. Die Digitalisierung führt zu mehr Individualisierung, zur Fragmentieren und letztlich Spezialisierung der individuellen Menschen, die im weiten Feld der Kommunikation tätig sein wollen. Aber nicht als Werber.

Vergessen wir nicht die Kreativen. Sie sind und bleiben die wichtigste Spezies. Ihre Bedeutung für die Werbung und die Werbebranche war in der Geschichte immer relativ bedeutend. Sie ist künftig von stark wachsender Bedeutung – in der Phase des technologischen Wandels und des Einsatzes künstlicher Intelligenz. Technologie führt zu gewollter oder ungewollter Disruption, Kreativität macht den Unterschied.

Kreativität, ich meine die menschliche, ist unkalkulierbar, unberechenbar, unplanbar. Daran wird das Datenmeer, das uns umgibt, mit beängstigend steigendem Wasserstand im Zuge des Klimawandels, nichts ändern. Im Gegenteil. Durch die datengetriebene Kommunikation zwischen Marken und Verbrauchern wird es immer schwerer für die Produkte und ihr Gesicht, ein eigenständiges, unverwechselbares Profil, ein Markenimage aufzubauen und zu pflegen. Auf dem engen Feld des Wettbewerbs um die Zuneigung der Konsumenten muss – mehr denn je – die Kreativität einsetzen. Nicht anstatt der durch Daten, Algorithmen und KI gestalteten Pläne, sondern „on top". Es geht um die in der englischen Sprache so trefflich ausdrückbare „Power of Creativity".

Es gab vor ein paar Jahren ein wunderbares Buch, herausgegeben von Georg Baums, mit dem vielsagenden Titel „Von den Piraten zur Marine". Darin haben in witzigen Interviews Werber, insbesondere Kreative, erklärt, warum sie aus der Selbstständigkeit in die Institutionen der Branche umgestiegen sind. Durch Verkauf ihres überschaubaren Geschäfts oder auch einfach dem Ruf exorbitanter Gehälter folgend. Das war ein Trend, ein deutlicher. Ich sage voraus, dass er in den nächsten Jahren zu Ende gehen wird. Und sich umkehrt. Die „Marine" steht als Synonym für die Institution Werbeagentur. Oder ihre Steigerung, das Werbeagentur-Network.

Mit klaren Regeln, Prozeduren, Kontrollen. „Piraten" steht für Freiheit, Unabhängigkeit, Unberechenbarkeit und Individualität. Im Wertewandel, der mit dem Klimawandel einhergeht, werden das die Merkmale sein, nach denen die Kreativen, insbesondere die digital natives, suchen. Mut zur Piraterie ist gefragt.

THESE 5

Die Werbe-Marine fährt in die Flaute

Werbeagenturen sind die jüngsten Marktteilnehmer in meinem Szenario. Gleichzeitig haben sie in ihrer knapp hundertjährigen Geschichte in Deutschland mehr Veränderungen erlebt als jeder andere. Peter Strahlendorf hat dies im ersten Kapitel anschaulich dargestellt. Und Professor Kirchgeorg hat es im zweiten Teil seiner Studie belegt.

Ich durfte die Hälfte dieser Zeit miterleben, teilweise sogar mitgestalten. Diese Erfahrung gibt mir die Motivation den „Klimawandel" zu beobachten und die vorhersehbaren Veränderungen zu skizzieren. Generalfeldmarschall Helmuth von Moltke hat im 19. Jahrhundert das Motto geprägt: „Ein guter Schlachtruf ist der halbe Sieg." Wenn ich heute noch auf einem Kommandostand einer Agentur sitzen würde, hieße meine Aufforderung: „Vorwärts, wir müssen zurück."

In sprichwörtlichem Klimawandel in der Sektion „Werbeagenturen" ist nahezu jede vorhersehbare Veränderung schon einmal dagewesen, meist in umgekehrter Richtung.

Es begann mit der Gründung von externen Werbeagenturen als Dienstleister für Unternehmen, die zuvor ihre werblichen Aktivitäten „in-house" gestaltet haben. Wir werden sehen, dass viele Unternehmen in naher Zukunft wesentliche Teile dieser Aufgaben wieder zurückholen. Ob mit einer umstrukturierten Werbeabteilung oder in Form einer „Customized Agency" ist oft nur ein Unterschied im Handelsregister.

Die Globalisierung hat viele Märkte deutlich verändert. Internationale Networks waren die Antwort der Werbeagenturen. Die vielleicht stärkste Wachstums-phase im Agenturgeschäft. Und daraus resultierend die Notwendigkeit, sich des Kapitalmarkts zu bedienen. Das ist vorbei. Kapital ist genug in die Agenturen – und nebenbei auch in die Taschen ihrer Inhaber – geflossen. Die Zukunft der Werbeagenturen wird von vielen Faktoren beeinflusst, immer weniger von den Börsen.

„Full Service" war und ist der Anspruch vieler Werbeagenturen. Die dramatische Veränderung der Kommunikationswege und -instrumente machen es immer unwahrscheinlicher, dass die „Power of One", also das allumfassende Angebot aus einer Hand funktionstüchtig bleibt. „Spezialisierung" und „Personalisierung" werden zu Überlebensstrategien für Werbeagenturen.

Zurück zu den Anfängen und dem Versuch einer Prognose. Da war die Ausgliederung interner Abteilungen oder kompletter „Inhouse-Agenturen" in externe, unabhängige Werbeagenturen. Ich wage die Prognose, dass diese Entwicklung sich gegenläufig wiederholt. Es wird wieder mehr Haus-Agenturen geben. Innerhalb des Unternehmens, manchmal als Tochtergesellschaft geführt. Oder auch ein Stück weiter draußen als „Customized Agency".

Die Gründe liegen auf der Hand. Hauptsächlich führt das datengetriebene Marketing zu einer weitgehenden Zersplitterung der Maßnahmen, das die Markenführung wieder dahin zurückkehren muss, wo sie herkommt – nämlich ins Unternehmen. Eine Marke stringent aufzubauen und zu führen, ist für Unternehmen zu bedeutend, als dass man sie auf Dauer externen Spezialisten überlassen könnte. Marken werden sich die Macht zurückholen.

Spezialisten gibt es genug. Nach dem Ableben des „Full Service"-Konzepts der Werbeagenturen hat bei denen der Trend zur Spezialisierung begonnen. Das ist auch schon einmal dagewesen. Dieses Mal versuchen die Agenturen, sich durch Spezialisierung im Rahmen der Transformation in das digitale Zeitalter neu zu formieren. Die erfolgreichen „Digital"-Agenturen werden aber nur kurzfristig eigenständig bleiben. Sie werden zunehmend das Akquisitionsziel der großen Beratungsunternehmen, die ihr eigenes Portfolio durch die Integration von Spezialagenturen und Kreativ-Shops ergänzen. In Deutschland kann man das unter anderem an dem Kauf von Sinner-Schrader (Digital-Spezialisten) durch Accenture und Kolle-Rebbe (Kreativ-Agentur) ebenfalls durch Accenture, ablesen.

Nicht zu übersehen ist, dass auch Unternehmen selbst durch Gründungen oder Zukauf in das Feld der Spezialagenturen eindringen. Volkswagen (Kauf der Digital-Agentur Diconium) und Daimler (Kauf der Agentur Cinteo) sind prominente Beispiele für diese Strategie. Und das ist erst der Anfang, glaube ich. Im weiteren Verlauf des Klimawechsels im Marketing wird es zunehmend eine spezielle Variante der „In-House"-Bewegung geben: die „Customized Agency". Nicht ganz neu, denken wir nur an den Fall Siemens. Die Marke wurde jahrzehntelang von einer riesigen internen Werbeabteilung bedient bis im Rahmen einer großen Umstrukturierung daraus eine Full Service-Agentur – im Besitz von Siemens – gegründet wurde. Klar, eine „Customized Agency". Dass die Publicis-Gruppe diese Operation dann von Siemens kaufte, änderte nichts an der Struktur und Kultur, lediglich das Etikett wurde ausgewechselt.

Auletta hat in seinem Buch „Frenemies" noch auf einen Aspekt hingewiesen den ich, zugegeben, übersehen hatte. Der Trend zu in-house hat auch einen ökonomischen Aspekt. Die Rechnung der Controller. Für eine in-house Agentur kann man einen Spezialisten für 100.000 Dollar Jahresgehalt anstellen. Bei einer externen Agentur kostet der gleiche Mitarbeiter auch 100.000 Dollar. An den Kunden muss die Agentur aber zusätzlich 100.000 für Overheads und 20 % für Profit berechnen. Sagt der Controller der Network-Agentur. Und der wird dort immer einflußreicher. Vielleicht sogar zum CEO, wie kürzlich bei einer führenden Agentur geschehen.

Wir haben kürzlich beobachtet, wie Mercedes-Benz nach langem Pitch der renommierten Avantgarde globaler Agenturnetze zum Paten einer Neugründung wurde: antoni mit den Werbe-Gurus Tonio Kröger und André Kemper im Führerhaus. Eine kleine Sensation im Markt. Prototyp für die Zukunft? Vielleicht. Vielleicht aber auch nicht.

Auf globaler Basis gab es zwei markante Beispiele für „Customized Agencies": „Inside Agency" von WPP gegründet mit Intel als exklusivem Kunden. Und „Team Blue" für Ford. Auch eine clevere Lösung von Martin Sorrell um den globalen Intel Account. „Inside Agency" war die erste globale Customized Agency, sie wurde wieder liquidiert noch bevor die nächste Gründung „Team Blue" das Licht von Detroit erblickte. Unschlagbar glaubte man lange. Während ich diese Zeilen schreibe, hat der Blitz in Detroit eingeschlagen. BBDO hat den weltweiten Ford-Etat gewonnen. „Team Blue" ist Vergangenheit. Martin Sorrell vielleicht auch, aber dazu im nächsten Kapitel mehr.

Haben also auch „Customized Agencies" keine Zukunft? Doch, wenn sie auf einen von zwei Trends – oder sogar deren Kombination – setzen, die ich kommen sehe.

Der erste Trend heißt „Globalisierung der Kommunikation". Unverkennbar und unumkehrbar. Der amerikanische Wirtschaftswissenschaftler Ted Lewitt hat die Globalisierung von Vertriebsstrategien vorausgesehen. „The global village" war und ist der Marktplatz auf dem sich Produkte aus aller Welt für alle Welt tummeln. Was Lewitt nicht voraussehen konnte, war die rasante Entwicklung des Internets und der Digitalisierung der Kommunikation. Heute sind die Kanäle für Markenkommunikation nicht mehr lokal oder regional begrenzbar. Die Konsumenten bekommen Informationen und Botschaften in real-time aus jedem Winkel der Welt und senden von dort aus zurück in die ganze Welt. Marken sind global – oder harmlos.

Für die Dienstleistung der In House-Agenturen oder „Customized Agencies" bedarf es keiner physischen Präsenz in 128 Ländern. Die Story, die eine Marke prägt, kann überall entstehen und überall hinreisen. Klug geplant, kann aus einer „Customized Agency" relativ schnell ein „Customized Network" entstehen. Mit geringem Kapitalaufwand, aber voller Konzentration auf Kreativität. Aktuelles Beispiel: Während des Super Bowl LI (also Nummer 51, ausgetragen im Februar 2017) platzierte Mercedes einen herausragenden TV-Spot – den sollten Sie sich im Internet ansehen – der in Berlin bei antoni kreiert wurde. In Berlin für Houston / Texas und die ganze Welt. Nur bei der Produktion half eine befreundete Agentur aus New York. Die kreative Leistung stammt von drei Kreativen in Berlin-Mitte.

An dieser Stelle ein kleiner Sidestep zum Stichwort „Media-Agenturen". Ich habe lange überlegt, ob dies nicht ein völlig separates Kapitel erfordert. Schon wegen ihrer heutigen Größe, Rentabilität und Markenbedeutung. Schließlich bin ich zu dem vorliegenden Ergebnis gekommen, die Media-Agenturen im Kapitel „Werbeagenturen" zu betrachten, weil die Entstehungsgeschichte diese Trennung nicht aufweist. Im Gegenteil. Verlage haben Annoncen-Expeditionen gegründet, um ihren Anzeigenraum professionell zu verkaufen und diese Organisationen haben schnell realisiert, dass die meist kostenlose Darreichung von Gestaltungsvorschlägen den Verkauf von Anzeigen wesentlich erleichtert. Also „Full Service" aus einer Hand. Für 15% des Anzeigenpreises, von den Verlagen schon eingepreist.

Sehr viel später sind durch Ausgliederung von Planung und Einkauf die sogenannten Media-Agenturen entstanden. Kai Hiemstra hätte allein dafür einen Platz in der „Hall of Fame der deutschen Werbung" verdient.

Apropos verdient: Das Umsatzwachstum und mehr noch das Profitwachstum hat zu gewaltigen Klimaveränderungen geführt. Mit dem Wegfall der goldenen „15 Prozent auf alles"-Regel wurde es für die Werbeagenturen kalt und kälter. Die Media-Agenturen erfreuen sich bis heute an einer Hitzewelle. Es ist keine Übertreibung, wenn ich sage, da wurde und wird Geld gedruckt. Vor allem seit die führenden Media-Agenturen ihr Geschäftsmodell erweitert haben. Anfänglich waren sie objektive Berater der Werbetreibenden, „Treuhänder" gewissermaßen. Erfolgreich versuchend, den wachsenden Wettbewerb unter den Medien – insbesondere nach Einführung des privaten Fernsehens in 1985 – durch Preis- und Rabattnachlässe für ihre Werbekunden zu nutzen. Oder gar auszunutzen? Zu ihren eigenen Gunsten. Ja, so ist es gekommen. Die Kunden wurden durch unglaubliche Rabattsätze geblendet, die Medien in den Schraubstock der Media-Planer und -Einkäufer gequetscht. Die Media-Agenturen aber prosperierten. Ihre Kunden wurden durch die Rabatte zufrieden gestellt und die Eigentümer der Media-Agenturen – zumeist Werbe-Holdings – durch ständig steigende Gewinne verzückt. „Trading" wurde eines der einträglichen Geschäftsfelder mancher Media-Agentur. Das heißt im Klartext: „buy low, sell high". Auf deutsch: Die Agentur kauft von den Medien günstig freie Werbeplätze auf eigene Rechnung ein, schnürt daraus einen brillant anmutenden Mediaplan und verkauft den an ihre eigentlichen Auftraggeber zu Preisen, die keiner nachvollziehen kann. Handelt so ein „Treuhänder"?

Die Unternehmen haben dieses Spiel lange nicht durchschaut, weil sie Agenturverträge abgeschlossen haben, die hieb- und stichfest waren. In den älteren Versionen kommt noch heute der Terminus „Treuhänder" vor. Erst die Ruzicka-Affäre hat für Aufsehen gesorgt. Und für das Entstehen eines neuen Geschäftsfelds, die sog. Media-Audits. Die Zukunft ist so unklar wie der Klimawandel. Inzwischen versuchen sogar renommierte Anwaltskanzleien Licht in das Dunkel zu bringen. In den USA zum Beispiel im Auftrag der Werbungtreibenden. Die Verteidigung der Media-Agenturen haben andere, nicht minder renommierte Kanzleien übernommen. Ausgang ungewiss?

Nicht ganz. Vorausschauende Unternehmen haben die Lösung gefunden. Sie ziehen wesentliche Teile der Media-Planung und des Einkaufs inhouse. Das ist auch schon einmal dagewesen. Ganz am Anfang.

Dieses Mal aber aus anderen Gründen. Sehr rational und überzeugend. Die Media-Planung wird im Zuge der Digitalisierung immer objektiver, weil datengetrieben. „Big Data" übernimmt die Bestimmung der Zielgruppe, die Auswahl der Medien in ihrer unübersehbaren Vielfalt, die Wirkungskontrolle für jede einzelne Maßnahme – und was sonst noch vom CMO des Unternehmens gewünscht wird. Die Datenhoheit und die Datenkompetenz wird beim Unternehmen liegen, nirgendwo sonst.

Auch hierfür ein aktuelles Beispiel. Die Deutsche Telekom, eine der größten Werbungtreibenden in Deutschland, hat ihre Beziehungen zu Media-Agenturen routinemäßig überprüft. Durch einen „pitch", wie man den direkten Wettbewerb um einen Werbe- oder Media-Etat in unserer Branche nennt. Er dauerte mehrere Monate und schloss etwa ein halbes Dutzend der führenden Media-Agenturen ein. Einschließlich des bisherigen Etathalters. Am Ende stand eine ebenso überraschende und, wie ich glaube, zukunftsträchtige Entscheidung: Wesentliche Aufgaben, die bislang von den Media-Agenturen bewältigt wurden, gehen „inhouse" an eine interne Media-Abteilung. Für die Leitung dieser internen Abteilung hat die Telekom den bisherigen Chef einer der unterlegenen Media-Agenturen angeheuert. Einzelfall?

Ich glaube nicht. Ich sehe mehr und mehr, dass Unternehmen Leistungen, die bislang von externen Dienstleistern – auch uns insbesondere Media-Agenturen – zugekauft wurden, künftig voll unter eigene Kontrolle zu nehmen. Also, der eigenen Marketing-Abteilung zu übertragen. Was bedeutet das für die Media-Agenturen? Vielleicht gilt auch hier der Schlachtruf: „Vorwärts, wir müssen zurück!" Entstanden aus der Strategie der Medien, ihre Leistungen professional vermarkten zu lassen. Von dieser Herkunft in die Zukunft: Vermarktet die Medien. Und nur das „Trading" in neuem, sauberen Gewand.

Nun zum zweiten Teil nach der Globalisierung und Kreativität. Keith Reinhard hat in dem Interview mit mir die Geschichte der 60er und 70er Jahre anschaulich geschildert und als „Creative Revolution" markiert. Mit Bill Bernbach als dem Auslöser dieser Revolution, deren Auswirkungen noch heute erkennbar sind. Eine Lichtgestalt wie Bill Bernbach fehlt uns heute. Er ist auch durch Artificial Intelligence nicht zu ersetzen.

Die neuzeitliche „Creative Revolution" kommt in hohem Maße aus der „Digital Revolution". Die steht noch am Anfang und ist in Form und Verlauf genauso schwer zu prognostizieren wie der Klimawandel. Beides erfordert menschliche Intelligenz. Der Konflikt zwischen analytischer Kompetenz, Datengetriebenheit und Kreativität wird auf lange Sicht das Marketing prägen. Ein Ergebnis wage ich nicht vorauszusagen.

In beiden Themenfeldern. Mein angeborener Optimismus lässt mich aber glauben, dass das Ende der Transformation in der Werbewirtschaft weniger fatal sein wird als Verlauf und Ende des Klimawandels. Kann ich diesen gefühlten Optimismus für die Zukunft der Werber auch rational begründen?

„Zu den Piraten statt zur Marine“ heißt ein Buch, dass mein leider zu früh verstorbener Kollege, Wettbewerber und Freund Georg Baums im Jahr 2011 herausgegeben hat. Darin schildern Werber warum und wie sie sich aus der Obhut großer, stabiler internationaler Netzwerke in die Bodenständigkeit / Unabhängigkeit / Freiheit und Kompetenz der Selbstständigkeit begeben haben.

Das Bild ist klar. Seit der Mitte des vorigen Jahrhunderts haben sich Werbeagenturen zu Networks entwickelt, vor allem international. Daraus ist so etwas entstanden, das man durchaus mit der Marine vergleichen kann. Insbesondere was Organisation, Disziplin und Reichweite betrifft. Die nächste Entwicklungsstufe war die Gründung und der Ausbau der Werbe-Holdings. Um im Bild zu bleiben nenne ich sie Geschwader, Werbe-Geschwader. Im nächsten Kapitel.

Der Marine stehen im Zuge des Klimawandels nicht nur heftige Stürme bevor. Doch auch andauernde Flauten sind zu erwarten, die Werbeagenturen und Agentur-Networks auf lange Zeit jeden Wind aus den Segeln nehmen könnren.

THESE 6

Werbe-Geschwader lösen sich auf

Die Werbe-Holdings gaben dem Markt eine ganz besondere Bedeutung. Auch für mich persönlich, ich habe selbst eine mitgegründet. 1986 die Omnicom-Group. Ein Zusammenschluss von gleich drei Agentur-Networks: BBDO International Inc., Doyle Dane Bernbach Inc. – beide börsennotiert – und Needham, Harper & Steers, eine Agentur noch im Besitz des aktiven Managements, also privat.

Die New York Times nannte es den „Big Bang", verglichen mit den großen Finanzinstitutionen an der Wall Street. Im gleichen Artikel nannte mich die New York Times den „Architekten" dieser Konstruktion. Ich hielt diesen Titel für überzeichnet, denn es war nicht die erste Holding, die im Werbemarkt gegründet wurde, wohl aber die letzte der heute noch prosperierenden Top Five. Erfunden habe ich die Holding-Struktur nicht, diese Ehre gebührt Marion Harper, der schon 1961 die Interpublic Group installierte. Mit der Begründung, dass er zusätzlich zu McCann Erickson, einem damals sehr erfolgreichen Agentur-Network, ein weiteres Agentur-Angebot im Markt platzieren wollte. Damals spielte der Konkurrenzausschluss eine größere Rolle als heute und so konnten die zu Interpublic gehörenden Agenturen Konkurrenten von McCann-Kunden betreuen. Kurz nach dem Start von Interpublic – schon damals börsennotiert – kamen durch Zukauf so unterschiedliche Agenturen wie Marshall, Campbell-Ewald und Wells, Rich, Greene. Der große Durchbruch kam erst 1982 als Phil Geier, der Nachfolger von Marion Harper, als Holding-Chef den Deal seines (Berufs-)Lebens machte und von Unilever deren Hausagentur Lintas kaufte. Der gute Grund und die Begründung nach außen war, dass innerhalb der Interpublic Group konkurrierende Unternehmen betreut werden konnten. So zum Beispiel Henkel (bei McCann) und Unilever (bei Lintas). Ein **guter** Grund. Ob es auch der **wirkliche** Grund war, weiß ich nicht mit Sicherheit. Ich war nicht dabei. Meine Vermutung ist, dass Marion Harper und Phil Geier den Analysten an der Wall Street Wachstums-Szenarien präsentieren wollten, die den Aktienkurs steigen ließ.

Die **guten** Gründe für die Omnicom-Formation waren, dass die drei Networks regional unterschiedliche Stärken und Schwächen hatten. Needham zum Beispiel war der Platzhirsch in Chicago. DDB und BBDO unter „ferner liefen". BBDO dagegen war die kreative Hochburg an der Madison Avenue. DDB, nur zwei Häuserblocks weiter, war ein schwacher Abklatsch seiner Glanzzeit unter Bill Bernbach. Needham, mit einem wiederholt gescheiterten Versuch, auch im Big Apple eine nennenswerte Niederlassung zu *etablieren. So machte der Zusammenschluss Sinn. Der **gute** Grund war, dass durch die Fusion zwei Agenturnetze mit Weltgeltung entstanden. Der dritte, BBDO International, war schon in diesem Stadium und blieb deshalb unter dem Omnicom-Dach operativ weitgehend selbstständig. Die beiden anderen wurden unter der Marke DDB/Needham zusammengefasst und bildeten dadurch ein ernst zu nehmendes globales Agentur-Network. Soweit der **gute** Grund, den uns die Wall Street abnahm und – mit einiger Verzögerung – mit einem steigenden Aktienkurs honorierte. Der **gute** Grund war auch in diesem Fall einleuchtend und überzeugend und nicht etwa gelogen.*

*Der **wirkliche** Grund war etwas anders. Es ging um die Abwehr feindlicher Übernahme-Versuche. Bis 1986 hatte es keine „unfriendly takeovers" – wie der Börsen-Jargon heißt – gegeben. Das Risiko, Spitzentalente zu verlieren, schien zu groß. „Our assets go up and down the elevator" hat ein Agentur-Chef einmal treffend formuliert. Und wer von den Kreativen wurde schon gerne „unfreundlich" übernommen.*

Diese Regel galt, bis ein Brüder-Paar aus London neue Spielregeln entwarf. Maurice und Charles Saatchi hatten ihre Agentur Saatchi & Saatchi mit Charme und Scheckbuch zu einer Werbe-Holding ausgebaut und als Ziel angegeben: „We want to be the biggest advertising giant in the world". Unterstützt wurden die beiden von einem brillanten Finanzchef namens Martin Sorrell, im Markt oft als „the third brother" tituliert. Maurice und Martin waren die Strategen; Bruder Charles eher der kreative Kopf, der sich intensiv mit dem Aufbau einer Sammlung moderner Kunst widmete, ein großartiges Museum baute, und als er anerkannt als der erfolgreichste Sammler moderner Kunst war, hat er das Ganze nicht etwa verkauft (das hätten Maurice und Martin wahrscheinlich getan), sondern er überführte alles in eine gemeinnützige Stiftung. Maurice und Martin waren sich einig, dass zur Zielerreichung „to become the biggest advertising giant in the world" nötigenfalls auch eine feindliche Übernahme erforderlich war. Maurice hat damit für Martin's Geschmack zu lange gezögert, also stieg Sorrell aus, um sein eigenes Imperium zu gründen: WPP. Erster Schritt war die unfreundliche Übernahme von J. Walter Thompson, des ältesten Networks der westlichen Welt.

Es war naheliegend, dass Saatchi & Saatchi sich besonders intensiv bemühte, BBDO zu akquirieren. Wir haben in der Tat einige Gespräche geführt, freundlich versteht sich, sehr freundlich. Auch verführerisch, denn die Angebote, die Maurice auf den Tisch legte, waren finanziell so weit über dem, was der Markt damals für einen Chairman und seinen Präsidenten auszugeben bereit war. „We are going to make you really rich" war das geflügelte Wort von Maurice. Allen Rosenshine und ich haben mit den beiden Brüdern – Sorrell hatte sich mittlerweile in die Selbstständigkeit verzogen – ein ganzes Wochenende in London verbracht und am nächsten Morgen einen riesigen Blumenstrauß in unseren New Yorker Büros vorgefunden mit einer Grußkarte von Maurice Saatchi. Handgeschriebener Text: „Roses, roses all the way."

Was er nicht ahnen konnte: Schon auf dem Rückflug nach New York schauten Allen und ich uns in die Augen und dachten, zunächst jeder für sich, wollen wir wirklich für schnöden Mammon unsere Seele verkaufen? Vor allem die Seele unserer Agentur? Ich glaube, Maurice hat bis heute nicht verstanden, warum wir sein phantastisches Angebot ausgeschlagen haben mit der Begründung – und dabei waren der gute und der wirkliche Grund synchron – wir wollen unseren für BBDO so erfolgreichen Weg weitergehen, ohne Fremdeinwirkung. Verkaufen gehört nicht dazu. Schon eher dazu kaufen.

Das Saatchi & Saatchi-Abenteuer hat uns aber auch nachdenklich gemacht und irgendwie auch achtsam im Hinblick auf die Zukunft unserer Agentur. Es bedurfte keiner künstlichen Intelligenz um zu begreifen, dass BBDO auch gefährdet war durch einen möglichen Angriff von außen, einen „unfriendly takeover attempt". Sie wissen sicher, dass eine börsennotiere Gesellschaft ein Übernahme-Angebot von außen nicht einfach negieren kann. Zumindest die sog. „Outside Directors" im Board hätten schon damals eine Klage riskiert, wenn sie ein finanziell interessantes Übernahme-Angebot von Saatchi & Saatchi – oder wie die Realität schon bald zeigte – von WPP abgelehnt hätten. Folglich musste unser strategisches Ziel sein, durch Übernahme eines Konkurrenten – auf freundlicher Basis, versteht sich – so groß und profitabel zu werden, dass kein potentieller Aggressor einen „unfriendly takeover" wagen würde.

Wir wollten nicht zwei Networks kaufen und in eine Holding einbringen. Ein ansehnliches Network hätte genügt. Die Blaupause hatte Marion Harper mit Interpublic schon geliefert. Eine Übernahme von Interpublic mit den beiden Säulen McCann und Lintas hätte selbst Martin Sorrell nicht gewagt. Oder er hätte sich verschluckt. Damals.

Um einen Partner zu finden, muss man viele Gespräche führen. Freundlich und kooperativ sein. Eine Trefferquote von eins zu fünf wäre schon ein großer Erfolg gewesen. Wir haben viel geflirtet. Ich weiß heute nicht mehr, wer alles zu unserem Beute-Schema gehörte. Aber ich weiß noch sehr genau, dass sich John Bernbach, der Sohn von Bill Bernbach und Keith Richard relativ schnell gesprächsbereit erklärt haben. Unabhängig voneinander, nicht wissend, dass Allen Rosenshine und ich parallel auf Brautschau waren. An einem Freitag im März 1986 hatten wir morgens ein Frühstück mit John Bernbach und seinem CEO (seinen Namen habe ich vergessen; er war auch bald nach der Omnicom-Geburt weg) „to smell the flowers" wie die Amerikaner so anschaulich sagen. Und die sagten freudestrahlend: „Ja, wir wollen mit euch. Beim Mittagessen mit Needham sagte Keith Reinhard – als Kreativer hat er das natürlich anders formuliert – nach mehreren Gesprächen sind wir zu der Erkenntnis gekommen, dass unsere Agenturen Needham Harper & Steers und BBDO International, Inc. gut zusammenpassen würden.

Ich musste früher weg, um die LH 409 von JFK nach Düsseldorf nicht zu verpassen. Wenigstens zum Wochenende wollte ich bei meiner Familie sein. Kaum gelandet, am frühen Samstag, kam der Anruf von Allen Rosenshine, weit nach Mitternacht seiner Zeit in Manhattan. „Now my friend we have a problem. Both, DDB and Needham want to go with BBDO. Which one should we take?" Ich, kurz und im Jetlag: "Let's take both."

Zugegeben, die Planung der beiden Takeover war viel leichter als die spätere Exekution. Dafür gab und gibt es hervorragende Dienstleister, die M&A Consultants. Kein geringerer als Goldman Sachs nahm sich der Sache an und stellte fest, dass BBDO den Zukauf von gleich zwei Agentur-Networks finanziell nicht stemmen konnte. So groß war unsere Kriegskasse dann doch nicht. Eine Fremdfinanzierung hätten wir im erforderlichen Maße nicht bekommen. Ein großes Problem, für dessen Lösung auch unsere viel gerühmte Kreativität nicht gereicht hätte. Goldman Sachs hatte die Idee: „Merger oft Equals". Ein uns damals unbekannter terminus technicus der Finanzwelt. Dies war ja auch nicht gerade unser tägliches Brot. Aber „Merger oft Equals" hat uns so begeistert, als ob wir einem Kunden eine Kampagnen-Idee präsentiert hätten, die es mindestens zu einem Goldenen Löwen in Cannes bringen würde. Nur gut, dass

„Merger oft Equals“ nicht zum Wortschatz der Saatchi-Brüder gehörte. Es hätte uns vielleicht weicher gekocht.

Warum ich die Omnicom-Story so ausführlich schildere? Das ist doch Vergangenheit. Da muss ich Odo Marquard zur Hilfe nehmen mit seinem Buch „Zukunft braucht Herkunft“. Die Entstehungsgeschichte einer Werbe-Holding wie Omnicom zeigt Ansätze, vor allem, wenn sie neben den **guten** Gründen auch die **wirklichen** offenlegt, wohin sich diese facettenreichen Gebilde in Zukunft bewegen könnten. Prognosen sind bekanntlich schwierig, vor allem, wenn sie die Zukunft betreffen.

Aus meiner vorher beschriebenen Unabhängigkeit und Freiheit wage ich es.

Wie marschieren nun die Werbe-Holdings in die Zukunft? Langsam, vorsichtig, suchend. Gelebt haben sie in den letzten Jahren sehr gut, weil sie ständig gewachsen sind. Und die Analysten phantasievolle Szenarien für die Zukunft geliefert haben. Zukunft meint hier das nächste Quartal oder langfristig das nächste Geschäftsjahr. Eine Zeit lang kam ausreichend Wachstum aus dem Wachstum der klassischen Werbemärkte. Da aber auch – und vor allem die Wachstumsgarantie – aus der Übernahme weiterer Agenturen. Dazu noch ein bisschen Diversifikation, Marktforschung, Call-Center und andere Bereiche, die nicht direkt mit Werbung zu tun hatten.

Ende Gelände. Die Werbemärkte wachsen nicht mehr, Agenturen, die zum Verkauf stehen, gibt es nicht mehr, echte Diversifikation in völlig neue Märkte ist für die Werbe-Holdings nicht finanzierbar. Lasst uns optimieren, was wir schon haben, besonders die Media-Agenturen in unserem Portfolio, die bringen noch gutes Geld. Nicht auf lange Sicht – siehe vorheriges Kapitel – aber für die unmittelbare Zukunft. Klimawandel? Ja, das deutet sich an. Wann und wie er auch die Werbe-Holding erwischt, weiß niemand.

Wenn kaufen nicht mehr geht, warum nicht einmal etwas verkaufen? Das könnte unserer Bilanz richtig guttun. Zumindest auf mittlere Sicht. Diese Strategie, wenn man diesen anspruchsvollen Begriff überhaupt verwenden kann, ist schon jetzt im taktischen Tagesgeschäft angekommen. Richtig bemerkt nur von den Analysten. Die mögen dieses Vorgehen gut leiden, weil wenn schon kein Umsatzwachstum, dann eben eine kurzfristige, positive Gewinnwarnung. Außerordentliche Erträge sind auch Erträge – und nicht die schlechtesten. Zwei Beispiele, die mir irgendwie nahestehen. Zuerst ein deutsches:

Anton Hildmann, mein Nachfolger als Chairman der deutschen BBDO-Gruppe, kaufte 1994 die Sellbytel, ein Call-Center mit interessantem Kundenstamm und skalierbaren Leistungen. Ich weiß nicht, wie viel er bezahlt hat, aber finanztechnisch war es ein Coup. Sellbytel wuchs so dramatisch, dass nach ein paar Jahren die Hälfte des BBDO Germany Profits aus Nürnberg kam.

2018 hat Omnicom Sellbytel an die französische Webhelp-Gruppe verkauft. Für einen satten Preis. Dem Aktienkurs hat es gutgetan, zumindest kurzfristig, sowohl beim Käufer als auch, mehr noch, beim Verkäufer. Und bei BBDO Germany, dessen Tochtergesellschaft Sellbytel war, kommt endlich wieder der weitaus größte Teil des Gewinns aus dem klassischen Agenturgeschäft und, vor allem, von der dazugehörigen Media-Agentur.

Im zweiten Beispiel hatte ich noch tieferen Einblick: Asatsu, Inc. in Tokyo (Japan). 1980 erwarb ich für BBDO 10% der Anteile an dieser japanischen Agentur, die kurz vor dem Börsengang stand. Kaufpreis 5 Mio. US Dollar. Und dazu meine Berufung ins Board of Directors von Asatsu. Der erste „Round-Eye“ im Board einer japanischen Firma. Stolz? Ja auch, aber low profile.

Nach meinem Ausstieg bei BBDO und Omnicom kam Bruce Crawford von der Metropolitan Opera zurück ins Werbegeschäft. Er sagte später, es gäbe keinen großen Unterschied zwischen Oper und Werbung. Luciano Pavarotti sei ähnlich schwierig zu führen wie Phil Dusenberry. Er fand die Beteiligung an Asatsu Inc. als ein stilles Asset, das man auch gut versilbern könnte. Also verkaufen. Den Preis kenne ich nicht, ich war ja schon draußen und quälte mich als CEO bei M. DuMont Schauberg in Köln mit den Tücken des Zeitungsgeschäfts. Aber es war ein Vielfaches der eingesetzten 5 Millionen.

Asatsu suchte einen neuen Partner für seine Auslandsaktivitäten und fand ihn in der Person von Martin Sorrell. WPP kaufte sich bei Asatsu ein und wurde mit 29%

größter Aktionär. 2017 brach eine kurze Übernahmeschlacht um Asatsu aus. Bain Capital LP, der 1984 gegründete Investmentfond der globalen Unternehmensberatung. Bain Corp Inc. bot für 100% von Asatsu die beachtliche Summe von 1,3 Milliarden US Dollar. Martin Sorrell bezog öffentlich Stellung gegen dieses Angebot, der Preis sei zu niedrig. Nach einer zweiwöchigen PR-Schlacht, von den westlichen Medien kaum bemerkt, kam es zu einer Einigung zwischen Bain und WPP. Martin Sorrell zog plötzlich seine Einwände zurück, akzeptierte den gebotenen Preis und zeigte sich erfreut über eine neue Partnerschaft zwischen einem großen Consulting-Unternehmen und der größten Werbe-Holding WPP. Warum kauft Bain zu so einem exorbitanten Preis eine Werbeagentur? Kein globales Agentur-Network, sondern eine regionale Werbeagentur in Japan? Und was ist die Strategie von Martin Sorrell, die ihn veranlasst, sich für Geld von einem einzelnen Asset im klassischen Agenturmarkt zu trennen?

Bei allen drei Playern, Asatsu, Bain und WPP glaube ich strategische, **wirkliche** Gründe für diesen ungewöhnlichen Deal zu erkennen. Asatsu bekommt mit Bain einen Shareholder, dessen Kerngeschäft Consulting eine bessere Zukunft hat als die Werbung. WPP verabschiedet sich ein Stück von seinem Kerngeschäft, den Werbe- und Media-Agenturen. Und Bain, die cleveren Consultants, produzieren Wachstumsphantasien für die Finanzmärkte. Letzteres ist der interessanteste Aspekt. Die großen Consultants, Bain, Accenture, Boston Consulting und McKinsey sind alle in privater Hand. Überlegungen, ob und wann und wie man an die Börse gehen will, sind naheliegend. Auch da gibt es Unterschiede zwischen den **guten** und den **wirklichen** Gründen. So oder so. Der Klimawandel begünstigt businessmäßig die Consultants und nicht die Werbe-Holdings. Wie lange weiß niemand. Hoffentlich wird man nicht eines Tages feststellen, dass der Gang an die Börse für die Consulting-Unternehmen langfristig ähnliche Auswirkungen hat wie für die Werbe-Holdings.

Es sei an dieser Stelle daran erinnert, dass die Werbe-Holdings alle von Werbeleuten gegründet und geführt wurden. Marion Harper, Phil Geier, Allen Rosenshine – alle Vollblut-Werber. Martin Sorrell nicht; aber gut angepasst an die Kulturen der „Ad-Men". Und heute? Schon sieht man mehr Finanzleute an den Spitzen der Holdings. Michael Roth bei Interpublic, John Wren bei Omnicom usw.. Sie wären als Investment-Banker bestimmt erfolgreich. Und die Analysten erkennen zunehmend, dass einer der ihren, ein Zahlenmensch also, im Vorstand einer Werbe-Holding passender ist als ein Werbe-Fuzzi. Nicht nur als TV-Serie hat sich Mad Men überlebt, auch den fortlaufenden Klimawandel überstehen die Akteure nicht unbeschadet.

Michael Roth, CEO der Interpublic Group seit 2005, ist ein Beweis für diesen Teil des Wandels. Er ist alles andere als ein „Ad Guy"; er ist ein CPA (Certified Public Accountant), also geprüfter Buchhalter. Er wurde CEO von Interpublic zu einer Zeit, als der Company das Aus drohte. Inzwischen hat er sich das Etikett „White Knight" redlich verdient. Der weiße Ritter, der das Blatt gewendet hat. Keines der IPG Assets hat er verkauft, insbesondere für die McCann gab es Interessenten, sondern so gut wie möglich konsolidiert. Und jetzt, ein Jahrzehnt später, ist er ganz mutig geworden. Im Oktober 2018 hat er für 2,3 Billion US Dollar (in Worten: 2,3 Milliarden US Dollar) die Axciom Marketing Solution gekauft. Axciom's Business ist der Handel mit Daten. Big Data.

Andere Holdings versuchen, den Stürmen des Klimawandels erst einmal durch interne Maßnahmen zu trotzen. Restrukturieren und Konsolidieren ist angesagt. Vorneweg mal wieder WPP. Nach dem plötzlichen Ausstieg von Martin Sorrell hat die neue Führung zwei überraschende interne Merger eingeleitet. JWT, die alte Tante der Werbeagenturen, wird zusammengelegt mit Wunderman, einst Inbegriff einer Direkt-Marketing-Agentur. Gleichzeitig geht Young & Rubicam, lange Zeit das kreativste Agentur-Network, unter das Dach von VML, einer spezialisierten Digital-Agentur. VMLY&R heißt die „Marke" der neuen Konstellation. Alphabet-Spaghetti. Und das kreiert von Leuten, deren Handwerk es ist, mit professioneller Markentechnik und Markenführung ihren Kunden gegen fürstliche Honorare zu zeigen, wie sie ihre Marke reparieren sollen. Wie war das noch mit dem Schuster und dem Zustand seiner Schuhe?

Wäre das auch so passiert, wenn Martin Sorrell bei WPP geblieben wäre? Vermutlich nicht. Sir Martin war kein Fan von Veränderungen. Er wusste, wie man Geld verdient mit einer Werbe-Holding. Und seine Devise war immer: „Don't fix it unless it's broke". „Broke" war WPP sicher nicht zu Sorrell's Zeit. Warum ist er denn gegangen? Ich habe ihn als Visionär erlebt, der immer wusste, woher der Wind weht. Und wohin. Ich glaube, Sorrell hat früher als andere das Gewitter heraufziehen sehen. Vor allem die Tornados bei den Media-Agenturen. Wollte er etwa von sich aus aussteigen? Möglich.

Der **gute** Grund für sein Ausscheiden ist die pikante Geschichte mit den Bordell-Besuchen auf Firmenkosten. Der Aufsichtsrat hatte keine andere Wahl, als eine Untersuchung einzuleiten. Sir Martin ist geschickterweise zurückgetreten, ehe der Bericht dem Board vorlag. Die Anwälte beider Seiten haben sich auf ein Arrangement geeinigt, das beide Seiten das Gesicht wahren lässt, Sorrell eine gigantische Abfindung garantiert und ihn weiterhin als größten Einzelinvestor in WPP-Aktien belässt. Genial? Das ist Martin immer gewesen.

Interessant für die Zukunftsbetrachtung ist, was Sorrell jetzt macht. Retirement? Never, er ist ja erst 73. Auf ein Neues! Noch einmal so etwas die WPP gründen und sich und ein paar Mitgesellschafter noch einmal reich machen? Ja, so ungefähr. Er hat S4 Capital gestartet und schon die erste Übernahme vollendet. MEDIAMONKS, eine holländische Firma mit hoher digitaler Kompetenz, mit Schwerpunkt Technologie für alle Kanäle. S4 wird keine Kreativ-Agentur kaufen und auch keine Media-Agentur. Da ist die Luft raus. Sorrell wird eher ein Konkurrent für die Consultants. Accenture, IBM, Bain und Deloitte werden ihn als ambitionierten Konkurrenten kennenlernen. Ich glaube, er wird wieder eine große Holding bauen, eher mit einer „Kaufen-statt-Gründen"-Strategie.

Zum Schluss ein Blick auf die „Consultancies". Gute Aussichten, glaube ich. Der Klimawandel hilft ihnen aus den Schutzhütten der privat gehaltenen Beratungs-Sozietäten auf den offenen Marktplatz börsennotierter Organisationen herauszutreten. Mit allen Vor- und Nachteilen. Mehr flüssiges Kapital, mehr Rückenwind von den Börsen, mehr Sonnenschein von den CEO's der permanent transformierenden Unternehmen. Aber auch mit mehr hartem Wettbewerb, mehr Kostendruck, mehr Blitzeinschlägen in die interne Kultur. Und mehr Kurzatmigkeit im operativen Geschäft. „Tomorrow is the next quarter". Das haben wir doch schon einmal gehört.

Man darf die Bedeutung und Zukunftsfähigkeit der heute aktiven globalen Consulting-Firmen nicht unterschätzen. Bain Capital Private Equity, das sind die Investoren, die Asatsu aus den Klauen von WPP befreiten, verwaltet nach eigenen Angaben ein Vermögen von US Dollar 75 Milliarden und hat mehr als 200 M&A-Experten auf seiner Payroll.

Accenture hat 2017 US Dollar 16,5 Milliarden an Honoraren vereinnahmt und wäre damit schon Nummer 3 unter den großen Werbe-Holdings gewesen, wenn man die „Werbe-Holdings“ und „Consultancies“ so abgrenzt.

McKinsey & Company, das bekannteste unter den globalen Managementberatungs-unternehmen, ist vom Werbemarkt noch etwas weiter entfernt als Accenture und Deloitte. Und deshalb vielleicht der besonders ernst zu nehmende Player im sich rapide veränderten Markt. Was wäre, wenn McKinsey aus dem Interpublic-Portfolio McCann herauskaufen und in einem Merger of Equals daraus den „Big Mac“ zur Marke für umfassendes Consulting bauen würde? Ein europäischer Gerichtshof hat gerade eben entschieden, dass McDonald keine Markenrechte am „Big Mac“ hat.

Verstehen Sie jetzt, warum ich die Werbe-Holdings in meiner These 6 als „Geschwader“ bezeichnet habe? Geschwader sind im militärischen, vor allem marinen, Feld Einheiten, die für ein bestimmtes Ziel formiert werden. Oder für eine bestimmte Zeit, nicht für die Ewigkeit. Flexibel in ihrer Zusammensetzung. Neue Einheiten kommen dazu, alte werden ausgemustert. Je nach Wetterlage. In unserem Szenario orientiert am Status des Klimawandels.

Zukunft braucht Herkunft. Werbe-Holdings sind die Dinosaurier der Jetzt-Zeit. Sie werden, wage ich vorauszusagen, gehen wie sie gekommen sind. Wegen des Klima-wandels. Werden die Consultancies die Dinosaurier der nächsten Eiszeit?

EIN PERSÖNLICHES NACHWORT

WILLI SCHALK

Danke!

Zuerst danke ich Ihnen, liebe Leser für Ihre schwer erhältliche Aufmerksamkeit. Ich hoffe, Sie fanden Teil I – „Herkunft" – lehrreich, Teil II – „Gegenwart" – erkenntnisreich und Teil III – „Zukunft" – zumindest unterhaltsam.

Der Klimawandel in der Werbebranche ist im Gange. Wir sind Zeitzeugen. Wohin er uns führt, weiß niemand, spekulieren dürfen wir. Und gerade von diesem Recht habe ich in Kapitel III ausgiebig Gebrauch gemacht. Wenn Sie mir folgen, finde ich das gut. Wenn nicht, dann auch.

Die Faktenlage für dieses Buch ist gründlich geprüft. Durch ausführliche Recherchen was die Herkunft angeht. Und durch eine Befragung erfahrener Werber und Marketeers über deren Einschätzung zur Gegenwart und Zukunft ihrer Branche.

Was im dritten Teil steht, habe ich entweder hautnah miterlebt, oder es sind persönliche Ansichten zur Zukunft, die so lange Bestand haben, wie sie nicht durch die Wirklichkeit widerlegt werden.

Und ich danke Ihnen, liebe Leser, in weiser Voraussicht für Ihre Nachsicht. Die Nachsicht, mit der Sie meine Thesen im Kapitel über die Zukunft hinnehmen, ohne mich zu beschimpfen. Versteckt oder öffentlich. Ich bin darauf vorbereitet, dass einige Zeitgenossen die eine oder andere These, insbesondere die zur Zukunft der Werbeagenturen und der Werbe-Holdings, als Quatsch bezeichnen. Oder gar, vor allem, wenn Sie das Buch nicht gelesen haben, als „Nestbeschmutzung".

Ja, es ist ein Blick zurück. Aber nicht im Zorn. Im Gegenteil. Wenn Zukunft Herkunft braucht dann ist es ein Blick zurück nach vorn.

Mit der Zukunft habe ich es bislang nur einmal ernsthaft versucht. 1986 auf der jährlichen ARD-Veranstaltung in Stuttgart. Die ARD hatte mich gebeten, etwas über die Zukunft des Fernsehens in Deutschland zu sagen, auch im Hinblick auf meinen persönlichen und professionellen Einblick in die TV-Landschaft in den USA. Ich habe die Einladung gerne angenommen. Fernsehen hat mich schon immer fasziniert, lange bevor ich in den SAT.1 Aufsichtsrat berufen wurde. Auch lange bevor Danielle Thoma in ihrer Autobiografie behauptet hat, ich hätte durch ein Gutachten wesentlich dazu beigetragen, dass der CLT-Verwaltungsrat in Luxemburg den Start von RTLplus in Deutschland beschlossen hat.

Ganz kurzfristig musste ich meinen Auftritt auf der Bühne in Stuttgart absagen, weil die Geburtswehen von Omnicom in New York einsetzten. Ja, Sie können das recherchieren. Beides geschah am 25. April 1986. Die Geburt von Omnicom in New York und der ARD-Werbetreff in Stuttgart. Dass in der gleichen Nacht in Tschernobyl ein von Menschen ausgelöstes Event nachhaltige Auswirkungen auf das Klima haben würde, war nicht vorhersehbar.

Die ARD meinte zunächst, ich könnte den Vortrag auch live per Satellitenübertragung halten. Ja, gerne. Aber was, wenn der Satellit ausfällt, Astra gab es ja noch nicht. Öffentlich-rechtliche Lösung: Schicken Sie doch ein Video-Tape sicherheitshalber per Nacht-Kurier. Gesagt, getan.

Der Vortrag wurde nicht gehalten. Eine schnell einberufene Konferenz mit den zuständigen Intendanten kam bei der Vorbesichtigung des Tapes zu dem Ergebnis: Wir können doch nicht auf dem Werbetreff einen Werbefritzen voraussagen lassen, dass die Privatsender eines Tages eine der beiden öffentlich-rechtlichen Anstalten überflüssig machen könnten und man deshalb vielleicht schon jetzt das ZDF privatisieren sollte.

Das Band verschwand und der Moderator erklärte um 11:00 Uhr, dass mein angekündigter Vortrag entfallen müsse, da ich erkrankt sei. Zensur? Eine Kopie des Tapes wurde bald auf dem Schwarzmarkt gehandelt und meine Prognose hat angeblich nie die angesprochene Zielgruppe, nämlich die Medienpolitiker, erreicht. Nur Professor Stolte, der langjährige Intendant des ZDF, hat mich zu einem Privatissimum nach Mainz eingeladen und sich irgendwie bedankt. Und Helmut Kohl hat mir nach näherer Bekanntschaft 1994 gesagt, er bräuchte das ZDF als Staatsfernsehen auch, um verdienten Politikern einen attraktiven Posten in seinen diversen Gremien verschaffen zu können.

Warum ich diese kleine Story auch noch unterbringen muss? Nicht wirklich. Aber aus **gutem** Grund kann ich den nie gehaltenen Vortrag jetzt öffentlich machen. Auf der Website, die dieses Buch ergänzen wird, gibt es einen Link zu dem Vortrag. Nehmen Sie sich Zeit, es dauert circa 45 Minuten und beschäftigt sich mit der Zukunft des Fernsehens. Aus der Sicht von 1986. Unzensiert.

Es gibt ja für nahezu alles im Geschäftsleben zwei Gründe: den „guten" Grund und den „wirklichen" Grund. Der gute Grund ist der, der in der Regel in den Pressemitteilungen steht. Klar, rational und überzeugend. Zum Beispiel ist nahezu jeder Verkauf einer lokalen Werbeagentur an ein internationales Network begründet worden mit der von den Agenturkunden gewünschten Internationalisierung. Das war und ist auch immer noch ein guter, wichtiger und richtiger Grund. Der wirkliche Grund ist meist ein anderer. Die Inhaber – meist die Gründer – wollen Kasse machen.

In diesem Sinne will ich nicht verhehlen, dass es auch für dieses Buch einen wirklichen Grund gibt, einen sehr persönlichen: Mein Ego.

Die meisten meiner erfolgreichen Kollegen haben ein oder mehrere Bücher geschrieben. Zum Beispiel mein langjähriger Partner Vilim Vasata: „Gaukler, Gambler und Gestalter. Persönliche Geschichten aus einem erstaunlichen Gewerbe". Lesenswert für Insider. Oder Allen Rosenshine, zeitweise mein Chef bei BBDO und Mitgründer von Omnicom: „Funny world Business. Moguls, Monsters, Megastars and the Mad, Mad World of the Ad Game". Witzig und unterhaltsam. Autobiografisch und damit auch das eigene Ego befriedigend. Zumindest als Zusatznutzen.

Die Auffassung einiger meiner Freunde, mein Lebensweg gäbe genügend Material für eine spannend fremdgeschriebene Biografie (Titel „Vom Mittelschüler aus der bayrischen Provinz zum Mad Men an der Madison Avenue") teile ich keineswegs. Aber der Gedanke, dass meine beiden in Amerika aufwachsenden Enkelsöhne im Rahmen ihres Deutsch-Studiums in einem gedruckten Buch lesen können, was ihren Großvater durch seine Arbeit in die Lage versetzt hat, ihr Studium – das ihm selbst aus materiellen Gründen versagt blieb – finanziell zu unterstützen, hat seinen Reiz.

Danke, dass Sie auch diesen Gedanken hinnehmen.

Ihr Willi Schalk

Interview-Partner

HARALD ADAM – Gründer Boebel, Adam / GF Boebel, Adam, Benton & Bowles, GF Boebel, Adam/ BBDO Frankfurt / GF Publicis Deutschland

HEINZ H. BEHRENS – Stellv. Anzeigenleiter Gruner + Jahr

DR. KLAUS BRANDMEYER – GF Intermarco Farner, Gründer Brandmeyer Markenberatung

MICHAEL CONRAD – Gründer Lürzer Conrad / Chairman Leo Burnett Worldwide

PROF. DR. H. DIETER DAHLHOFF – Vorstand DWG Deutsche Werbewissenschaftliche Gesellschaft e.V

DR. PETER FIGGE – Vorstand Jung von Matt

MICHAEL GEFFKEN – Ehem. Chefredakteur W & V + GF Leipzig Media School

ROBERT M. GREENBERG – Gründer R/GA in New York

HANS GÜLDENBERG – GF Nielsen Deutschland / GF Nestlé Deutschland †

FLORIAN HALLER – Vorstandsvorsitzender der Serviceplan-Gruppe

DR. PETER HALLER – Aufsichtsratsvorsitzender der Serviceplan-Gruppe

DR. KLAUS HATTEMER – GF WDW / CEO Handelsblatt-Gruppe

INGO KRAUSS – GF Y&R / Chairman Saatchi & Saatchi

DR. TONIO KRÖGER – GF DDB Germany / Gründer antoni Gruppe

NORBERT LINDHOF – GF O&M Direkt / GF Scholz & Friends / GF DMB&B / GF Y&R

MICHAEL MENZEL – Geschäftsführender Gesellschafter Scholz & Friends

VOLKER NICKEL – Geschäftsführer ZAW

ALAN ROSENSHINE – Global CEO BBDO Worldwide

DANKWART ROST – Generalbevollmächtigter Siemens AG / ZAW Präsident

KEITH REINHARDT – Global CEO Harper Needham Steers / DDB Needham

MICHAEL SCHIRNER – GF GGK / Gründer Schirner Werbeagentur

DIETER SCHWEICKHARDT – Hauptgeschäftsführer GWA

REINHARD SPRINGER – Gründer Springer & Jacoby

ULRICH VEIGEL – CEO Bates Germany / CEO Grey Germany

PHILLIPP WELTE – Vorstand Hubert Burda Media Holding KG

DR. INGO ZUBERBIER – Chairman + CEO Lintas Deutschland

Literaturtipps

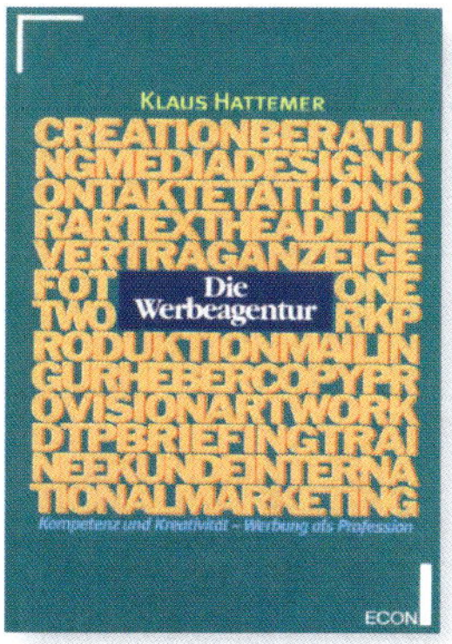

MEFFERT + MEFFERT
EINS ODER NULL
WIE SIE IHR UNTERNEHMEN MIT DIGITAL@SCALE IN DIE DIGITALE ZUKUNFT FÜHREN
Econ

A TRUE TALE OF AD MOGULS, MEGA-AGENCIES, AND TAKEOVER FRENZY ON MADISON AVENUE
EMPERORS OF ADLAND
INSIDE THE ADVERTISING REVOLUTION
NANCY MILLMAN

Flauschig weich wird selbst die Leiche…
Frontberichte aus dem Werbekrieg

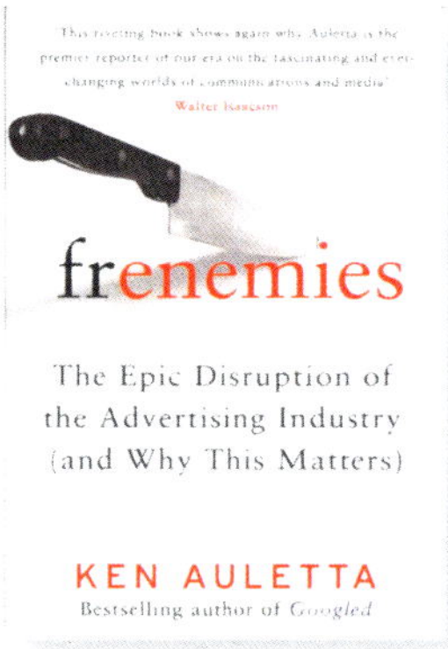
frenemies
The Epic Disruption of the Advertising Industry (and Why This Matters)
KEN AULETTA
Bestselling author of Googled

FUNNY BUSINESS
MOGULS, MOBSTERS, MEGASTARS AND THE MAD, MAD WORLD OF THE AD GAME
ALLEN ROSENSHINE
START

Gespräche über Werbung.

RAYMOND LOEWY
HÄSSLICHKEIT VERKAUFT SICH SCHLECHT.
ECON

Jacques Séguéla.
Hollywood wäscht weißer.
Werbung mit dem Starsystem

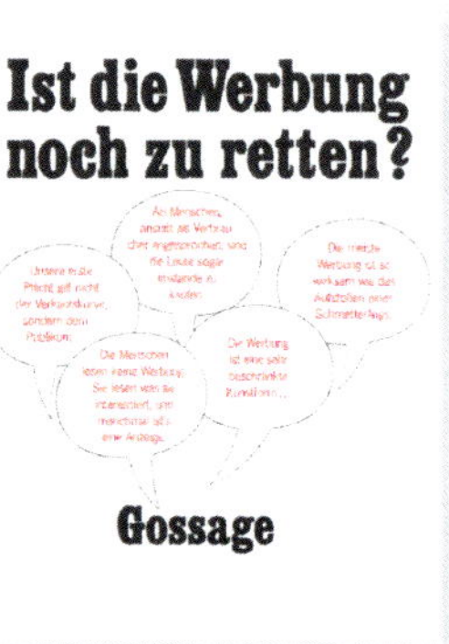
Ist die Werbung noch zu retten?
Gossage

JAHRBUCH
DER
WERBUNG
2006

HARALD KÖRKE
Kreativ ist, wenn man's trotzdem macht
LOTHAR HINERHÜRNS WERBE-IRONIKUM

laughing@advertising
BOB HOFFMAN

Martin Mayer
Madison Avenue
Verführung durch Werbung

In marketing today, delusional thinking isn't just acceptable, it's mandatory.
MARKETERS ARE FROM MARS CONSUMERS ARE FROM NEW JERSEY
BOB HOFFMAN
Author of 101 Contrarian Ideas About Advertising and The Ad Contrarian

SOCIAL MEDIA
THE ART OF MARKETING ON YOUTUBE, FACEBOOK, TWITTER, AND INSTAGRAM FOR SUCCESS
CALVIN KENNEDY

SURVIVE to THRIVE
Sustaining Yourself, Your Brand, and Your Business from Recession to Recovery
PHILIP H. GEIER, JR.

The End of Advertising
Andrew Essex
Why It Had to Die, and the Creative Resurrection to Come

Then We Set His Hair on Fire
Insights and Accidents from a Hall of Fame Career in Advertising
Phil Dusenberry
Former Chairman, BBDO North America

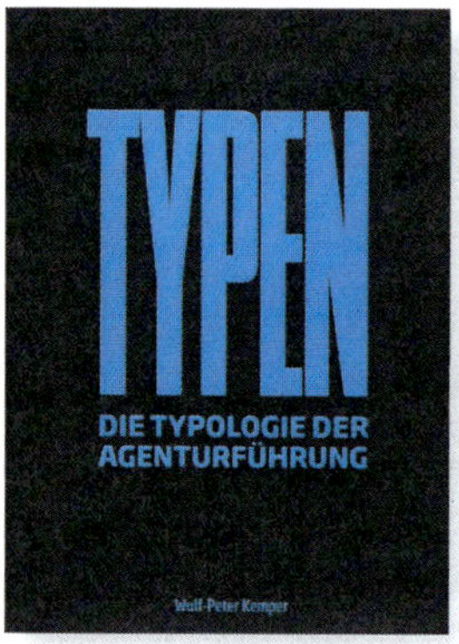
TYPEN
DIE TYPOLOGIE DER AGENTURFÜHRUNG
Wulf-Peter Kemper

DAVID OGILVY ÜBER WER-BUNG

1945
Werbung im Wandel
Eine Sammlung von werbefachlichen Texten
Herausgegeben von CARL HUNDHAUSEN
1995
GIRARDET

Rosser Reeves
Reality in Advertising
Werbung ohne Mythos

Odo Marquard
ZUKUNFT BRAUCHT HERKUNFT
Philosophische Essays
Reclam

GEORG BAUMS HG.
ZU DEN PIRATEN STATT ZUR MARINE
100 kreative Köpfe verraten, warum sie sich selbständig gemacht haben
Frankfurter Allgemeine Buch

Autoren

Willi Schalk

Industrie, Werbung, Medien, Consulting.

Aschaffenburg, Wuppertal, Düsseldorf,
New York, Köln, Frankfurt am Main, Key Largo.

Das sind die beruflichen und privaten Eckpunkte im Lebensweg von Willi Schalk:

- Geboren 1940 in Aschaffenburg (Bayern)
- Lehre zum Industrie-Kaufmann bei Glanzstoff (heute AKZO)
- Marketing-Leiter mit 24 Jahren
- Gründer der SPECIAL TEAM Werbeagentur (1967)
- Partner der TEAM Werbeagentur und verantwortlich für das internationale Geschäft (1969)
- Fusion mit BBDO, der größten Werbeagentur der USA (1971)
- Chairman/CEO der deutschen BBDO-Gruppe (1975)
- Executive Vice President BBDO International (1978)
- President bei BBDO Worldwide (1981)
- Initiator des Mega-Mergers zu Omnicom-Group (1986)
- Member der Boards von Omnicom, BBDO, Asatsu (Tokyo) (1986)
- President und COO von BBDO Worldwide Inc. (1986)
- Vorsitzender der Geschäftsführung MDS-Mediengruppe (1990)
- Vorstandsmitglied der Axel Springer AG (1993)
- Gründung von TEAM-Consulting (1994)
- Berater des Bundeskanzlers Helmut Kohl (1994-2000)
- Chairman und CEO der McCann Gruppe Deutschland (1997)
- Aufsichtsrat von SAT.1, Coca-Cola Deutschland, Schwarzkopf uvm.
- Consultant seit 2000
- Pro Bono Consultant seit 2010

Peter Strahlendorf

- Geboren 1953 in Rohlfshagen bei Bad Oldesloe (Schleswig-Holstein)
- BWL-Studium Universität Hamburg (1972 - 1977)
- Lintas Werbeagentur (1977 - 1982)
- Redaktion «Der Kontakter» (1982 - 1985)
- Selbstständiger PR-Berater & Journalist (1985 - 1990)
- Repräsentant (DACH) bei New York Festivals (ab 1990)
- Chefredakteur / Herausgeber des Jahrbuch der Werbung (1991 - 2012)
- Geschäftsführungsmitglied bei SAT.1 (PR & Öffentlichkeitsarbeit) (1991 - 1994)
- Selbstständiger PR-Berater & Journalist (1995 - 1997)
- Verleger des New Business Verlag (ab 1997)

Ehrenämter:

- Vorstand / Vorsitzender – Verband der Zeitschriftenverleger Nord e.V. (ab 2004)
- Vorstand Fachverband für Sponsoring e.V. (FASPO) (1996 - 2004)

Prof. Dr. Manfred Kirchgeorg

Inhaber des Lehrstuhls für Marketing an der HHL Leipzig Graduate School of Management

- Geboren 1958 in Ahlhorn (Niedersachsen)
- BWL-Studium an der Westfälischen Wilhelms-Universität Münster (1979 – 1985)
- Wissenschaftlicher Assistent am Institut für Marketing bei Prof. Dr. Dr. h.c. mult. Heribert Meffert (1986 – 1989) und Promotion „Einfluss der Ökologie auf das Unternehmensverhalten" (1989)
- Akademischer Rat an der Westfälischen Wilhelms-Universität Münster (1990-1998) und Habilitation „Unternehmensstrategische Gestaltungsprobleme von Stoffkreisläufen" (1998)
- Berufung an die HHL Leipzig Graduate School of Management und Übernahme des Lehrstuhls für Marketing (1998)
- Autor und Herausgeber vielfältiger Beiträge und Schriften sowie Lehraufträge an unterschiedlichen Institutionen im In- und Ausland
- Vielfältige Mitgliedschaften in akademischen Verbänden und anderen Institutionen u.a.: Verband der Hochschullehrer für Betriebswirtschaft e.V.; Geschäftsführendes Vorstandsmitglied der Wissenschaftlichen Gesellschaft für marktorientierte Unternehmensführung, Mitglied der Akademischen Marketinggesellschaft und des Curriculum Councils des von Prof. Michael Porter gegründeten MOC Netzwerkes an der Harvard Business School, Aufsichtsratsmitglied der Unilever Deutschland Holding GmbH
- Akademischer Mentor für Startups und Mit-Gründer der Transferplattform „mission2impact"

Damian Hesse, M.Sc.

Doktorand am Lehrstuhl für Marketing der HHL Leipzig Graduate School of Management

- Geboren 1990 in Darmstadt
- Bachelorstudium im Bereich Management an der EBS Universität für Wirtschaft und Recht (2011 - 2014)
- Masterstudium im Bereich Management an der HHL Leipzig Graduate School of Management (2015 - 2017)
- Wissenschaftlicher Mitarbeiter am Deutsche Post Lehrstuhl für Marketing unter der Leitung von Prof. Dr. Manfred Kirchgeorg (ab Ende 2017)
- Geschäftsführer der Akademischen Marketinggesellschaft e.V. (ab 2018)

So sehen Deutschlands Marketing- und Agentur-Experten die Agentur-Zukunft 2025

Eine Studie der HHL Leipzig Graduate School of Management (Prof. Dr. Manfred Kirchgeorg) auf Basis einer Umfrage bei über 100 Experten zeigt

- wie Werbeagenturen in Zukunft ihr Geschäft machen
- welche Services gefragt sein werden
- welche Konkurrenten den Agenturen erwachsen
- welche Faktoren die Agentur-Welt beeinflussen

So sieht Willi Schalk die Zukunft der Werbeagenturen

Der Mitgründer der Agentur-Holding Omnicom und langjährige BBDO- und McCann-Erickson-Manager erläutert wie Verbraucher, Auftraggeber und Medien die Zukunft der Agentur beeinflussen, wie die Agenturen reagieren und was aus den Werbe-Holdings wird.

Von der Annoncen-Expedition zur Agentur-Holding

Der Fach-Journalist und Verleger Peter Strahlendorf beschreibt die Entwicklung der Agentur-Branche von 1850 bis 2020 und dokumentiert, welche Faktoren / Trends diese Entwicklung beeinflusst bzw. gesteuert haben:

- der Aufstieg der Full Service Agenturen
- der Einstieg der Agentur-Networks
- die Break-Away-Kultur in Deutschland
- der Einstieg von Consulting- und Medien-Unternehmen

Das Buch **„UND SO GEHT ES WEITER"** orientiert sich am Leitsatz des Philosophen Odo Marquard „Zukunft braucht Herkunft". Das Herzstück stellt die Experten-Studie zur Zukunft der Agentur-Branche bis zum Jahr 2025 dar – 20 Schaubilder und Tabellen verdeutlichen die Ergebnisse. Parallel dazu entwirft der Agentur-Manager Willi Schalk sein persönliches Agentur-Szenario. Abgerundet wird das Werk durch die „Herkunft": die Darstellung der Agentur-Historie in Deutschland von 1850 bis Anfang 2020.